CB142328

O Trabalho Criativo

O Papel Construtivo dos Negócios numa Sociedade em Transformação

WILLIS HARMAN E JOHN HORMANN

O Trabalho Criativo

O Papel Construtivo dos Negócios numa Sociedade em Transformação

Posfácio
STAN JANGER
e
AMY EDMONDSON

Tradução
MARIA SILVIA MOURÃO NETTO

EDITORA CULTRIX
São Paulo

Título do original:
Creative Work
The Constructive Role of Business in a Transforming Society

Copyright © 1990 by the Schweisfurth Foundation.

Edição	O primeiro número à esquerda indica a edição, ou reedição, desta obra. A primeira dezena à direita indica o ano em que esta edição, ou reedição, foi publicada.	Ano
5-6-7-8-9-10-11-12-13		00-01-02-03-04-05

Direitos de tradução para a língua portuguesa
adquiridos com exclusividade pela
EDITORA CULTRIX LTDA.
Rua Dr. Mário Vicente, 374 – 04270-000 – São Paulo, SP
Fone: 272-1399 – Fax: 272-4770
E-mail: pensamento@snet.com.br
http://www.pensamento-cultrix.com.br
que se reserva a propriedade literária desta tradução.

Impresso em nossas oficinas gráficas.

Dedicado àqueles que estão
à procura de horizontes novos e libertadores
e que estão preparados para ir além
do medo e da esperança

Sumário

Prefácio 1

Um amigo me deu recentemente um exemplar do romance de Dominique Lapierre, chamado *The City of Joy* (A cidade da alegria). O livro fala de altruísmo e amor; é um dos textos mais comoventes e inspiradores que já li. Conta, em parte, a história de um padre polonês, Stephan Kovalski, que vai a Calcutá para ajudar os miseráveis e, como voluntário, partilhar das condições de vida deles. Impossível não ficar profundamente comovido com esse relato de amoroso sacrifício. O que mais me impressionou, entretanto, foi a constatação de que esses lavradores deslocados eram forçados a abandonar suas terras no setor ocidental de Bengala e de outras regiões, para se amontoarem em cortiços de Calcutá, sob condições de miséria extrema, por causa de uma combinação de fatores perante os quais não tinham controle algum. Alguns desses fatores são chamados de "progresso" por pessoas mais afortunadas; outros decorrem de opressões implacáveis impostas por um sistema social inoperante; outros ainda são determinados por desastres naturais. A atitude de Kovalski e de outros com sua disposição de ajudar os pobres e famintos é, sem dúvida, muito nobre; mas não seria no mínimo igualmente tão nobre trabalhar para eliminar as condições que *geraram* a pobreza, o subemprego e o vergonhoso desperdício de vidas humanas? Ao mesmo tempo que conseguimos ver de pronto o que poderia ser feito para ajudar os pobres e miseráveis, ficamos intimidados diante da perspectiva de mudar todo um sistema sócio-político-econômico, porque mal sabemos por onde começar.

Um grupo se propôs a fazer algo a respeito do problema da fome no mundo e lançou o Projeto Fome. Acredito que o conceito básico em que esse esforço se sustenta seja totalmente idôneo: o primeiro passo para a eliminação da fome no planeta é mudar a nossa crença de que ela é tolerável. Com isso em mente, surge um sem-número de maneiras pelas quais inúmeras iniciativas particulares podem contribuir para essa mudança. Tenho enorme respeito e admiração pelas dezenas de milhares de pessoas ativamente envolvidas nesse projeto; é maravilhoso que tantos estejam empenhados em ajudar. Contudo, ao analisar em profundidade as origens da fome crônica, nota-se que há uma relação com características sistêmicas, profundas e arraigadas. É nobre participar de um esforço tão audacioso para sanar a fome. Será menos nobre perguntar quais tipos de mudanças sistêmicas globais podem tornar possível às pessoas levarem vidas mais produtivas?

Os Estados Unidos vêm passando por problemas cada vez mais graves com relação aos idosos e aos sem-teto. Por causa de algumas condições que fogem ao seu controle, muitos idosos não possuem lares e nem atendimento de saúde adequados. É possível que o governo venha a criar programas para lhes proporcionar moradias, abrigos e serviços médicos. Mas isso não resolve a questão em seu nível mais fundamental. Quais são as características do sistema que geram pessoas sem-teto e idosos indigentes? De que forma essas características podem ser modificadas?

E, mais importante, que tipo de mudança sistêmica evolutiva poderia aumentar a probabilidade de praticamente todos os seus membros conseguirem um trabalho digno e satisfatório, e a plena garantia de que as suas necessidades humanas básicas serão satisfeitas?

Estas são as questões que nos propomos examinar. Acreditamos que só raramente sejam levantadas porque é grande a tentação de se atacarem os sintomas, em vez de se criarem mudanças mais fundamentais.

É o leitor quem vai julgar se conseguimos ou não produzir uma análise útil. Posso dizer por mim que trabalhar nesta pesquisa com John Hormann foi uma das mais recompensadoras atividades da minha vida. Ademais, estou convencido da extrema importância desta questão.

Gostaríamos de agradecer o apoio da Fundação Schweisfurth e do Instituto de Ciências Noéticas. Muitos indivíduos contribuíram para este estudo, salientando aspectos cruciais, fazendo comentários sobre o rascunho inicial, participando diretamente da pesquisa e mantendo debates estimulantes. Entre tantos, gostaríamos de mencionar, em especial, a energia e o tempo generosamente cedidos por Herman Maynard, Susan Mehrtens e JoAnn McAllister. Stan Janger e Amy Edmondson nos prestigiaram com um valioso "Posfácio", que oferece exemplos concretos do "novo paradigma de pensamento".

Willis W. Harman
Sausalito, Califórnia
junho de 1990

Prefácio 2

Aqueles que buscam o entendimento e a verdade encontram incerteza. Para enfrentar o desconforto dessa incerteza, passamos a *acreditar*, e os sistemas de crença e valor que adotamos oferecem-nos esperança. Essa esperança, porém, seduz a nossa consciência para a contemplação de um futuro "melhor" e faz crescer nossas expectativas. O resultado disso é que executamos com uma atenção apenas parcial as nossas tarefas do AGORA.

No fundo da nossa consciência sabemos que o futuro se desenvolve a partir da qualidade dos pensamentos, sentimentos e ações de hoje. É a partir desse conhecimento que nasce o medo de que as nossas esperanças talvez nos ludibriem. Esse medo influencia os desdobramentos futuros. A expectativa cria sua força oposta; e, então, inicia-se a oscilação de um pêndulo dinâmico entre a esperança e o medo.

Essa insegurança nos leva a julgamentos de valor; dividimos o mundo em "bom" e "mau", e nos identificamos com o "bom". Essa identificação dicotômica nos proporciona um sentimento temporário de segurança, mas novamente essa divisão produz uma força oposta e deforma a nossa relação com a realidade. Os problemas são alijados dos seus contextos, tratados isoladamente, e rèaparecem sob outras formas, como novos problemas, desilusões ou impedimentos.

Imersos nesse dilema, tentamos continuamente moldar as pessoas e as situações para que se encaixem em nossos conceitos e valores. Fazendo isso, perdemos a riqueza e a diversidade da vida; nossas existências ficam empobrecidas; até mesmo a busca de algum propósito de vida é incapaz a longo prazo de preencher esse vazio. O que acaba resultando num forte anseio por prestígio, poder, "amor" e segurança.

Nossa busca de segurança nos leva à luta pela perfeição. Este esforço cria a sua própria dinâmica e complexidade, fazendo a vida parecer mais intrincada e difícil. Finalmente, abdicamos da nossa responsabilidade e integridade, e chegamos à situação atual: "autoridades" que dizem saber o que está "certo" ou "errado", que se apegam rigidamente a seus falsos conceitos, e que colocam a vida na Terra em perigo. Armamentos que podem nos destruir milhares de vezes são instalados em todo o mundo para "garantir a paz". A indústria agrícola e a fumaça nociva do tráfego de veículos envenenam a nossa comida, o nosso ar e a nossa água. Tudo isso é tido como "progresso"; contribui para a "segurança nacional" e para o PIB. A educação, a arte, as creches, os programas de saúde e os cuidados com os idosos são "fatores de custo".

Os negócios esculpiram a economia sem considerar a ecologia. Tendem hoje a monetarizar os valores humanos e a ignorar propósitos mais elevados. Ao aplicar a lógica econômica, decisões que afetam profundamente as gerações futuras são tomadas tão-somente com base em relatórios financeiros que se referem, no máximo, ao próximo trimestre. Algumas pessoas nos escalões superiores da administração de negócios, apesar de seu alto poder aquisitivo e de estarem em posição de aparente poder, demonstram ter a mentalidade do mendigo, uma vez que manifestam o medo persistente de nunca terem o bastante.

O vício de prestígio e da segurança transferiu o conflito para o setor do trabalho. Onde quer que haja discrepância entre as palavras e os contratos escritos, as pessoas se afastam, seja publicamente, seja através de uma "notificação mental de encerramento dos negócios". Praticamos a mania de criticar, o que nos impede de aprender com os erros e cria empregados relutantes em assumir riscos. A ansiedade e a má vontade em se relacionar com o outro, criadas pelo medo do risco, corroem a coragem necessária para se ter honestidade, confiança, comunicabilidade e criatividade. No final, nos deparamos com uma paralisante crise de identidade que nos leva à indolência e à resignação, impossíveis de serem curadas com mais dinheiro ou mais tempo livre.

Entretanto, existem aqueles que se libertaram desse medo e que, ao encontrar um poderoso incentivo no desafio de uma resposta criativa, ficaram livres para praticar o pensamento estratégico em seu mais amplo significado. A consciência aberta e a disponibilidade de ver a realidade como ela é nos permitem ser autênticos. Quando aprendemos a confiar na inteligência do nosso organismo como um todo, podemos agir com propriedade em situações críticas, sem precisar depender apenas da mente racional. Podemos criar espaço em nossa consciência para a diversidade da vida. Podemos aprender a discernir e a nos organizar, prescindindo de julgamentos de valor e, dessa forma, a dissolver as restrições mentais. Reconheceremos uma ampla e extensa rede de conexões e poderemos escolher e decidir a partir dessa visão mais abrangente.

Segundo essa perspectiva, trabalho será mais do que ganhar dinheiro. A economia fará parte da ecologia. Os negócios, a metafísica e a arte serão uma unidade que empregará criativamente a pessoa como um todo no processo do trabalho. Alimentação será mais do que apenas abastecer o corpo. Psique e corpo serão vivenciados como a unidade que de fato são. O passado será parte do presente. A partir de uma visão mais compreensiva, poderemos moldar um futuro que nos traga novos e libertadores horizontes.

Os negócios, que são o motor da nossa sociedade, terão a oportunidade de representar uma nova força criativa no planeta, uma força capaz de contribuir para o bem-estar de muitos. Para que isso ocorra, devemos todos aumentar substancialmente o nosso compromisso com a integridade e com a confiabilidade, e ter a coragem de dar, no plano da consciência, um salto quântico que nos impulsione *mais além das soluções convencionais, mais além das forças de oposição, mais além do medo e da esperança.*

Este livro é dedicado àqueles que endossam tal perspectiva.

John V. Hormann
Munique, Alemanha
junho de 1990

Introdução

Parece estar se processando no mundo industrializado uma mudança que envolve a reavaliação dos pressupostos básicos da sociedade ocidental, de sua infra-estrutura tecnológica e da economia mundial. Em termos mais simples, tudo indica que estamos numa transição de magnitude comparável à da Revolução Industrial, ou à da descoberta de que a Terra não é chata mas esférica.

Seja ou não possível chegar a um consenso quanto à descrição detalhada desta mudança, podemos ter a razoável certeza de que as próximas duas décadas serão um período de transição fundamental, através de águas tumultuosas e desconhecidas.

Seguindo com a metáfora náutica, como não existe um mapa preciso do futuro, a navegação de longo curso será um exercício fútil. O que mais precisamos então é: (a) perceber tão bem quanto pudermos o destino da sociedade e os perigos ao longo do seu caminho; e (b) sondagens precisas, à medida que avançamos.

Em nossa vida diária, em cada decisão ativa que tomamos, cada um de nós assume, tacitamente, alguma interpretação da nossa situação – um mapa, por assim dizer, indicando o curso provável da sociedade no futuro. Os melhores mapas de navegação disponíveis contêm certos rumores a respeito de um Novo Mundo no Ocidente, e mencionam terem avistado alguns rochedos e bancos de areia, além de muita terra desconhecida. O importante é fazer com que o mapa contenha as melhores informações disponíveis no momento e que, ao mesmo tempo, esteja totalmente aberto para novos avistamentos e sondagens capazes de indicar a necessidade de alterar o curso previsto. Nenhuma interpretação pode demonstrar que está "correta"; cada movimento diário na passagem para o futuro proporciona novos dados que tanto podem se encaixar em nossos mapas provisórios, como nos forçar a considerar mudanças. Qualquer que seja o mapa pelo qual nos guiemos, é essencial mantermos a mente aberta para testá-lo.

Existem muitos pontos a partir dos quais construir esse mapeamento dos possíveis caminhos em direção a um futuro. Por diversas razões, que depois se tornarão mais claras, escolhemos concentrar a presente investigação em torno do *papel do trabalho*, tanto nas vidas dos indivíduos quanto na da sociedade. Mas, se assumimos que o trabalho representa uma característica crucial da nossa jornada rumo ao futuro, muitas outras facetas interligadas devem ser simultaneamente analisadas para podermos obter um entendimento adequado do todo.

Primeiro existem os problemas: a deterioração ambiental global; a possibilidade de uma mudança climática irreversível, produzida pelo homem; os índices alarmantes de extinção de mais e mais espécies de plantas e animais; a devastação florestal e a desertificação; a crescente escassez de água fresca; o acúmulo de produtos químicos tóxicos; a miséria e a fome crônicas em diversas regiões do mundo; problemas sociais persistentes de crime, terrorismo, e vício em drogas; a instabilidade de uma economia mundial acossada por dívidas; e, claro, a sempre presente ameaça de um conflito internacional com o uso de armas nucleares. A lista parece interminável e todos os problemas estão inter-relacionados de tal modo que as medidas tomadas para se remediar qualquer um deles reverberam por todo o sistema. Diversos movimentos sociais e políticos compõem a segunda parte do panorama – movimentos que promovem a democracia, a liberdade, a consciência ecológica, a conscientização dos problemas da mulher, a paz mundial, a justiça social. Em terceiro lugar, num nível ainda mais profundo da estrutura da sociedade, encontramos indicações de uma mudança revolucionária que atinge os pressupostos básicos a respeito da natureza da realidade, os quais sustentam a sociedade moderna e todas as suas instituições.

Os principais pesquisadores deste projeto vêm observando essas intrincadas interligações há alguns anos e constataram, para seu espanto, que a redefinição do papel do trabalho, que parece ser tão relevante à resolução final dos nossos dilemas, é muito pouco discutida. A possibilidade de que no futuro a economia mundial não seja capaz de proporcionar pleno emprego é uma idéia tão assustadora que o assunto chega a ser tabu. Relatos a respeito dos muitos trabalhadores na economia moderna que são alienados e consideram seu trabalho sem sentido também têm implicações assustadoras. Além disso, é raro naqueles que discutem a economia do trabalho um tratamento adequado da questão do significado do trabalho; e aqueles que se preocupam com as maneiras pelas quais as pessoas procuram descobrir o significado da vida raramente são competentes para discutir economia do trabalho.

Se tem havido relutância em enfrentar certos aspectos da questão do trabalho, não há dúvida de que a causa é, em parte, o fato de os problemas parecerem insolúveis. E, de fato, o são, se assumirmos que devam ser de algum modo resolvidos através de atitudes do governo ou por imposições dos escalões superiores aos subordinados. Tantas coisas foram tentadas – desde programas para a criação de empregos e para o aperfeiçoamento profissional, até alterações mais radicais como o controle governamental da saúde ou o planejamento totalmente centralizado – mas, no fim, só acumulamos decepções.

Existe ainda outra possibilidade que, ao ser examinada à luz dos recentes acontecimentos no Leste europeu, na China e em outras partes do mundo, parece ser muito mais plausível agora do que há uma década. Trata-se da possibilidade de os dilemas poderem ser resolvidos através de uma transformação ainda mais fundamental da moderna sociedade industrial, de uma transformação que não partiria de uma hábil administração por parte de um Estado poderoso ou de uma instituição multinacional, mas sim através do surgimento de novas metas, valores, compromissos e conceitos provenientes de uma *grande faixa média de pessoas criativas* que pressentem uma nova visão e não se satisfazem com nada menos do que a sua implantação. São uma "faixa média" porque é um grupo que não inclui nenhum dos extremos – nem aqueles que têm muito sucesso (apesar de talvez estarem insatisfeitos) e que se pautam pelas velhas regras, e nem as pessoas marginalizadas e impotentes, justamente por causa das velhas regras.

As revoluções no Leste europeu são incompletas: as pessoas têm muito claro o que *não* querem, mas são muito menos explícitas a respeito do que, de fato, querem. Nós, dos países de capitalismo moderno, estamos numa situação parecida. Tem ficado cada vez mais claro o que não está funcionando; mas ainda nos falta visualizar a sociedade global que realmente funcione.

Tal como os europeus do Leste que, no final dos anos 80, despertaram para o seu poder de conquistar mais liberdade e democracia, pode ser que – e a nossa pesquisa assim o sugere – um outro despertar esteja a caminho nos países do Ocidente. Será um despertar para o poder de se criar uma sociedade na qual conceitos como desemprego e emprego "sem sentido" sejam obsoletos, e em que todos tenham a oportunidade de se engajar num trabalho digno e satisfatório. Tal despertar não está sendo liderado por personagens carismáticos, políticos ou de outra ordem; ao contrário, está surgindo de maneira aparentemente espontânea, a partir dos mais profundos valores e intuições de centenas de milhares de pessoas. Este movimento pode ser interpretado como uma evidência de que a sociedade moderna está vivendo um processo de autocura.

As forças de autocura da sociedade. Os organismos vivos têm uma considerável capacidade de autocura. O mesmo, sem dúvida, pode ser dito a respeito das sociedades, apesar de tais mecanismos serem menos estudados nesse caso. A hipótese Gaia, que ultimamente tem atraído muita simpatia, sugere que o planeta é um sistema vivo capaz de produzir sua própria cura. É claro que nesse processo de autocura planetária não existe a garantia de continuidade da existência da civilização humana; nós, os humanos, teremos de cuidar disso sozinhos.

Ao iniciar esta pesquisa, nossos conhecimentos pareciam apoiar o seguinte pressuposto: embora haja uma decidida aversão a reconhecer a verdadeira profundidade e seriedade dos atuais problemas sociais e globais, aparecem ao mesmo tempo muitos indícios de uma reação criativa espontânea. Aqui se incluem os movimentos sociais já mencionados, bem como muitas experiências inovadoras por parte de algumas organizações sem fins lucrativos, de comunidades com fins específicos, de economias alternativas, de programas alternativos de saúde, de novas opções de empreendimentos comerciais, de iniciativas de cidadãos que participam de novos investimentos comunitários e empreendimentos nos países do Terceiro Mundo, além de muitas outras fontes. Em vez de um ceticismo conservador diante de tudo isso, escolhemos analisar a hipótese otimista de que muito do que acontece à nossa volta pode ser interpretado como impulsos de autocura, orientados em parte pelo inconsciente.

Desse modo, tentamos investigar com esta pesquisa a hipótese de que: (a) uma mudança que afete todo o sistema será necessária para que os principais problemas sociais e globais se tornem solucionáveis; (b) em algum nível intuitivo profundo, as pessoas parecem perceber isso, o que resultou no surgimento de movimentos e experiências sociais espontâneas as quais, em conjunto, proporcionam direção e ímpeto motivacional para a mudança do sistema como um todo; e (c) à medida que a dinâmica desse processo de transformação social for sendo melhor compreendida, as iniciativas que favorecem essa mudança construtiva podem receber apoio e, assim, contribuir para minimizar a conturbação social e a miséria humana que tantas vezes no passado acompanharam as mudanças sociais profundas.

Tudo isso tem grande significado para os negócios. Em primeiro lugar, um fator crucial para se tomar boas decisões em nível empresarial é uma avaliação precisa das situações, tanto interna como externa. Mas também, e igualmente importante, é o fato de a liderança empresarial estar numa posição única para contribuir de forma construtiva para uma transformação pacífica.

É comum e compreensível o empresário indagar: o que devo fazer? Pela própria natureza da situação, não é provável que a resposta mais criativa seja alguma ação específica, mas talvez um posicionamento diferente, ou a adoção de uma nova forma de ver a situação e fazer escolhas em outras bases.

No capítulo final tentamos apresentar, a esta pergunta perfeitamente válida, uma resposta em três partes:

1. Tente compreender a natureza das forças de transformação presentes no mundo moderno para ampliar as chances de a sua organização sobreviver ao longo daquilo que pode vir a ser um período caótico de transição.
2. Faça o que for necessário para prosperar, em termos de força e expansão, porque essa força será necessária a uma efetiva contribuição para a evolução do todo. Um dos fatores mais importantes aqui é atrair e manter as pessoas mais criativas e competentes.
3. Contribua, porque somente assim poderemos vislumbrar um resultado satisfatório, numa época tão crítica.

É claro que temos algumas sugestões bastante específicas a fazer em cada um destes três âmbitos, assim como alguns cuidados a sugerir sobre quais expectativas são razoáveis.

A forma de apresentação deste trabalho. Depois de realizar a pesquisa e constatar determinadas inter-relações que se nos afiguraram importantes, surgiu a questão: como contar essa história? Um ensaio pareceu ser a melhor forma; um texto isento das minúcias de uma apresentação acadêmica, mas ainda assim capaz de incluir evidências suficientes para tornar as conclusões plausíveis. Gostaríamos que fosse simples e conciso. No entanto, alguns conceitos pedem uma reflexão mais profunda; considerações superficiais e planos simples de ação não servem. Terminamos contando uma história tão resumida quanto pudemos.

Nosso relato começa com um capítulo inicial que aborda o dilema do trabalho e sua possível resolução. No Capítulo 2, analisamos os problemas e os dilemas manifestos, dando ênfase aos aspectos que os fazem parecer tão intratáveis, e retomamos suas origens no desenvolvimento da sociedade moderna e em suas características básicas. O Capítulo 3 analisa os principais movimentos sociais e políticos dos nossos dias, com uma ênfase particular sobre os rumos mais desejáveis para tais mudanças. No Capítulo 4, combinamos os possíveis resultados dessas duas análises de modo a testar a nossa hipótese de que *os movimentos para a transformação pessoal e social que se desenvolveram espontaneamente nos últimos trinta anos contêm em si os elementos necessários para uma resolução bem-sucedida da maioria dos nossos mais exasperantes dilemas*. O Capítulo 5 examina os processos dinâmicos da mudança social e analisa as condições para uma mudança social fundamental que não implique em desagregação social. Por fim, o Capítulo 6 investiga as características da sociedade que deverá emergir e aponta os importantes desafios que a comunidade empresarial enfrentará para poder desempenhar um papel construtivo na redefinição e no remodelamento do mercado de trabalho, para o benefício da comunidade global e, certamente, para o da própria Terra.

Uma palavra de alerta é necessária. Os problemas mais sérios que a sociedade enfrenta são essencialmente globais. Além disso, apresentaremos mais adiante a noção de que alguma espécie de mudança global no sistema será necessária para a resolução satisfatória dos problemas. Contudo, a nossa análise se restringe em particular ao ponto de vista das sociedades dominantes da Europa Ocidental e da América do Norte. Justificamos a nossa abordagem sobretudo pela penetrante influência da moderna sociedade industrial do Ocidente sobre o resto do mundo, e pelo poder político que o mundo ocidental exerce para satisfazer às próprias necessidades. Não pretendemos lidar com os problemas específicos, por exemplo, do Japão, da União Soviética ou da África do Sul. Apesar disso, temos a esperança de que a nossa análise possa servir como ponto de partida válido para estudos similares sobre essas outras regiões do mundo. Da mesma forma, não avaliamos explicitamente as situações específicas dos países em desenvolvimento; contudo, consideramos o dilema do desenvolvimento como um problema mundial.

Para começar, então, apontaremos a razão pela qual existe um dilema fundamental de trabalho, por que ele é solucionável, e que tipo de mudança será necessária para chegarmos a uma solução satisfatória.

Capítulo 1

A Mudança na Natureza do Trabalho

Sem trabalho, a vida apodrece –; mas quando o trabalho não tem alma, a vida míngua e morre.

Albert Camus

É bem provável que o papel do trabalho na vida do indivíduo e da sociedade seja o aspecto do futuro a respeito do qual a sociedade moderna está mais confusa. Um dos motivos básicos dessa confusão é o precário reconhecimento de todas as implicações das mudanças tecnológicas que vêm ocorrendo. Os atuais conceitos sobre o trabalho foram formulados numa época em que a sua função social primária era produzir os bens e os serviços necessários ou desejados, uma era em que ainda não se previa o término da desejabilidade social da utilização de progressos tecnológicos para aumentar a produtividade econômica do operário individual. No entanto, em nossos dias esses conceitos criam um dilema fundamental. Por um lado, se um país não aumentar continuamente a produtividade do trabalho, sua indústria terá poucas chances de se tornar competitiva no mercado internacional. Por outro, se a produtividade crescer, então, por definição, para manter o mesmo número de empregos, o produto econômico deve crescer. A partir disso, como várias restrições – de recursos naturais, ambientais, políticas e sociais – limitam o crescimento econômico, o *desemprego crônico torna-se uma característica intrínseca do futuro*. Por tratar-se de um conceito desagradável de se contemplar, os países e os indivíduos têm se valido de uma lógica tortuosa e de atos sutilmente evasivos para evitá-lo.

Em alguns países, tendências demográficas disfarçam o dilema do desemprego crônico a curto prazo. Mas tal tendência é inexorável a longo prazo. Uma parte dessa dissimulação é manipulada, como nos Estados Unidos, onde se dá a progressiva redefinição do índice de desemprego correspondente ao "pleno emprego". Esse índice, que alguns alegam representar o nível necessário de desemprego para manter baixos os índices de inflação, tem registrado um crescimento estável, de 2,5% nos anos 40, para mais de 7,5% no final da década de 80. Assim como fez a União Soviética por muitos anos, uma nação pode assegurar "pleno emprego" dando trabalho para todos os adultos, mesmo quando seus serviços não são realmente necessários. Entretanto, esse expediente do "trabalho fictício" cria um sério problema moral, já que ninguém gosta de se sentir desnecessário.

O outro lado do dilema do trabalho é o *subemprego*, ou seja, trabalhar abaixo da própria capacidade produtiva total. Isso cria grandes problemas no ambiente de trabalho e um mal-estar social. Nos países industrializados, o subemprego está intimamente ligado ao conceito vigente de educação. A educação na sociedade moderna – mesmo que não queiramos admiti-lo abertamente – é, em sua essência, vista como preparação para um emprego dentro da economia oficial. Na medida em que se elevam os índices de inteligência e educação de um povo – e esta é sem dúvida a tendência a longo prazo –, um número cada vez maior de pessoas não consegue encontrar um emprego que exija as habilidades e os conhecimentos por eles adquiridos, do que resultam o descontentamento e a alienação. A educação já não representa mais a certeza de um *status* melhor, de mais poder e maior renda. Nem tampouco assegura um trabalho capaz de proporcionar em si desafios ou oportunidades de atuação criativa ou de auto-expressão. Um número cada vez maior de trabalhadores bem instruídos tem de aceitar empregos – como agentes administrativos ou operários – rotineiros, desestimulantes e embrutecedores. Uma fração significativa dos empregos na sociedade moderna não é nem intrinsecamente desafiadora, nem tem uma relação clara com desafios sociais inspiradores (Maccoby, 1988).

Nas sociedades em desenvolvimento, o subemprego não é, em geral, uma conseqüência da "supereducação", mas sim da destruição das formas tradicionais dos padrões culturais da vida rural e em pequenas cidades ou aldeias. Diversas cidades do Terceiro Mundo incham com a migração de camponeses que só conseguem uma sobrevivência em péssimas condições de vida, com ocupações das mais ignóbeis. Em alguns desses países, o subemprego é a condição da grande maioria da população urbana.

Um dos aspectos do subemprego é revelado por uma antiga anedota sobre dois talhadores de pedra que faziam o mesmo tipo de serviço. Ao responder à pergunta sobre o que faziam, um deles disse: "Estou talhando este pedaço de pedra." O outro afirmou: "Estou construindo uma catedral." O primeiro talvez estivesse subempregado; o segundo, com certeza, não. A condição de subempregado não tem tanta relação com o trabalho que está sendo feito, mas sim com o motivo pelo qual a pessoa percebe que o faz. O sertanejo, o antigo artesão, o sitiante abençoado com uma boa terra, todos ririam da idéia de estarem subempregados. Entretanto, depois do surgimento da agricultura mecanizada, cuidar das mesmas plantações com ferramentas manuais parece oferecer menor realização pessoal; quando uma linha de montagem robotizada agiliza a produção em massa de um determinado item, perde-se o significado de uma habilidade artesanal e o desafio de confeccionar o mesmo objeto à mão.

Vale a pena registrar que o famoso economista britânico John Maynard Keynes já havia identificado o problema potencial das "pessoas supérfluas" em meados dos anos 30, em seu livro *Essays in Persuasion* (Ensaios sobre a persuasão):

> Se o problema econômico (a luta pela subsistência) for resolvido, a humanidade será privada do seu propósito tradicional... Assim, pela primeira vez desde a sua criação, o homem terá de encarar seu mais verdadeiro e permanente problema: como fazer uso da condição de liberdade das pressões oriundas de questões econômicas... Não existem países nem pessoas, penso eu, que consigam vislumbrar uma era de lazer e fartura sem ficarem apreensivos... É um problema assustador para as pessoas comuns e sem talentos especiais, particularmente se não tiverem mais raízes na terra ou nos costumes ou nas consagradas convenções de uma sociedade tradicional.

Admite-se hoje, embora com relutância, na América do Norte e no norte da Europa, que, apesar do consumismo de massa, da corrida armamentista global e de uma improdutiva mas crescente "indústria financeira", o futuro a longo prazo da sociedade industrial parece caracterizar-se por um desemprego e um subemprego crônicos. São duas as razões básicas para tanto: 1) a longo prazo, o crescimento econômico poderá não conseguir gerar empregos suficientes para acomodar um contingente cada vez maior de mão-de-obra: 2) a qualidade dos empregos disponíveis poderá não ser compatível com a elevação dos níveis educacionais da força trabalhadora.

Então, o que fazer quando a produtividade da economia cresce a ponto de as necessidades sociais poderem ser preenchidas empregando-se apenas uma parte da mão-de-obra disponível? A mensagem implícita na resposta das modernas sociedades industriais é: Crie mais necessidades! Torne-se obcecado pelo consumo! Tente esgotar o uso do produto e mantenha assim a máquina em funcionamento. O que se faz quando a tecnologia avançou tanto que qualquer coisa que se possa treinar um homem para fazer pode ser programada para um computador (um robô) executar? E que, ademais, provavelmente este o fará melhor, mais rápido e a um custo menor? A resposta mais aceita é tornar-se obcecado pelo crescimento econômico para que se criem mais empregos novos para os seres humanos. *Trata-se, na verdade, de respostas inadequadas que surgem de um conceito inadequado do papel do trabalho: elas não consideram a verdadeira questão humana.*

É importante reconhecer que o subemprego no mundo desenvolvido decorre em parte dos êxitos da sociedade moderna em termos do grau e da diversidade das capacidades desenvolvidas por seus cidadãos. A parcela da população atual que demonstra ter não apenas iniciativa mas também capacidades intelectuais, aptidões específicas e artísticas é provavelmente maior do que em qualquer outra sociedade vista na história. Os fatores que contribuíram para esse sucesso incluem: nutrição e dietas apropriadas; educação; contato direto com conhecimentos e tecnologias estimulantes; amplo acesso à comunicação; disponibilidade de papéis variados e instigantes para serem desempenhados (Schumacher, 1979; Epílogo). É irônico um êxito tão notável surgir agora como um problema, a saber, como dificuldades que as pessoas enfrentam para encontrar nichos na economia oficial onde possam manifestar ao máximo suas capacidades.

Por que a sociedade moderna é incapaz de se organizar de modo a proporcionar a praticamente todo cidadão amplas oportunidades de encontrar um trabalho significativo e satisfatório? Essa é a questão fundamental, por trás de todos os aspectos mais óbvios dos problemas relacionados com o trabalho, que vão desde o desemprego e o subemprego, à miséria urbana crônica e aos sem-teto, até os impactos ambientais do crescimento econômico. "Um trabalho significativo" não é necessariamente um trabalho instigante e cheio de desafios a todo momento; será suficiente que faça parte de uma iniciativa maior, esta sim, repleta de significados. É principalmente essa iniciativa "maior" que falta à nossa sociedade moderna de consumo de massa.

Os autores estão convencidos de que a questão acima é passível de resposta, assim como também o é esta outra: o que deve ser feito? Nossa aspiração ao prepararmos este trabalho, é fazer uma contribuição que encaminhe ambas as respostas.

Assim, concentramo-nos em especial no papel dos negócios, haja visto o domínio que as instituições comerciais exercem na sociedade moderna. Nossos objetivos são: esclarecer a natureza do dilema moderno; realçar algumas das ações construtivas que já estão em andamento; e sugerir algumas atitudes deliberadas que o setor dos negócios poderia tomar para assumir o papel mais construtivo possível.

O Trabalho e seu Significado na Sociedade Moderna

Os problemas associados ao trabalho e ao seu significado envolvem muito mais do que as preocupações a respeito do desemprego e da demanda por um "trabalho significativo". No próximo capítulo, analisaremos mais a fundo como o dilema em torno do trabalho e seu sentido está diretamente ligado a muitos – quase todos – outros problemas sociais e globais que nos deixam perplexos. Primeiro, precisamos recordar como tudo começou.

Da sociedade agrícola à sociedade "informatizada". O surgimento da sociedade industrial tem sido uma fantástica história de sucessos. Em apenas alguns séculos, a Europa ocidental e a América conseguiram saltar de uma relativamente baixa motivação e reduzida capacidade de manipulação do ambiente físico – características das sociedades tradicionais – para uma de poderio tecnológico tão grande que quase tudo que se possa imaginar fazer parece possível. A onda de industrialização se espalhou pelo planeta, afetando com o tempo praticamente todas as sociedades no globo, seduzindo com o seu esplendor aquelas que não tomava pela força.

Naqueles séculos, parecia ter sentido dar uma atenção especial à produção econômica. Criar novas ferramentas, valorizar mais o trabalho das pessoas, converter mais e mais recursos naturais da

Terra em produto econômico, exercer um crescente "controle" do ambiente natural através da tecnologia, atrair cada vez mais atividades individuais para a economia monetarizada (tanto na forma de empregos como na de serviços "consumidos") – tudo parecia resultar numa melhoria do padrão de vida material e, portanto, numa melhora do bem-estar humano.

Como já é bem sabido, uma das primeiras conseqüências da evolução do paradigma industrial do Ocidente foi uma mudança dramática nos padrões de trabalho. Tanto a produção de bens através dos novos métodos industriais quanto o número de pessoas empregadas na produção industrial começaram a aumentar. Trabalhadores se mudaram do campo para a cidade e, num período de menos de dois séculos, a mão-de-obra diretamente envolvida na produção agrícola caiu dos quase 90% do período pré-industrial para os apenas poucos pontos percentuais registrados hoje pelas nações tecnologicamente mais avançadas.

Seria possível argumentar que a demanda por produtos agrícolas deveria crescer à medida que a produtividade da mão-de-obra no campo aumentava e os preços caíam, mantendo então elevadas as ofertas de emprego na agricultura. Mas este não foi nem de longe o caso. O que ocorreu, ao contrário, foi a saturação da demanda por produtos agrícolas; esta não teve um crescimento espetacular, proporcional ao aumento consistente da produtividade-por-trabalhador. Houve, em vez disso, um grande deslocamento da força trabalhadora agrícola para a produção industrial. Com a modernização do maquinário e dos métodos agrícolas de produção, um número menor de pessoas era necessário para trabalhar a terra, e os desocupados migraram em levas numerosas para os centros industriais, a fim de trabalhar nas fábricas e nos escritórios.

O medo do desemprego tecnológico surgiu em muitos países europeus e na América do Norte, quando no início dos anos 60 tornou-se evidente a possibilidade de a força-trabalho humana ser substituída pela automação computadorizada dos processos da produção industrial. (Havia diferenças nas situações de ambos os continentes, por causa do grande "boom" de reconstrução na Europa, entre 1948 e 1970, motivado pela devastação da guerra, e porque a explosão demográfica pós-guerra ocorreu um pouco depois.) Numerosas e bem-divulgadas análises alertavam para o advento do problema do desemprego e outros estudos argumentavam que esse medo era injustificado. Estes insistiam em que o avanço tecnológico criaria empregos num ritmo tão acelerado quanto sua substituição pela tecnologia de automação. Estava implícita nesse argumento a previsão da elevação no consumo dos produtos industrializados.

Isso também não aconteceu. O que ocorreu, ao contrário, foi que a oferta de empregos nas indústrias de produção de bens cresceu até um determinado pico, no início dos anos 50, em alguns países, e depois começou a declinar. A demanda por esses bens não aumentou o suficiente para manter os empregos no setor da produção industrial nos mesmos níveis de crescimento da produtividade da mão-de-obra. Nesse meio tempo, as atividades relacionadas com a informação passavam por uma acelerada expansão e criavam empregos em níveis totalmente inesperados. O resultado foi que, no início dos anos 80, a maior parte da força-trabalho de muitos países já estava entrando na condição de "sociedade informatizada", e outras nações industrializadas pareciam estar indo na mesma direção.

Mais uma vez ouvimos que, de algum modo, podemos estar certos de que a demanda dos serviços ligados à informação crescerá tanto que não precisaremos nos preocupar com a eventual reposição dos empregos por artefatos produzidos pela tecnologia de computadores, pela inteligência artificial ou por robôs. Precisamos apenas de um crescimento econômico suficiente e tudo estará bem. E o que criará o consumo e o crescimento? A INFORMAÇÃO! Todos podemos desenvolver um apetite insaciável por informações, capaz de ser difundido num ritmo de crescimento exponencial. Pouco importa que o consumo infindável de serviços de informática para gerar empregos possa não ser a escolha de indivíduos pensantes, como também não o era um consumo interminável de alimentos e bens manufaturados. Talvez, em lugar de "sociedade de informação", devêssemos chamá-la de "sociedade de trabalhos fictícios".

Algumas das características da "sociedade de informação" são muito fascinantes. A informação é uma mercadoria limpa, se comparada com o carvão, com o aço, e com os produtos químicos. Podemos vislumbrar uma sociedade em que as pessoas trabalham em empregos agradáveis, operando muitas vezes a partir de uma central igualmente agradável, instalada em suas casas. Elas têm uma renda e também um lazer onde gastá-la. Estas imagens atraentes, descritas em artigos e livros, incorrem no equívoco típico de ignorar a desconcertante questão de por que, diante da atual economia mais produtiva que já se viu na história, um número cada vez maior de famílias vem constatando que tem menos lazer e que já não pode sobreviver com a renda de apenas um dos seus integrantes.

O capital estratégico dessa atraente sociedade não é tanto o dinheiro, é mais o conhecimento – o *know-how* técnico e gerencial. Isso resulta num novo e fácil acesso ao sistema econômico e no surgimento de empreendimentos baseados em informações-chave, como por exemplo novas peculiaridades na programação de computadores, ou novas técnicas de cruzamentos genéticos na biotecnologia. Algumas dessas novas empresas, cujo produto é a informação, possuem uma cultura corporativa totalmente diferente da de uma fábrica e se caracterizam por uma forma de administração não-hierárquica e por um ambiente intelectual que mais lembra o de uma universidade (Zuboff, 1988).

As descrições parecem quase idílicas. Deixa-se de levar em conta, entretanto, a tendência inerente a esta "sociedade de informação" de se tornar dicotômica – há os ricos-em-conhecimentos e os pobres-em-conhecimentos. Tampouco esse conceito de "sociedade de informação" se reporta a um problema mais fundamental: o espetacular sucesso do avanço industrial e tecnológico levou-nos a uma crise relativamente despercebida, envolvendo significados e valores, que é tão séria quanto as crises mais óbvias da deterioração do meio ambiente global, dos confrontos com armas nucleares, e do dilema da miséria na população do hemisfério sul. Portanto, há indicações de que evoluir rumo a uma "sociedade de informação" não resolve de fato o dilema do trabalho – com certeza, não de uma maneira automática. Teremos de buscar a solução deste dilema numa transformação ainda mais elementar.

A função real do emprego. Chegamos, então, à situação hipotética que Keynes identificou. O que acontece se o avanço tecnológico de uma sociedade é tão acentuado a ponto de a produção econômica de todos os bens e serviços que ela consegue imaginar que precisa ou deseja (ou que os recursos naturais e o meio ambiente tenham condições de suportar) poderem ser produzidos com facilidade, apenas pelo emprego de uma pequena fração da população? O que acontece então?

Como vimos, a resposta, até certo ponto, parece ser continuar tentando criar empregos através do estímulo do crescimento econômico. Mesmo assim, não haverá empregos suficientes, de modo que os rejeitados terão de ser sustentados através de algum tipo de transferência de pagamentos. Na prática, a antiga ética do "trabalhar para comer" parece estar se modificando para os "afortunados podem encontrar trabalho; os restantes terão suas necessidades físicas atendidas por uma questão de direito básico". Se o trabalho for encarado como bem escasso a ser racionado, então os conceitos de emprego-dividido e de redução na jornada de trabalho parecem atraentes; pelo menos, parecem ser formas de preservar algum tipo de participação na produção econômica, que representa a principal preocupação da sociedade.

Tudo isso, entretanto, ignora como é realmente básico esse dilema. Os conceitos contemporâneos sobre negócios e trabalho, sobre a teoria do emprego e do bem-estar, sobre as análises de liberais e marxistas, baseiam-se todos numa sociedade cujo objetivo principal é a produção. É justamente este o conceito central que se tornou obsoleto.

Faz-se necessário um novo jeito de pensar, mediante o qual a substituição em grande escala do trabalho humano por máquinas possa servir de estímulo a uma retomada dos pressupostos básicos de uma sociedade centrada na relação produção/consumo, entre os quais se inclui o de que a distribuição da renda deve ser estreitamente vinculada aos empregos da economia oficial.

Numa sociedade tecnologicamente avançada, na qual a produção de bens e serviços em quantidades suficientes pode ser controlada com facilidade, o emprego existe antes de mais nada para o autodesenvolvimento e a preocupação com a produção de bens e serviços passa a ser apenas secundária. Aqui, o significado de "autodesenvolvimento" implica tudo o que enriquece o indivíduo e inclui não apenas o desenvolvimento pessoal e profissional, mas relacionamentos de qualidade e a prestação de serviços significativos a terceiros.

Esta redefinição do significado do trabalho contém a noção revolucionária em função da qual ocorre uma reestruturação dos papéis do trabalho.

O Desafio não Reconhecido: A Redefinição de Trabalho

A história como um todo dá sustentação à observação de que o desejo de criar é um anseio básico dos seres humanos. *Fundamentalmente, trabalhamos para criar e só por decorrência é que trabalhamos para comer.* Essa criatividade que pode existir nos relacionamentos, na comunicação, nos serviços, na arte, ou em produtos úteis está muito perto de constituir o significado central das nossas vidas.

Há até pouco tempo, a pergunta mais importante que se poderia fazer a um homem no Ocidente era: qual é a sua profissão? Isto é, onde você desenvolve a criatividade? (Não havia necessidade de formular esta pergunta a uma mulher, uma vez que a área de criatividade das mulheres limitava-se à família e ao lar.) Nas sociedades tradicionais, particularmente as dos povos indígenas, a criação era coletiva e a participação ocorria através de rituais e trabalhos comunitários. Um dos grandes desserviços do paradigma moderno é ter deturpado o nosso anseio criativo, convencendo-nos de que, na realidade, a nossa motivação é econômica e que trabalhamos por uma recompensa financeira. (Claro que não devemos desprezar o fato de que a fome e o desamparo também podem comprometer o anseio criativo.)

No início da era industrial, o trabalho coletivo, o "projeto central" da sociedade ocidental, orientava-se pelo progresso material, com a mesma clareza com que na Idade Média o trabalho coletivo se concentrava na construção de grandes catedrais para a maior glória de Deus. Neste último meio século, contudo, o "projeto central" de um mero crescimento econômico com avanço tecnológico, desprovido da orientação maior dada por valores de ordem superior, parece ser cada vez menos adequado, e sentimos a necessidade de nos reorientar por um novo prisma.

A recente incapacidade dos empregos em corresponder às suas funções ancestrais legítimas. Dissemos há pouco que a sociedade moderna precisa repensar o papel do trabalho. Ao abordar esse assunto, é importante lembrarmos as funções que a educação e o trabalho têm desempenhado juntos ao longo da história. Essencialmente, há quatro funções:

1. Promover o *aprendizado e o desenvolvimento* do cidadão.
2. Proporcionar ao indivíduo um *papel social* nas atividades significativas da sociedade, com a oportunidade de alcançar a sensação de estar contribuindo, de pertencer e de ser apreciado, o que lhe permite desenvolver uma saudável auto-estima.
3. *Produzir* bens e serviços necessários e desejados pela sociedade.
4. *Distribuir a renda total* da sociedade de uma maneira que a comunidade em geral considere eqüitativa.

No passado, essas quatro funções eram em grande medida delegadas às escolas (aprendizado e desenvolvimento), aos pais e aos grupos de companheiros (desenvolvimento e papéis sociais), e por fim, aos empregos (todas as quatro).

Nas últimas décadas, esse tipo de organização tem se tornado cada vez menos efetivo. A economia de produção tem dificuldade em prover um número adequado de papéis profissionais desafiadores para populações com níveis cada vez melhores de educação. Por causa do aumento da produtividade, já não é mais verdade que toda a força potencial de trabalho seja necessária para se produzirem os bens e os serviços convencionais, destinados a satisfazer necessidades anteriormente detectadas. A "solução", num passado recente, foi a criação de mais "necessidades". Mas o consumo ilimitado, até mesmo de serviços, incorre eventualmente em dificuldades como a limitação dos recursos naturais e ambientais, e a resistência dos próprios consumidores.

Além disso, os empregos na economia oficial tornaram-se cada vez menos satisfatórios, como base eqüitativa para uma distribuição da renda. Uma vez que a produtividade do trabalho cresce através da intensificação dos investimentos em tecnologia, todo trabalhador pode, aparentemente, produzir mais riqueza. Entretanto, dependendo de como evoluiu o processo de industrialização, o enriquecimento material depende hoje cada vez menos de trabalhos rotineiros, que envolvam pouco treinamento ou nenhuma especialização, e cada vez mais da contribuição do capital e de um trabalho técnico altamente especializado e vinculado às máquinas de produção. Não obstante, os salários reais dos operários não-especializados ou semi-especializados cresceram na mesma velocidade, ou ainda mais rápido, que os salários dos gerentes e funcionários tecnicamente criativos. Deste modo, os níveis salariais se desvincularam em grande medida do valor real a eles atribuído pelo trabalhador. John Naisbitt (da mesma forma que Daniel Bell antes dele) diz que está na hora de substituir a "teoria do valor do trabalho" de Marx por uma nova "teoria do valor do conhecimento". Talvez seja hora de abandonarmos abertamente o conceito de que a recompensa do indivíduo deve ter uma ligação direta com sua contribuição identificável para a produção econômica.

Em resposta às ostensivas desigualdades na distribuição da renda de acordo com a produtividade e diante da persistência do desemprego e da "impossibilidade de empregar" alguns trabalhadores, o papel do governo na redistribuição da renda tem crescido de forma considerável na maioria dos países. Essa redistribuição governamental é realizada através de transferências diretas de pagamentos, como o seguro social e os programas de assistência social; através dos recolhimentos gradativos de impostos e outras políticas monetárias e fiscais diferenciadas; e através de um controle sobre salários, preços e taxas de juros. Essas políticas têm enfraquecido ainda mais o elo de ligação entre os níveis salariais e o valor direto da contribuição individual.

Para todos os efeitos, a noção de que a renda de um indivíduo é determinada pela produtividade do seu trabalho (mais o retorno pela propriedade) tornou-se obsoleta. Para substituí-la, a sociedade tem apresentado racionalizações confusas acerca da distribuição da renda, valendo-se de princípios vagamente definidos de bem-estar e eqüidade. O trabalho ainda é a forma menos controvertida de distribuição de renda, mas tem se tornado cada vez menos adequado para esse propósito.

Algo semelhante ocorre com relação à função social do trabalho. Este é uma das formas socialmente mais aceitas e potencialmente mais construtivas que as pessoas têm para passar a maior parte das horas em que estão acordadas. Entretanto, numa economia industrial baseada no consumo, as oportunidades de um trabalho que traga uma profunda satisfação tendem a se tornar cada vez mais escassas.

Por fim, o antigo conceito de educação como preparo para um emprego é totalmente insatisfatório, tanto do ponto de vista individual como do social. Por inúmeras razões, o único tipo de educação que faz sentido é a aprendizagem ininterrupta. Portanto, o local de trabalho também pode ser considerado um local de ensino. Mas a economia tem dificuldade para se ajustar a essa idéia. De acordo com suas regras, o trabalho é algo pelo qual você é pago, e a educação é algo pela qual *você paga.*

Rumo a uma solução para o dilema do trabalho. A partir da discussão acima, o dilema agora pode ser visto de outro ângulo. A questão é, então, redefinir as quatro funções do trabalho e da educação, de modo que os aspectos insatisfatórios sejam eliminados.

É preciso lembrar que estamos lidando com um *problema de sucesso.* Em termos de seus próprios objetivos de eficiência, produtividade operacional, progresso material e consumo, a industrialização deve ser considerada um êxito sem precedentes. Do ponto de vista econômico, o problema da produção foi resolvido de uma forma cabal.

Se os seres humanos tentaram, basicamente, escapar do trabalho, a industrialização pode ser considerada um sucesso do ponto de vista social e humano, visto que tornou possível a eliminação de boa parte dos trabalhos pesados que as pessoas antes eram forçadas a realizar. Mas, se observarmos o comportamento do trabalhador e considerarmos as descobertas das pesquisas psicológicas, veremos que existem amplas evidências de que *as pessoas procuram basicamente atividades e relacionamentos significativos.* Os seres humanos prosperam, não à base de prazeres fáceis, mas diante de desafios. *Portanto, apesar de o pleno emprego não ser mais necessário do ponto de vista da produção, a plena participação é essencial do ponto de vista social.*

Como já vimos, com o passar do tempo os processos de produção não irão mais conseguir proporcionar trabalho suficiente capaz de cumprir a contento as funções tanto de distribuição da renda como de ser um papel social. Parece haver duas formas fundamentalmente diferentes de se abordar essa situação.

1. **A transferência de pagamentos.** Uma das abordagens é, essencialmente, a transferência decrescente de pagamentos. O termo "transferência de pagamento" refere-se em geral a pagamentos e transferências de poder aquisitivo do governo para as pessoas consideradas necessitadas ou qualificadas para tanto (ou ambas). Se a definição habitual dos economistas for ampliada no sentido de incluir transferências oriundas de instituições, indivíduos e governos, muito mais que a metade das populações da maioria dos países modernos já é sustentada no todo ou em grande parte pela transferência de pagamentos. Os beneficiados são, em sua maioria, donas-de-casa, crianças e estudantes.

Segundo essa definição mais ampla, existem pelo menos quatro tipos distintos de transferência de pagamentos:

1. Os que se baseiam na *participação como membro*, a qual permite à pessoa receber sustento pelo simples fato de pertencer a um determinado grupo, como a família, a comunidade, certas organizações ou a sociedade (por exemplo, o auxílio-família).
2. Os que representam um *investimento social* baseado em compromisso de ressarcimento futuro (como comunidades de pesquisa e bolsas de estudo).
3. Os que se baseiam na *necessidade* mas são *condicionados* (como os substitutivos de benefícios sociais em que, para serem custeadas, as pessoas devem propor e executar projetos sociais construtivos).

4. Os que se baseiam na *necessidade*, mas são *incondicionais* (pagamentos de seguro-desemprego e pensões, assistência aos idosos).

Há um consenso mais ou menos geral de que o quarto tipo de transferência de pagamento é muitas vezes acompanhado de conseqüências sociais deletérias. As pessoas não prosperam quando estão sendo "sustentadas". Os tipos 3 e 4 têm efeitos mistos quando – como em geral acontece – são implementados de uma maneira altamente centralizada, ou quando são administrados por uma estrutura burocrática multi-escalonada. É provável que se possa fazer muito mais com os primeiros três tipos. O primeiro, a distribuição baseada na participação como membro, funciona particularmente bem quando o grupo é pequeno e sua coesão inclui outros laços, como os de sangue, os de fundo religioso e outros tipos; no Capítulo 6, examinaremos de forma sucinta as cooperativas Mondragon que exemplificam esse princípio. O segundo tipo de distribuição, que se baseia no compromisso de um ressarcimento futuro, permite uma amplitude muito maior de programas construtivos e parece ter efeitos especialmente benéficos quando subsidiado em bases descentralizadas, pela iniciativa filantrópica privada.

Uma das formas mais ambiciosas de redistribuição baseada na participação como membro é a proposta de renda garantida, cujo conceito foi apresentado pela primeira vez pelo economista britânico Robert Theobald. Seu conceito básico é que todos são merecedores de uma renda básica, ou de uma parte do produto nacional total, pela simples razão de participarem como membros da sociedade.

2. **Rumo a uma "sociedade de aprendizagem"**. A segunda abordagem envolve uma transformação muito mais fundamental da sociedade. Parece viável por causa da pergunta a que nos conduz a discussão acima: *quando não faz mais sentido para uma sociedade bem-sucedida, em termos tecnológicos e econômicos, ter a produção (e o consumo) econômico como seu foco central, qual será o "projeto central" dessa sociedade*? Parece haver uma única resposta satisfatória: *o aprendizado e o desenvolvimento humano*, em seu sentido mais amplo possível: como fim e como meio. Aprender sobre si mesmo, sobre saúde, sobre o significado da vida; adquirir novas aptidões para serem usadas em serviços ou numa criação produtiva; aprender que o potencial de aprendizagem é interminável. O que a aceitação dessa resposta significaria em termos da reestruturação da sociedade é o tema da discussão que compõe o Capítulo 4.

O Papel Especial da Liderança Empresarial

É especialmente importante que a liderança empresarial compreenda os tópicos levantados na discussão anterior. Na sociedade moderna, os negócios e suas correspondentes possibilidades tecnológicas são uma poderosa força consteladora do futuro. Os negócios criam a maioria dos empregos nas sociedades capitalistas. Os negócios vêm atraindo uma proporção considerável das pessoas mais criativas da sociedade. A corporação moderna é a forma de organização de maior adaptabilidade que já se inventou, de tal sorte que numa época de mudanças fundamentais pode-se esperar que esteja na vanguarda do movimento.

Já constatamos, entre aqueles que estão empregados no comércio e na indústria, o desejo de terem um ambiente de trabalho que promova a iniciativa criativa e uma participação significativa. Na medida em que as empresas competem cada vez mais por funcionários de talento, um dos fatores mais importantes para atrair e conservar os melhores profissionais será a qualidade do ambiente de trabalho.

O que está ocorrendo não é apenas um despertar espontâneo, particularmente em meio aos grupos de profissionais e empresários; o mesmo processo transcorre nas companhias de maior visão de futuro, através de uma variedade de cursos e seminários que visam o aprimoramento pessoal. Esses cursos muitas vezes são montados com base em duas constatações práticas, mais revolucionárias do que possam parecer a princípio. Uma delas é a consciência e o cultivo de uma postura de poder pessoal – que se traduz na proposta segundo a qual *você pode criar o que quiser.* A segunda é a descoberta da própria sabedoria e de uma profunda compreensão pessoal da verdade sobre o nosso tempo; trata-se do acesso a recursos internos que tanto orientam as escolhas como participam de sua realização.

Essas duas constatações têm suas raízes numa visão de realidade que é muito diferente da versão oficial, ensinada nas escolas e academias científicas. Essa visão implica uma percepção muito mais íntima do todo, onde tudo está vinculado a tudo o mais, e torna óbvio que ninguém realmente ganha a menos que todos também ganhem. Essa perspectiva envolve ainda uma apreciação mais profunda da força que têm nossas crenças e a possibilidade de refazê-las, através de técnicas de visualização e afirmação. Pelo fato de as inter-relações incluírem as mentes num grau de relativa profundidade, o potencial da intuição e da imaginação criativa é muito mais ilimitado do que se pode deduzir a partir de um modelo pelo qual se presume que o sistema cérebro-mental seja algum tipo de computador, confinado ao crânio do indivíduo. A percepção da natureza expansiva desses recursos internos provoca no indivíduo uma mudança em termos de quem ele percebe como autoridade, permitindo-lhe avaliar, sem a anuência cega a dogmas externos e "especialistas" de todo tipo, que é possível confiar profundamente na autoridade interna intuitiva.

À medida que a noção de um crescimento do poder pessoal e da autoridade interna se expande, muda o significado do gerenciamento e da liderança. O gerenciamento torna-se muito mais uma questão de encorajar o outro para que desenvolva e use muito mais sua própria capacidade de criação; a liderança terá muito mais a ver com a transmissão de uma visão orientadora a toda a coletividade.

O futuro próximo será um tempo de redefinição do mundo. Tendo em vista que os negócios tornaram-se a instituição predominante na sociedade moderna, os mesmos terão um papel decisivo nessa remodelação. Um dos seus elementos cruciais será a capacidade de a sociedade ajudar o indivíduo a encontrar seu trabalho "criativo". Comprometer-se com essas questões críticas é a "tarefa criativa" dos negócios.

Capítulo 2

As Origens Complexas dos Dilemas Modernos

As profundas mudanças em andamento na sociedade moderna envolverão decerto a reavaliação minuciosa do papel do trabalho. Mudanças radicais vêm ocorrendo porque são necessárias: a sociedade moderna está no limite de suas forças. Para endossar a verdade de tal asserção, este capítulo retoma alguns dos principais dilemas sociais e globais e examina suas múltiplas cadeias causais.

Nos últimos anos, todos se conscientizaram desses dilemas. Embora este não seja o lugar para análises detalhadas, ou para continuarmos nos atormentando com eles, precisamos ainda assim compreender a fundo a extensão das suas inter-relações, bem como o fato de estas constituírem um problema muito mais fundamental do sistema como um todo. Depois de tentar por dois anos a implantação de uma reforma moderada, Mikhail Gorbachev verificou que ela não seria suficiente para resolver os problemas da União Soviética e que uma *perestroika* muito mais radical seria necessária. Estamos em vias de aprender a mesma lição com relação ao sistema global.

A Inter-relação dos Problemas Globais

Hoje em dia é comum ouvirmos que "tudo está interligado a tudo". Apesar dessa afirmativa ser evidentemente verdadeira, em geral as discussões não evoluem até o ponto em que as suas implicações práticas fiquem claras.

Faremos a seguir uma análise de alguns dos grandes problemas mundiais para ilustrar essas inter-relações. Não esperamos esgotar o assunto; apesar disso, as interpretações mais profundas com que concluímos este capítulo teriam o apoio de análises mais detalhadas. Elas compõem uma exposição resumida das razões para a necessidade de uma mudança completa no sistema como um todo.

Mudanças climáticas produzidas pelo homem. A realidade da mudança climática induzida pelo homem finalmente atravessou o limiar da nossa consciência. Mesmo as pessoas que só raramente lêem jornal já ouviram falar do "efeito estufa" e da destruição da camada de ozônio.

O clima da Terra é, em grande medida, determinado pelo seu equilíbrio térmico. A maior parte da energia solar que atinge o nosso planeta vem como irradiação do espectro de luz visível e das faixas próximas à luz ultravioleta, para as quais a atmosfera é praticamente transparente. A absorção dessa energia aquece a superfície da Terra e uma parte desse calor é irradiado de volta na forma de luz infravermelha. Mas, para os comprimentos de onda mais longos, a atmosfera não é mais tão transparente. Vários gases em suspensão no ar – especialmente dióxido de carbono, vapores e gotículas de água, e metano – absorvem a energia infravermelha e tornam a irradiar cerca de metade dela de volta à superfície da Terra. O fenômeno do aquecimento, devido ao diferencial de transparência atmosférica para os maiores e menores comprimentos de onda da irradiação eletromagnética, é chamado de "efeito estufa" porque o vidro de uma estufa funciona de maneira semelhante. Se esse "aprisionamento" de calor não acontecesse, a superfície da Terra teria uma temperatura média de cerca de –23°C, em vez dos atuais +15°C.

Nos últimos anos, o "efeito estufa" aumentou de forma significativa por causa de diversos fatores associados à sociedade industrial. A poluição do ar e dos mares, a queima de combustíveis fósseis para a geração de energia, subprodutos gasosos oriundos da produção industrial e agrícola, a ampla destruição das florestas da Terra, todos esses fatores contribuem para a mudança do equilíbrio entre os gases atmosféricos. O rápido aumento do teor de dióxido de carbono é a principal razão dessa tendência de aquecimento global que alguns cientistas dizem poder resultar num aumento médio de 5°C a 8°C na temperatura do planeta, por volta da metade do próximo século.

A queima em larga escala de combustíveis fósseis é o principal fator para o acréscimo de dióxido de carbono e outros gases à atmosfera. Outro fator importante é a combustão do lixo sólido. Os aterros sanitários que antes davam conta dos restos e detritos da sociedade moderna já estão saturados, ou são inadequados para conter materiais tóxicos que vazam e contaminam os lençóis de água subterrâneos. Quando esse detrito é queimado, em vez de enterrado, temos mais um fator de desequilíbrio atmosférico.

Ao mesmo tempo, toda essa combustão acrescenta partículas de matéria à atmosfera, aumentando o albedo (porção de luz que entra pela atmosfera e é diretamente refletida) e provocando um resfriamento. (Essa tendência, conforme diversos pesquisadores observaram, seria enormemente intensificada no caso de uma guerra nuclear, e foi descrita como "inverno nuclear".) Além disso, a umidade do calor tropical tende a migrar para as regiões polares provocando nebulosidade, resfriamento e precipitações; já existem indicações de que as camadas de gelo da Antártida e da Groenlândia estão afundando à razão de alguns centímetros por ano.

O fato de existirem efeitos simultâneos de aquecimento e resfriamento em razão do "efeito estufa" aumenta a incerteza de qual poderá ser o desfecho de tal processo. Na verdade, não sabemos se seremos assados e tostados, ou se sofreremos outra Era Glacial.

A extraordinária produção de detritos da nossa sociedade industrial contribui para mais outro tipo de influência climática. A cada ano, cerca de 20 bilhões de toneladas de partículas de matéria dissolvidas e em suspensão no ar são expelidas pelos parques industriais e incineradores de lixo, espalhados pelo mundo todo, alcançando os oceanos através de sua deposição nos rios e esgotos, nos aterros "sanitários", nas prospecções petrolíferas em alto-mar, e nos vazamentos acidentais de navios de grande calado. Tudo isso agride diretamente as populações de fitoplâncton dos oceanos, que têm uma importância crítica na regulagem da composição atmosférica, na medida em que absorvem o dióxido de carbono.

As florestas mundiais, que transmutam o dióxido de carbono atmosférico em oxigênio, e afetam o clima através da transpiração, também estão sendo duramente castigadas. As florestas tropicais são especialmente importantes por causa de sua enorme capacidade de suprir a atmosfera com oxigênio e drenar o dióxido de carbono; por causa disso, são às vezes chamadas de "os pulmões da

Terra". Mais da metade das florestas tropicais que existiam há alguns séculos já foi devastada pela atividade humana; uma quarta parte do que sobrou pode desaparecer antes do final deste século. Os métodos preferenciais de derrubada e queima das florestas, amplamente utilizados, exercem um impacto adicional sobre a atmosfera, onde grandes quantidades de partículas materiais são lançadas.

O resultado disso tudo é que as atividades das sociedades industriais e em vias de industrialização estão produzindo efeitos imprevisíveis nos padrões do clima mundial, que parecem destinados a aumentar. Considerando-se que a vida vegetal leva algum tempo para se adaptar a modificações nas condições ambientais, qualquer mudança *rápida* dos padrões climáticos deverá causar uma redução na produção de alimentos. Portanto, como resultado do efeito estufa, a produtividade agrícola de muitas regiões pode mudar de forma drástica, sendo provável a escassez de alimentos em algumas áreas e um resultante aumento nas tensões e na instabilidade internacional. Além disso, tal efeito se deve em grande parte ao *acúmulo* de dióxido de carbono; todavia, qualquer medida para cortar a produção ou a absorção desse gás levaria muitos anos para começar a surtir algum efeito sensível de redução do total acumulado.

Se pensarmos por alguns momentos no terrível impacto econômico de um corte drástico no uso de combustíveis fósseis; se considerarmos as incontáveis maneiras pelas quais as nossas economias dependem do carvão, do petróleo e do gás natural, chegaremos à conclusão de que esse corte não vai ocorrer, o que, porém, não elimina a possibilidade de "ganharmos tempo", através de uma legislação voltada a aumentar a eficiência do uso da energia, a promover o emprego de fontes energéticas alternativas, ou a criar outras medidas para retardar o inexorável efeito estufa. Até mesmo as tentativas de deter a destruição das florestas tropicais, ou conduzir um reflorestamento global, esbarram em graves dificuldades econômicas e políticas.

Assim, apesar de o preço por não agir com rapidez perante o desafio destas mudanças climáticas ser muito alto, os obstáculos econômicos e políticos nesse sentido também são enormes.

Crescimento econômico. O problema do crescimento econômico costuma ser formulado nos seguintes termos: como continuar crescendo? Mas a questão mais pungente é: como aprender a viver sem crescimento? (Daly, 1977).

A economia dos Estados Unidos tem sido muito forte desde a Segunda Guerra Mundial. Este fato teria causado espécie a muitos observadores em 1945, ano em que, numa maré de sinistro pessimismo, todos se perguntavam o que poderia vir a acontecer "quando a paz chegasse". A ameaça de cair numa espécie de segunda fase da Grande Depressão parecia muito real. Como sabemos, isso não ocorreu e a razão para tanto deve ser procurada nas muitas mudanças ocorridas.

Uma delas foi que, nas duas décadas seguintes, os Estados Unidos se tornaram uma sociedade devedora. Pessoas que antes seguiam a ética de poupar até poderem comprar aprenderam a "comprar agora e pagar depois". As corporações passaram a financiar por meio de empréstimos e não mais através da venda de ações; a dívida substituiu a eqüidade. Os governos municipais e nacional descobriram, com o tempo, que o financiamento dos débitos era politicamente mais atraente do que a criação de impostos adequados.

Outra mudança correlata foi a aceitação de altas taxas de juros. Em épocas anteriores, duas palavras haviam sido usadas com conotações bastante diferentes. "Juros" era uma taxa razoável cobrada por um empréstimo; "usura" significava arrancar lucros a partir de empréstimos de dinheiro. Essa distinção desapareceu e tornou-se prática comum cobrar taxas de juros em níveis que anteriormente seriam decerto considerados extorsivos.

A longo prazo, o *efeito combinado* de uma psicologia devedora com altas taxas de juros tem conseqüências perniciosas. O efeito imediato tem sido que, para cada dólar que uma família gasta, entre 30 e 50 centavos acabam servindo ao resgate da dívida, em sua maior parte embutida. Todas as pessoas, ricas ou pobres, distribuem entre 1/3 e metade dos seus gastos para o pagamento de juros diretos ou indiretos. Entretanto, uma pequena minoria de afortunados com excedente de dinheiro empresta, para depois *receber* os juros. Essa prática resulta no aparecimento de um sistema de redistribuição, pernicioso e insidioso, que escoa sem cessar o dinheiro das classes trabalhadoras e médias, para os ricos. Com o tempo, essa tendência injusta da economia em concentrar a riqueza deverá resultar em um descontentamento generalizado da massa popular e em instabilidade política. Um processo semelhante ocorre entre as nações, ocasionando efeitos aparentes, como o fato de que, para muitos países em desenvolvimento, a transferência de bens da nação pobre para a rica, na forma de resgate da dívida, supera em muito a transferência inversa de recursos, na forma de acordos comerciais e programas de apoio ao desenvolvimento.

Com o início da Guerra Fria, o setor militar tornou-se um novo fator na economia das nações "avançadas" da Europa e América do Norte. A segurança nacional foi dominada pelo conceito de que mais armas significam mais segurança. A economia envolveu-se radicalmente com a política militar e a produção de armas; tanto que, hoje, nos Estados Unidos, muito mais que a metade do orçamento da união é investida em fins militares e 2/5 de todos os engenheiros do país, assim como 3/4 de todos os cientistas, estão em empregos que integram o setor da defesa nacional. Os níveis de emprego e os gastos militares não são setores isolados entre si.

Os Estados Unidos e a União Soviética são os maiores exportadores de armamentos da Terra. Isso revela uma outra mudança ainda mais profunda no âmbito ético. Até o final da década de 30, a venda de armas dos Estados Unidos para outros países era considerada moralmente ultrajante. Alguns leitores devem estar lembrados de que, quando os Estados Unidos quiseram ajudar a Grã-Bretanha sitiada, antes de participarem efetivamente da Segunda Guerra Mundial, enviando-lhe alguns velhos destróieres, tal atitude teve que ser revestida de um ar de "empréstimo-aluguel". Uma das acusações mais sérias feitas contra a Alemanha, no início do século XX, foi a de aceitar lucrar com a venda de armas para outras nações. Entretanto, em meados da década de 50, a exportação de armas pelos Estados Unidos era uma prática bastante aceita e não custou a tornar-se uma parte significativa do total de exportações da economia americana. A Europa, em particular a França e a Suécia, além da União Soviética, são grandes fornecedores de armas. Nesse sentido, a corrida armamentista global está intimamente ligada à questão do mercado de trabalho, tanto nos Estados Unidos como na Europa.

Mas talvez as mudanças mais importantes do pós-guerra sejam uma significativa transformação dos valores culturais. A frugalidade tinha sido uma virtude; consumir mais do que o necessário era quase pecaminoso. Depois de 1950, o consumo se tornou uma virtude e a frugalidade passou a ser ruim para a economia. Os Estados Unidos orgulhosamente se tornaram a "sociedade do descartável". As pessoas aprenderam a desperdiçar; a usar e descartar, desde cortinas até pratos; a ficarem insatisfeitas com o carro e o eletrodoméstico comprados há um ano e a desejar o modelo novo.

Aprenderam a "obsolescência programada". As pessoas já não são mais chamadas de "cidadãos" mas de "consumidores". A explosão consumista mais do que compensou o encerramento dos contratos de guerra e cuidou muito bem dos combatentes que voltavam em busca de empregos.

Os mercados para alguns produtos estavam saturados: existe um limite, por exemplo, para a quantidade de geladeiras ou aspiradores de pó que uma família precisa. Além disso, a crescente automação da produção industrial reduziu o índice de mão-de-obra por mercadoria. A combinação desses dois fatores desencadeou uma mudança básica na natureza da economia dos Estados Unidos. Em meados dos anos 50, o número de funcionários administrativos ou empregados no setor de serviços excedia, pela primeira vez, o número de operários, e a fração da força-trabalho empregada diretamente em fábricas começou a diminuir. Ao mesmo tempo, cresceu a porcentagem de trabalhadores ligados ao setor de serviços, em particular, aos serviços de informação.

Isso tem relação com mais outra mudança cultural: de uma sociedade onde o jogo de azar era malvisto e praticamente proibido em toda parte, os Estados Unidos tornaram-se uma sociedade em que essa prática é um verdadeiro modo de vida. Um após o outro, seus Estados foram descobrindo que as loterias eram uma forma indolor de fazer dinheiro, sem gerar resistência nos contribuintes. Wall Street tornou-se muito mais um lugar de especulação do que de investimento, onde grandes companhias de fundos de pensões e de seguros aparecem entre os maiores jogadores. A "indústria financeira" emprega muita gente nos serviços que executa mas contribui com pouco em termos de riqueza real. Ninguém a rotula exatamente de setor de "empregos fictícios", mas ...

Todos esses fatores contribuíram para o fortalecimento das economias dos Estados Unidos e da Europa nos anos do pós-guerra, mas trouxeram sérias implicações a longo prazo. A combinação da crescente produtividade do trabalho com a perda de alguns mercados para a competição internacional, a entrada de novos participantes, em especial mulheres, na força-trabalho, e a psicologia de investidores e trabalhadores no sentido de esperar retornos sempre maiores, pressionou o crescimento da economia e a criação de novos empregos. O índice de crescimento do PIB tornou-se o padrão aceito para avaliar a saúde da economia. Essa medida, porém, está profundamente relacionada com o índice em que a economia consome os recursos naturais ora escassos, e com o índice de degradação ambiental. Em outras palavras, inadvertidamente, *a estrutura de incentivos econômicos passou a favorecer a devastação dos recursos naturais e a espoliação do meio ambiente.*

A pressão para que se criem empregos, independentemente das conseqüências que isso possa ter, leva a sociedade a promover uma produção e um consumo supérfluos; a enxergar benefícios econômicos em grandes gastos com a "segurança nacional"; e a aprovar o crescimento contínuo do setor da "indústria financeira" que gera empregos mas que não contribui com nada em termos de bens e serviços básicos. Além disso, verifica-se a tendência de aceitar as devastações ambientais e dos recursos naturais, impostas por tais políticas, como conseqüências inevitáveis, como sintomas que talvez possam ser tratados através de medidas paliativas.

A ênfase no crescimento econômico e sua medida mais utilizada, o PIB, leva a uma deformação das prioridades sociais. A especulação financeira, recipientes não reaproveitáveis, embalagens e propagandas extravagantes, o desperdício do uso de energia, a "indústria do jogo" de Las Vegas e Atlantic City, tudo isso supostamente contribui para o PIB e para o fortalecimento da economia. Por outro lado, proporcionar uma boa educação para todos, embelezar as cidades, ou assegurar proteção aos cidadãos nos ambientes urbanos, são fatores incluídos nas despesas do setor público e supostamente representam perdas para a economia.

Em suma, a demanda socio-política por empregos orienta a economia por rumos que são, em última análise, prejudiciais ao planeta, à integridade social e ao bem-estar das futuras gerações. Apesar de a discussão acima estar concentrada nos Estados Unidos e na Europa ocidental, poderíamos fazer observações semelhantes a respeito de todo o mundo industrializado. Praticamente todos os países industrializados são hoje sociedades de consumo de massa; praticamente todos sofrem o mesmo tipo de pressão para gerar crescimento econômico e empregos. Dois fatores indicam a extensão da importância que a especulação granjeou perante a economia mundial: o comércio internacional anual chega a atingir por volta de US$ 3 trilhões; já o fluxo financeiro internacional atinge cerca de US$ 80 trilhões por ano! São as finanças, e não a produção agrícola e industrial, que conduzem a economia mundial. O mundo se tornou um imenso cassino, e a maior parte do intercâmbio monetário nada tem a ver com bens e serviços construtivos.

Produção e distribuição de produtos agrícolas e alimentícios. Uma parte específica da economia – a agricultura, e a produção e distribuição de alimentos e outros gêneros – merece uma atenção especial porque neste ponto a economia moderna está em maior dissonância com a ordem natural. Não se trata apenas de os negócios agrícolas terem se excedido no uso de pesticidas e fertilizantes artificiais, e terem tornado difícil a sobrevivência da fazenda administrada por uma família; o problema a longo prazo é mais profundo.

Wendell Berry (1978) tem sido um dos mais destacados críticos da nossa atual política agrícola. Ele argumenta, em primeiro lugar, que a agricultura não pode ser compreendida e tratada como se fosse uma indústria. A economia industrial é extrativista: ela toma, faz, usa e descarta; seu processo vai da exaustão à poluição. A agricultura, por outro lado, pertence justificadamente a uma economia de reabastecimento que toma, faz, usa e devolve. Implica o retorno à origem, não só da fertilidade das chamadas "terras improdutivas", mas da atenção e do afeto. Senão, o solo será usado exatamente como um combustível passível de extração, que acaba sendo destruído por tanto uso. A velha ética agrícola envolvia deixar às futuras gerações uma terra em melhores condições do que as recebidas, não em estado de esgotamento.

O fazendeiro, ao contrário do industrial, é necessariamente um provedor, um preservador da saúde das criaturas. A terra, ao contrário das fábricas, não se torna necessariamente obsoleta; muitas áreas vêm sendo submetidas a uso continuado há milhares de anos. As motivações do assalariado são inadequadas a um cultivo da terra; o amor à terra e aos animais é o fator essencial.

Além disso, argumenta Berry, uma economia agrícola estável não pode se basear num mercado de exportação. A família de lavradores deve, na medida do possível, viver da própria terra que pode lhe proporcionar alimento, abrigo, combustível e materiais de construção. A população consumidora local deve subsistir, tanto quanto possível, dos produtos locais. Isso também deveria ser verdade em âmbito nacional. Só assim é que a agricultura poderia ser conduzida com base nos recursos locais, isto é, principalmente a energia solar. Com o atual sistema de produção em massa de produtos agrícolas e seu transporte até mercados distantes, ao contabilizar os custos energéticos do combustível para os tratores, os fertilizantes, o transporte, o processamento, o acondicionamento em embalagens, o congelamento e o descongelamento, etc., a comida em sua mesa representa algo em torno de oito a doze vezes mais combustível fóssil que energia solar. Uma situação como essa é claramente inviável a longo prazo.

Outro problema diz respeito aos incentivos econômicos. A agricultura americana é fantasticamente produtiva em termos de resultado por hora-homem ou por acre de terra. Contudo, também é fantasticamente cara em termos de perda de solo, de fazendas e alienação de lavradores, de poluição da terra, água e alimentos, de decadência das cidades e comunidades interioranas, e da crescente vulnerabilidade do sistema de abastecimento de gêneros alimentícios. O "mercado livre" é incapaz de valorizar muitos fatores vitais para uma agricultura saudável, como o solo arável, o ecossistema, a família e a comunidade. A ênfase excessiva na produção não apenas cria os efeitos mencionados; ela causa supersafras inevitáveis que conduzem a preços baixos e à ruína econômica.

Os governos tentam lidar com esse último problema através de alguns artifícios, como subsídios ou pagamentos para que os agricultores deixem a terra inativa, e a aquisição da safra excedente. Mas o problema é ainda mais profundo. Do ponto de vista ecológico e humano, a ética agrícola correta tem de ser parcimoniosa, *econômica*, na medida em que a terra, a colheita, os animais, o lugar e a comunidade prosperam. Mas, quando a agricultura é tratada como uma indústria entre outras, os incentivos econômicos promovem os comportamentos errados. Além disso, aqueles que lavram a terra prestando atenção em sua saúde e no futuro do solo a longo prazo, acabam perdendo terreno para os que se concentram na produção a curto prazo.

Um dos elementos dessa situação é o impacto psicológico da tecnologia destinada a economizar mão-de-obra. Assim que o fazendeiro experimenta um trator com ar-condicionado na cabine, jamais se contentará em arar a terra de novo atrás de um cavalo. O trabalho já não terá mais o mesmo significado. Contudo, há uma profunda verdade na observação de Berry, segundo a qual o trabalho manual não é algo a se evitar por ser cansativo ou indigno. O prazer ou o desprazer do trabalho braçal depende de fatores tais como o valor cultural atribuído ao relacionamento com a natureza, o contexto do significado criado pela comunidade agrícola, o tamanho da colheita, a posse de boas ferramentas e a propriedade da terra.

A miséria crônica e o mau desenvolvimento. Uma das maiores forças potenciais para promover a mudança fundamental no sistema global é o "gigante adormecido", conhecido como o mundo em desenvolvimento. O gigante está acordando: aqueles que por tanto tempo aceitaram o papel da privação, da inferioridade, da subserviência, estão cada vez menos propensos a continuar na mesma condição. Depois de terem aceito a miséria e a fome gerais como imposições do destino, aqueles países estão cada vez mais enxergando que estas são características inaceitáveis de um sistema global que pode e deve ser mudado.

Nas duas décadas que se seguiram à Segunda Guerra Mundial, os temas políticos mais em voga eram a liberalização democrática e o desenvolvimento econômico. O desenvolvimento foi mais ou menos entendido como sinônimo de desenvolvimento econômico, isto é, "modernização" e industrialização.

Um dos principais empenhos desse ímpeto desenvolvimentista foi no sentido de aliviar a fome. A "revolução verde" – o desenvolvimento de grãos de alto rendimento que deveriam promover o fim da fome para centenas de pessoas – provou ser um sucesso apenas relativo. De fato, as colheitas cresceram e mais pessoas foram alimentadas; mas a população continuou a crescer e a propriedade da terra, assim como o poder político, permaneceram concentrados nas mãos de poucas pessoas. O resultado final, em muitas regiões, foi que diminuiu a oportunidade de a família de lavradores produzir seu próprio sustento e vender o produto de sua lavra. Esse efeito acabou exacerbado em lugares onde "colheitas por dinheiro", visando a exportação das safras, desalojaram a produção que seria destinada ao consumo local.

Cada vez mais, os líderes políticos e culturais dos países em desenvolvimento compreendem que para eles o melhor, em termos de desenvolvimento, não consiste necessariamente em abandonar suas próprias raízes culturais, em favor de uma cultura estrangeira procedente das sociedades industriais do Ocidente. Tem havido de sua parte uma insistência cada vez maior na adoção não só de uma nova ordem econômica internacional, mas também na utilização de caminhos alternativos de desenvolvimento.

Uma dimensão crucial da questão do desenvolvimento global refere-se à eqüidade e à satisfação das necessidades. Através de uma série de relatórios da Organização Internacional do Trabalho e de outras agências das Nações Unidas que tiveram como tema a demanda de uma "Nova Ordem na Economia Internacional" definiu-se um conjunto de necessidades humanas universais:

- Necessidades humanas básicas ("suficiente" comida, abrigo, assistência à saúde, educação, emprego e segurança pessoal).

- A noção de vir a ser alguém (a possibilidade de conseguir uma vida melhor).
- A noção de justiça ou eqüidade.
- A noção de realização, de ser capaz de conseguir algo que valha a pena ser conseguido.
- A noção de solidariedade, de pertencer a um grupo respeitável e de participar das decisões que afetam o destino do grupo e o do indivíduo.

Mais de 120 países, quase todos nos últimos quarenta anos, adotaram programas de âmbito nacional com o objetivo de garantir o direito à satisfação desses direitos universais. Em alguns países, inclusive os Estados Unidos, os programas foram precedidos por anos de estudos e debates a respeito da adequação de tais garantias, e dos tipos de programas e pagamentos em questão. Por trás da retórica da demanda por uma nova ordem econômica está a proposta de que o conceito de bem-estar, até então aceito e aplicado pela maioria das nações, *deveria ser agora estendido a toda a família humana*. Apesar de uma oposição inevitável, parece provável a aceitação final dessa proposta, já que é a decorrência de uma tendência básica aceita.

Isso representa muito mais do que um mero ajuste das instituições econômicas existentes a uma distribuição mais eqüitativa. Implica em nada menos que uma reestruturação da sociedade internacional, em torno de um recém-reconhecido direito fundamental, tão profundo em suas implicações essenciais quanto o foi o conceito de governo democrático, dois séculos atrás.

Um fator crucial de limitação à expansão dos direitos humanos será a pressão populacional. A população mundial é hoje de aproximadamente 5 bilhões de pessoas; as projeções elevam-na para perto de 8,5 bilhões em 2035. Mais pessoas significa mais poluição, mais destruição de nosso hábitat, e mais agitação social; é provável que seja de fato este o quadro futuro, mesmo assumindo-se a ocorrência de mudanças muito prováveis nas expectativas e estruturas básicas da economia, e a adoção bem provável de medidas que visem a redução populacional.

Independentemente de a pressão por uma "nova ordem econômica" crescer ou diminuir, a situação básica permanecerá a mesma. Não há clareza alguma de que o sistema global, da forma como se apresenta atualmente, seja viável a longo prazo, possa conduzir a uma sociedade ecologicamente sustentável, ou promova a resolução satisfatória da luta dos países mais pobres. Tampouco está claro o quão básica deveria ser a mudança necessária para que esses objetivos fossem alcançados.

O dilema global pode ser enunciado de maneira simples. *Dentre os caminhos facilmente imaginados para o desenvolvimento global, os que parecem viáveis do ponto de vista econômico não tentam ser plausíveis do ponto de vista ecológico ou social; os que parecem ecologicamente plausíveis e humanamente desejáveis não parecem viáveis nem à economia, nem à política.*

A título de ilustração, imagine que todos os países em desenvolvimento imitem com sucesso o exemplo dos países industrializados e recém-industrializados que, nos anos 50 e 60, estavam supostamente seguindo o curso "normal" do desenvolvimento. O planeta estaria hoje sufocando para acomodar entre 6 e 8 bilhões de pessoas com um estilo de vida de alto consumo. A partir daí é fácil imaginar as intensas batalhas políticas que se travariam sobre questões relativas ao meio ambiente e à qualidade de vida. Podemos tentar imaginar um outro caminho, onde as atuais sociedades de alto consumo permanecessem como estão, mas em que os países mais pobres continuariam consumindo pouco, ou seja, continuariam pobres, com baixa demanda *per capita*, em termos de recursos naturais e do meio ambiente. Fica difícil imaginarmos como um sistema global, com uma disparidade de renda e bens tão persistente, poderia evitar as cíclicas "guerras de redistribuição" para as quais o terrorismo e a sabotagem seriam as armas principais. Um terceiro caminho possível, embora igualmente difícil de imaginar, é aquele em que as sociedades de alto consumo reduzi-lo-iam voluntariamente para aliviar alguns desses problemas. A dificuldade em conceber tal alternativa deve-se, em parte, aos severos problemas de desemprego que essas sociedades teriam de enfrentar. O caminho de uma hegemonia socialista global alcançou no passado uma certa popularidade entre as nações em desenvolvimento, mas é um modelo totalmente inaceitável para as nações capitalistas e está perdendo prestígio até mesmo nos países onde antes era forte.

Não existe hoje um consenso a respeito do que constitui um padrão viável para o desenvolvimento global. Está cada vez mais claro que as tendências presentes *não* levam a um futuro viável. O atual sistema global, e os pressupostos que lhe subjazem, parece afinal incompatível com um relacionamento sábio com a Terra e seus recursos; produz sistematicamente pessoas marginais que não têm nenhum papel significativo na sociedade; cria sociedades que têm por hábito confundir meios (conquistas econômicas e tecnológicas) e fins, e coloca com persistência o futuro em perigo através da militarização, que é uma parte intrínseca do sistema, além de desviar recursos destinados à real satisfação das necessidades humanas. O atual sistema global oferece pouca esperança aos povos dos países em desenvolvimento, presos na quádrupla armadilha da carência: pobreza; dívida; exportação de safras em meio à fome, para fazer dinheiro; deterioração do ambiente local (excesso de pastagens, derrubada de florestas para obtenção de lenha, erosão do solo e perda do húmus (adubo orgânico) para geração de combustível, além de contaminação da água).

O tema central da discussão de toda esta parte pode ser resumido numa única e notável observação: *as atuais políticas econômicas, corporativas e sociais, são de um modo geral inconsistentes com um desenvolvimento global viável a longo prazo, e estão sendo executados por toda parte sem que se tenha em mente a imagem de um futuro global exeqüível, e sem o entendimento de qual seja a mudança necessária no sistema global para que se possa alcançar esse futuro.* Eis a problemática situação do mundo contemporâneo.

A Contribuição do Passado

Para de fato podermos entender a dificuldade desta situação, é necessário nos reportarmos às suas origens. Quando procuramos uma explicação para o porquê de o mundo estar na situação em que está, faz muita diferença o segmento da história usado como referência. Se pensarmos nas tendências que se evidenciaram na Europa Ocidental e na América do Norte a partir do final da Segunda Guerra Mundial, há cerca de meio século, determinados elementos irão se destacar. Se, em vez disso, dirigirmos nosso foco para o período que vem desde a Idade Média, de mais ou menos três séculos e meio para cá, emergirão outros fatores de importância crítica; estes serão discutidos imediatamente a seguir. Mais uma vez, se nosso espectro tiver milênios em vez de séculos, então sobressair-se-ão fatores como a revolução agrícola, o surgimento das cidades e, em particular, a emergência da sociedade patriarcal, com valores e pressupostos que têm dominado a sociedade ocidental nos últimos cinco mil anos, até ser desafiada pela recente revolução feminina. Todos esses fatores contribuem para a explicação final de como chegamos à nossa situação presente e indicam por que é necessária uma mudança em todo o sistema para alcançarmos a solução satisfatória dos nossos múltiplos problemas e dilemas.

Dessa forma, embora alguns dos fatores que contribuíram para a atual situação do planeta tenham surgido com as mudanças ocorridas neste último meio século, não poderemos observar o problema de modo adequado sem trazermos à tona pelo menos dois elementos oriundos de um passado mais remoto: a) o pleno impacto da tendência de "modernização" que se iniciou com o final da Idade Média na Europa Ocidental; e b) a influência da sociedade patriarcal.

A revolução de "modernização" do século XVII. As modificações registradas na Europa ocidental, no século XVII, não só marcaram o fim da Idade Média européia, como também, em última análise, produziram impacto em praticamente todas as áreas do globo.

Não estaremos minimizando a importância dos fatos, se dissermos que o acontecimento fundamental daquele século foi a mudança da "imagem da realidade" medieval, que prevalecia até então, para uma outra que, no mínimo, podemos reconhecer como protomoderna. Na realidade medieval, a Terra era o centro do cosmo, palco das mudanças, da decadência e da redenção cristã. Acima dele, pairavam os corpos luminosos celestiais, puros e imutáveis, mas guiados por espíritos divinos, que sinalizavam e influenciavam os eventos humanos com suas posições e aspectos. O universo era vivo e estava imbuído de propósito. Todas as criaturas eram consideradas parte de uma Grande Cadeia Vital, em que o homem se colocava entre os anjos e os animais inferiores. Os eventos eram explicados por um propósito divino ou por suas funções num mundo repleto de significados.

Um homem instruído, em 1600, ainda perceberia o cosmo medieval; em 1700, outro homem teria literalmente percebido uma realidade diferente. Onde antes tinha vivido um universo de estrelas e planetas, havia agora um universo essencialmente morto: depois de construído e colocado em movimento pelo Criador, seus eventos subseqüentes eram causados por forças mecânicas e comportamentos regulados por leis. A Terra era reconhecida como apenas um entre os muitos planetas circulando em torno de uma dentre inúmeras estrelas que se deslocavam a distâncias inimagináveis entre si. Os recursos naturais e as diversas criaturas da Terra tinham sido ali colocadas para o uso do homem. Por um lado, o homem e o planeta Terra haviam sido removidos de sua posição especial como centro da criação; por outro, o destino do homem começava a ser encarado como um processo de avanços materiais e morais ilimitados. O conceito de progresso material, em particular, estava começando a ganhar atenção cada vez maior. O século XVII foi o tempo de Galileu e Newton; nós, em geral, nos referimos a ele como a era da revolução científica. Mas outras coisas importantes também estavam acontecendo. Esse período compreendeu a fase final da Reforma e o surgimento da tradição puritana, na Inglaterra. Assistiu à primeira das revoluções liberal-democráticas que iriam redefinir a maioria dos governos do mundo. Viu o surgimento da filosofia e das instituições capitalistas. Foi o tempo de controvérsias tremendas na religião, na filosofia e na teoria social, as quais serviram depois como balizas para o pensamento moderno. Foi um grande divisor de períodos históricos. Antes dele, a humanidade tinha vivido uma meia dúzia de séculos no período que genericamente chamamos de Idade Média. Após o impacto da revolução copernicana, nas primeiras décadas do século XVII, o curso da história se viu irrevogavelmente modificado, passando a rumar na direção do que hoje chamamos de era moderna. Entre os temas permanentes do paradigma da era industrial do Ocidente moderno estão:

- O *método científico* como forma suprema de pesquisa. A busca do conhecimento científico passou a ser predominantemente utilitária; seus valores principais são a previsão, o controle e a capacidade de manipular o ambiente físico. Apesar de não ter sido este no início, o objetivo final da maior parte da ciência, hoje, é o avanço tecnológico.
- *Progresso material ilimitado* como meta inerente. Tal paradigma implica em crer num controle crescente do homem sobre a natureza e em sua ilimitada habilidade de compreender o universo a partir das informações provenientes dos sentidos físicos. O materialismo aquisitivo é um dos seus valores operacionais centrais.
- A *industrialização* da produção de bens e serviços, obtida através da subdivisão do trabalho em incrementos cada vez menores (e intrinsecamente menos significativos), e pela substituição do trabalho humano por máquinas. Os objetivos da industrialização são aumentar a produtividade do trabalho e a riqueza, o que supostamente elevaria o padrão de vida material de todos.

- Predominam os *valores pragmáticos*, segundo os quais os indivíduos estão livres para ir em busca dos seus próprios interesses no mercado. Deste modo, o futuro não é definido pela tradição, nem alcançado através de um plano organizado, mas, ao contrário, acontece como conseqüência da busca do preenchimento das suas necessidades práticas por parte de unidades relativamente autônomas dentro do sistema.

Uma das características desse paradigma é a crescente monetarização da sociedade. Um número cada vez maior de atividades humanas é valorizado em termos econômicos e ocorre dentro da economia oficial. As pessoas se definem mais e mais em função de sua relação com a economia, seja por seu emprego ou pelo do parceiro, seja pelo estágio profissional que possa estar fazendo. Gradualmente, as instituições econômicas e financeiras acabaram se tornando as instituições supremas. A produção econômica tornou-se (exceto em tempos de guerra) a preocupação central da sociedade e o crescimento econômico passou a ser a medida principal pela qual as sociedades julgam o seu progresso.

No livro *The Transformations of Man* (As transformações do homem), de 1956, Lewis Mumford resume de forma vívida o redirecionamento do velho paradigma feudal da Idade Média para o novo paradigma da era industrial: "Num intervalo de poucos séculos, o foco do interesse se desviou do mundo interno para o mundo externo ... À exceção da preguiça, todos os outros sete pecados (mortais) foram transformados em virtudes. A cobiça, a avareza, a inveja, a gula, a luxúria e o orgulho tornaram-se as forças motrizes da nova economia... Um poder desenfreado está desde então atrelado a apetites igualmente desenfreados."

No final do século XX, o poder tecnológico das sociedades industriais assumiu proporções espantosas, com benefícios que são impressionantes. Igualmente impressionante é uma outra observação fundamental, cujas implicações só agora começamos a captar: *a maioria dos atuais problemas críticos de ordem social e global são advindos, direta ou indiretamente, dos êxitos do paradigma industrial do Ocidente.*

Características da sociedade patriarcal. A sociedade patriarcal parece ter surgido no Ocidente por volta de 3500 a.C., e tem coincidido com o processo civilizador no Ocidente, ao longo dos últimos 5 mil anos. Só recentemente pudemos constatar sua importância como fator que constitui o que é realidade e o que tem valor.

As sociedades agrícolas que precederam o período patriarcal no Ocidente parecem ter sido "matriarcais" (centradas na figura da mãe); algumas podem até ter sido matrilineares. A partir de evidências arqueológicas e registros históricos, parece que essas sociedades eram mais igualitárias, democráticas e pacíficas do que aquelas que as sucederam. Tal situação foi gradualmente cedendo lugar a um estado político dominado pelo homem, onde a especialização ocupacional, o comércio, a estratificação e o militarismo se desenvolveram, aparentemente em virtude da invasão pelos indo-europeus arianos, em mais ou menos 3500 a.C. (Eisler, 1987). A fase matriarcal e seus rituais correlatos comportam uma sabedoria feminina ancestral associada à alquimia, à astrologia, aos rituais pagãos dedicados à natureza e aos ensinamentos espirituais herméticos. Essas tradições humanístico-religiosas da sociedade ocidental precisam agora ser resgatadas, uma vez que contribuem para compor o nosso entendimento dos aspectos mais profundos do funcionamento do universo, e do papel que nele compete ao ser humano. Estão relacionadas com alguns dos aspectos mais criativos da nossa civilização. Foi através dessas tradições que pudemos recuperar o nosso entendimento do mundo arquetípico do inconsciente. Graças às suas expressões simbólicas, em particular, pudemos ir além dos processos racionais tão reverenciados pela sociedade patriarcal.

Thomas Berry (1988) identifica as quatro instituições patriarcais que têm dominado a história ocidental através dos séculos: os impérios clássicos, a instituição eclesiástica, a nação-Estado e a corporação moderna. "Por mais benigna que seja a nossa visão destas instituições, ou por mais brilhantes que sejam algumas das suas realizações, devemos observar que as mesmas vêm se tornando progressivamente mais virulentas em seu poder de destruição e que, atualmente, estão acabando com todos os sistemas básicos de vida do planeta." Conforme Berry aponta, "essas quatro instituições são dominadas exclusivamente pelos homens e seus objetivos primários visam a satisfação humana, do ponto de vista masculino. O papel da mulher na direção de tais instituições, quando lhe coube algum, foi mínimo".

Os impérios em geral governavam seus súditos de maneira opressora e, em muitos casos, incluíam a instituição da escravidão. Os direitos humanos eram mínimos e não existia qualquer consideração pelo ambiente natural. Com suas estupendas façanhas de irrigação e construção, e diante de um apetite voraz por madeira, repetidas vezes os impérios desnudaram a terra e envenenaram o solo através da salinização.

A instituição eclesiástica foi a segunda instituição patriarcal. A Igreja foi a única autoridade abrangente e transnacional do mundo ocidental por mais de mil anos. As estruturas de crenças interpretadas e apresentadas pela Igreja foram os principais determinantes da realidade e dos valores, na civilização ocidental. A Igreja representava a fonte e o alicerce mais profundos da tradição patriarcal. A dominação da Igreja pelos homens (supostamente por determinação divina) assegurou que as mulheres ficassem relegadas a um *status* subordinado, que lhes fosse negada uma participação integral nos ritos religiosos, e garantiu que fossem identificadas com a natureza selvagem e a perversidade moral. (Isso é essencialmente verdadeiro, apesar da ambivalência sugerida pelo símbolo da madona, uma personificação do ideal feminino.)

A terceira instituição patriarcal é a nação-Estado. Depois do século XV, houve uma transição dos Estados feudais do período medieval para as monarquias e cidades-república da Renascença e seu período posterior. A legitimidade da nação-Estado autônoma, livre para fazer qualquer coisa no planeta para a qual tivesse poder, foi mais ou menos ratificada pelo Tratado da Vestfália, no final da Guerra dos Trinta Anos. A idéia de uma nação-Estado como principal força civilizadora do planeta conduziu aos empreendimentos coloniais e ao controle dos povos, das terras e dos recursos do globo inteiro, pelas nações-Estado do mundo europeu. A nação-Estado tornou-se o modelo para o uso agressivo do poder, determinado a implantar os valores masculinos da conquista e da dominação.

Em quarto lugar, temos a corporação moderna, ou mais precisamente, a complexa malha do setor privado, composto por corporações industriais, comerciais e financeiras, tão nitidamente predominantes em nossa sociedade moderna. As regiões sem instituições industriais ou comerciais são consideradas atrasadas e carentes tanto de comodidades presentes como de possibilidades para o futuro. A descrição de Berry do que é uma corporação (1988, pág. 156) exemplifica o papel de "homem mau" que ela hoje representa:

> A corporação é considerada o instrumento fundamental do "progresso", embora nunca se esclareça a contento o significado de tal termo. A suposição parece ser que, quanto maior a devastação do mundo natural através da construção de estradas, aeroportos, projetos de desenvolvimento, *shopping*

centers, supermercados e escritórios centrais gigantescos, mais próximos estaremos de realizar o sonho americano. É precisamente através dessa versão sonhada de um mundo novo e maravilhoso criado pelo ser humano que a indústria da propaganda fabrica aquele nível elevado de consumo do qual a corporação depende para manter seu sempre crescente controle sobre a sociedade, ao lado de lucros também sempre maiores. Através da propaganda, a corporação formalizou seu controle sobre os meios de comunicação com o público. Através destes, a corporação controla as mais profundas forças psíquicas das pessoas, bem como as mais poderosas forças físicas do planeta.

Mas não é nem a corporação, nem a nação-Estado que estão na raiz dos nossos problemas. Aquela, como este, são conseqüências daquela outra raiz, que é um padrão e um sistema de crenças que, de alguma forma, todos nós acabamos comprando. É evidentemente necessário evoluirmos de uma sociedade patriarcal para uma outra, onde haja mais equilíbrio entre os sexos, mas essa é uma transição que teremos de empreender juntos, e não nos ajudará em nada tentarmos culpar alguns vilões dos quais, aliás, não podemos sequer nos distinguir.

Vendo a Necessidade de uma Mudança Sistêmica

Diante dos problemas sociais existe a tentação natural de se procurar explicações que facilitem a adoção de ações corretivas específicas; por esse motivo, talvez tenhamos pouca paciência quando se trata de tentar entender mais a fundo suas origens sistêmicas. Para que possamos ver como uma compreensão mais profunda também leva a ações, mas de tipo diferente, vamos primeiro considerar uma analogia com o campo da saúde.

Uma analogia com a saúde. Imagine uma pessoa atormentada por uma sucessão de doenças, que podem ir de uma gripe até uma doença cardiovascular. Algumas são talvez causadas por bactérias ou vírus; outras são degenerativas. Produzem um conjunto de sintomas que incluem, de febre e dor de garganta, até dores no peito e falta de ar. O clínico geral esforça-se por explicar as "causas" dos sintomas observáveis.

É dado um grande passo quando se identifica um conjunto de sintomas como uma síndrome mórbida específica. Devido à sua familiaridade com casos anteriores da mesma, o médico pode "explicar" os sintomas, identificar os agentes causadores e prescrever uma cura. Isso pode ser feito para cada moléstia identificável.

Mas há um outro nível a partir do qual observar essa situação. A história de uma sucessão de doenças talvez seja devida a um enfraquecimento do sistema imunológico orgânico. Esse notável e complexo sistema que, quando em boas condições, proteje o corpo contra todos os tipos de doenças, pode não funcionar com eficiência de modo que as bactérias ou os vírus que normalmente seriam repelidos conseguem invadir o corpo e enfraquecê-lo, prejudicando-o assim de várias outras maneiras.

Existe um nível ainda mais profundo de explicação. A razão para a deficiência do sistema imunológico pode ser a atitude da pessoa em relação ao seu emprego, seu cônjuge, suas finanças, etc., e essa atitude a está levando ao estresse. Este contribui para o desequilíbrio do sistema imunológico e para todas as demais conseqüências das várias doenças.

A prescrição varia, dependendo do ponto de vista a partir do qual a doença é observada. Podem-se melhorar os sintomas um a um – com alguma coisa para a garganta, para a febre, e assim por diante. No nível da doença como um todo, pode-se pensar em antibióticos. Para lidar diretamente com o sistema imunológico, é possível prescrever uma outra conduta terapêutica. Para eliminar o estresse, talvez a pessoa precise mudar suas crenças (eventualmente inconscientes), e seu estilo de vida. (É claro que, ao mesmo tempo que cuida do estresse, pode ainda ser conveniente tentar amenizar os sintomas; uma abordagem não invalida a outra.)

É típico os pacientes manifestarem uma grande resistência quando se trata de reconhecer explicações mais profundas para os seus problemas de saúde, porque as mesmas implicariam na necessidade de uma mudança mais fundamental. Da mesma forma, as pessoas resistem contra enxergar explicações mais profundas para os problemas sociais. Se, para mim, a questão dos desabrigados, da degradação ambiental ou da fome mundial forem problemas "externos", tal percepção pode eventualmente ensejar uma ação que, porém, não implica na exigência de que eu passe por qualquer mudança fundamental. Se, por outro lado, percebo as origens mais profundas desses problemas como efeitos de um sistema de crenças e valores que eu e outros endossamos, talvez me veja forçado a reexaminar algumas dessas crenças essenciais, o que, sem dúvida, é uma posição bem menos confortável.

NÍVEIS DE EXPLICAÇÃO E PRESCRIÇÃO

	Exemplo A: Saúde	Exemplo B: Negócios/Política
Nível 1	Sintomas	Problemas/Sintomas
Nível 2	Síndrome mórbida	Complexo de problemas
Nível 3	Deficiência no sistema imunológico	Tendência de autocura
Nível 4	Estresse	Estresse social
Nível 5	Medo, insegurança, ansiedade	Medo, insegurança ansiedade
Nível 6	Sistema básico de crenças que produz medo e ansiedade	Sistema básico de crenças que produz medo e ansiedade

Uma nova forma de perceber os problemas sociais e globais. Considere, por exemplo, os problemas da fome e da pobreza num país em desenvolvimento. Prover comida e roupa pode melhorar os sintomas, mas não resolve a questão.

A pobreza e a fome, nesse caso, tendem a ter relação com a produção de safras destinadas unicamente à exportação, para com a moeda estrangeira saldar parte da dívida externa; com uma política interna de subsídios que esvaziam o tesouro nacional; com moléstias endêmicas que enfraquecem a população e limitam sua produtividade; com a corrupção e a distribuição de favores nas faixas da elite; com fanatismos étnicos e religiosos que incentivam gastos militares exorbitantes; e assim por diante. Em outras palavras, pode haver múltiplas causas e, com isso, ser necessário tomar um conjunto coordenado de medidas políticas para que as mesmas sejam debeladas.

Por outro lado, podemos concluir que a miséria é crônica e que a geração regional de pobreza é uma característica intrínseca do sistema global. Esta pode ser uma conclusão trabalhosa de se transmitir a terceiros, por ser uma tese de natureza difícil de demonstrar, e porque será ameaçadora para muitos. Quem a divulga pode acabar sendo rotulado de insensível ou desordeiro. Óbvio que a ação recomendada para um tal diagnóstico difere muito das propostas políticas usuais. Envolveria uma mudança completa do sistema. Apesar de encontrarmos exemplos desse tipo de mudança na história, não sabemos como provocá-la deliberadamente sem causar uma conturbação social acompanhada por muitos sofrimentos para os cidadãos. A força para esse tipo de mudança surge com freqüência de um amplo descontentamento, e implica em desafiar a legitimidade da antiga ordem; pode até incluir a visão indistinta de um caminho melhor. O desafio das lideranças está em perceber o surgimento dessa força de mudança e em acompanhar, de uma forma apropriada, o seu movimento. Quando o povo se encaminha decidido num certo rumo, os líderes não têm outra escolha a não ser segui-lo.

Os acontecimentos na China e no Leste europeu, em 1989, são bons exemplos. O crescente descontentamento diante das condições políticas e econômicas, e o clamor cada vez mais estridente por liberdade e democracia, no Leste europeu, conduziram a mudanças fundamentais, marcadas por uma surpreendente ausência de violência; em grande medida, os líderes se curvaram diante daquilo que perceberam ser inevitável. Já na China, de forma até certo ponto parecida, os líderes não conseguiram corresponder ao desafio de permitir que a necessária mudança no sistema ocorresse sem perturbar a ordem social. Da mesma forma, como poucos tiveram discernimento suficiente para perceber o aumento da força popular em prol de mudanças fundamentais no leste da Europa, poucos são os que percebem o sutil acúmulo de forças favoráveis a uma mudança fundamental na América do Norte, na Europa Ocidental, no Japão e no sistema global.

Pressupostos Patogênicos Latentes

Depois de defendermos a busca de uma compreensão da situação em nível sistêmico, vamos tentar agora identificar os pressupostos básicos que se encontram na raiz mesma do mau funcionamento da sociedade moderna e que, portanto, estão no cerne da necessária mudança sistêmica. Observamos acima que a sociedade moderna está sendo assediada por inúmeros problemas específicos e sintomas de mau funcionamento. Nesse nível, os críticos sociais deploram e os políticos prometem, mas muito pouco acontece. Se os sintomas forem aliviados, reaparecerão de outra forma, ou então as "soluções" trazem "conseqüências imprevistas" que, em geral, mostram-se no mínimo tão ruins quanto os problemas originais.

Se pensarmos em termos sistêmicos globais, podemos identificar alguns problemas intermediários, de natureza mais abrangente e sistêmica. Isso quer dizer que são descritos como características indesejáveis do sistema como um todo e que sua solução é concebida em termos de uma mudança completa do mesmo. Muitas vezes, não são os problemas de uma nação ou região em particular, mas envolvem o bem-estar de toda a humanidade.

É desnecessário dizer que existem muitas formas de analisar os dilemas das sociedades modernas, mas sem dúvida os quatro problemas intermediários a seguir se destacam:

Problemas Intermediários e suas "Soluções" Provisórias

1. **A tendência, por parte da economia mundial, de provocar escassez de água e ar puros, solo arável e regiões selvagens capazes de renovar o espírito; a deterioração ambiental; as crises ecológicas; a concentração de substâncias tóxicas; as mudanças climáticas induzidas pelo homem.**

As nações não têm conseguido realizar uma boa manutenção da terra, do ar, da água e do espaço de uso comum. É imperativo adotar uma política de manutenção das "áreas globais de uso comum". Essas áreas de "uso comum" são, em princípio, os quatro ambientes amplamente reconhecidos pelos costumes e leis internacionais: os oceanos (incluindo a plataforma continental); o espaço sideral; a atmosfera, as condições meteorológicas e o clima e o continente da Antártida. Devemos acrescentar aqui as situações em que atitudes de uma certa nação afetam a pureza dos rios e dos lençóis de água de outra. As nações mais poderosas estão entre aquelas mais relutantes em abdicar de sua soberania individual em favor de um esforço coletivo para realizar essa manutenção.

O tratamento dado aos problemas ambientais consiste em geral em providências que visam atenuar diretamente os sintomas e, ao mesmo tempo, ajustar as estruturas de incentivo legislativo e econômico para promover as mudanças desejáveis: menor uso de energia e sua substituição por fontes energéticas renováveis; uso de embalagens reaproveitáveis e outros métodos para diminuir a quantidade de lixo sólido; utilização de produtos biodegradáveis; redução da poluição e seu impacto sobre os sistemas ecológicos; desaceleração da derrubada das florestas tropicais; etc. Pode ser criada uma legislação específica para proibir o uso de aerossóis contendo CFC, para limitar a produção de lixo tóxico, e assim por diante.

Uma medida sugerida com freqüência é a adoção de melhores indicadores econômicos e sociais, e de um sistema contábil mais adequado. Os custos e os benefícios ligados às conseqüências sociais e ecológicas da atividade econômica não são proporcionais entre si, ou ao dinheiro. Não obstante, existem muitas maneiras de se incorporar melhor os custos das chamadas decorrências "externas", como a chuva ácida, a erosão do solo, a produção de lixo sólido e o desaparecimento das florestas, mediante a criação de uma referência operacional sistemática que permita a tomada de decisões mais esclarecidas. Os relatórios sobre impactos ambientais, atualmente requeridos de vários projetos para que o público se informe antecipadamente do impacto de certas decisões, não procuram expressar tais dados em termos de um custo monetário conhecido; simplesmente os expõem para incentivar uma percepção mais clara das conseqüências gerais da decisão de ir em frente. Mesmo assim, a divulgação destes relatórios sobre o impacto ambiental representa uma conquista significativa em termos de facilitar a participação de cidadãos no processo político.

Todavia, as características intrínsecas da economia mundial são de tal ordem que *todos os esforços acima mencionados representam apenas uma tentativa desesperada de sair do atraso.* Os problemas continuam piorando em ritmo mais rápido do que as medidas paliativas são capazes de neutralizá-los. Além de todas essas medidas, é necessário que as características fundamentais da economia global sejam reavaliadas. A resistência contra tal investigação é muito forte.

2. **A tendência, por parte da economia mundial, de criar pessoas e culturas marginais; a miséria crônica, a fome e o mau desenvolvimento.**

Aqui, as principais tentativas até o momento, feitas para aliviar as crises, têm sido motivadas por uma consideração das condições humanas. Temos visto recentemente muitas iniciativas de auxílio a indivíduos e comunidades, para que se sintam mais fortalecidos e mais auto-suficientes, para que regenerem seu orgulho como grupo, e ingressem num caminho de desenvolvimento adequado às suas raízes culturais próprias.

Entretanto, existe em qualquer sistema social uma tendência natural ao poder de acumular. Aqueles que detêm poder político ou econômico estão em boas condições para conquistar ainda mais poder; os que têm menos, tendem a ocupar posições progressivamente mais enfraquecidas. Em qualquer sociedade, existem mecanismos institucionalizados de limitação dessa tendência. Os exemplos mais óbvios são os direitos civis reconhecidos, o imposto de renda progressivo, serviços públicos gratuitos para os pobres. Contudo, em nível internacional, existem apenas mecanismos muito primitivos e ineficazes. Por exemplo, as disparidades em termos de riqueza e renda existentes entre os países são muito maiores do que os níveis tolerados até mesmo pelos Estados mais notoriamente autoritários e injustos.

Parece ser difícil aos países materialmente ricos extrapolarem a idéia de que a sua capacidade aquisitiva seja fruto dos seus próprios méritos e reconhecer que as tensões geradoras de conflitos globais pedem o que Harlan Cleveland chamou de "revolução da eqüidade". Em outras palavras, devemos encontrar algum jeito de limitar em nível mundial a tendência natural ao poder de acumular, e fortalecer nos mais miseráveis sua capacidade de luta em defesa daqueles direitos humanos sem os quais sua existência talvez nem possa ser denominada de humana.

3. **Crise de controle.**

O desafio decisivo que a humanidade enfrenta hoje talvez possa ser resumido numa única pergunta: *Nós, humanos, desenvolvemos uma consumada capacidade tecnológica que nos permite fazer praticamente tudo o que imaginamos; conseguiremos agora desenvolver uma habilidade equivalente para escolher que coisas devem ser feitas?*

Como evitar a escolha de objetivos de curto prazo, que levam claramente a conseqüências indesejáveis a longo prazo, como a retomada da corrida nuclear ou a maciça destruição ambiental? Como praticar o necessário controle social sobre a tecnologia, sem sacrificar a liberdade individual?

A sociedade industrial tem agora o poder de:

- Mudar as características do nosso ambiente físico, incluindo o clima e as populações vegetal e animal da biosfera.
- Modificar as características físicas do corpo humano individual e o desenvolvimento evolutivo da raça humana, através da engenharia biológica e genética.

- Alterar drasticamente o meio ambiente social e psicológico, inclusive as características mentais e emocionais das pessoas.
- Aniquilar extensos segmentos da raça humana e devastar grandes áreas da Terra.
- Mudar sensivelmente, de muitas outras formas, o tipo de mundo legado às gerações vindouras.

Esses poderes são tão formidáveis que é evidente a necessidade de eles serem direcionados e canalizados. Apesar disso, não está claro como esse controle possa ser exercido sem violar as características fundamentais do nosso sistema de livre iniciativa e da nossa sociedade democrática. Tampouco está claro como contornar a tendência estrutural em favor dos benefícios de curto prazo, de maneira a se dar mais atenção às conseqüências de longo alcance inerentes às opções tecnológicas que fazemos.

4. **Crise nos significados e valores.**

Vem sendo dito de muitas formas e por muitas pessoas; as pesquisas o evidenciam e todos sabem: a sociedade industrial moderna sabe fazer quase tudo que se possa imaginar mas está totalmente confusa a respeito do que vale a pena fazer. Em contraste com as sociedades americana e européia de algumas gerações atrás, a coletividade atual está profundamente perplexa e incerta a respeito dos seus significados e metas. O que é a sociedade moderna? Avanços tecnológicos? Um padrão de vida material medido pelo PIB? Mantermos as nossas riquezas à revelia do bem-estar dos que vivem em outras partes do planeta? Os problemas contemporâneos envolvendo drogas, jogos de azar e criminalidade urbana, e os sem-teto estão diretamente relacionados a esta confusão.

A solução de nível intermediário, universalmente proposta para esta crise, é a educação. Por que não conseguimos educar as pessoas de modo que encontrem significado em suas vidas e uma base sólida de valores pessoais e sociais? Com certeza, muito pode ser feito para aumentar a autoconscientização e o senso de poder das pessoas através de inúmeras providências exemplificadas em diversos cursos de final de semana e em seminários mais prolongados. O assunto torna-se muito mais difícil porque a imagem científica de realidade que hoje vigora tende a ser oposta às descobertas pessoais que implicam significados fundamentais ou valores eternos.

Mas não é suficiente para as pessoas encontrarem um significado particular para as suas vidas enquanto (e apesar de) viverem num sistema que não reflete tal significado. Os significados e os valores vigentes nesse sistema também devem mudar. Grande parte do mundo pôde avançar tecnologicamente até o ponto acima mencionado onde a produção econômica de todos os bens e serviços que a sociedade imagina precisar ou desejar (ou que os recursos naturais e o meio ambiente podem suportar) é obtida através do trabalho de apenas uma fração da população. Já não faz mais sentido que o "projeto central" da sociedade seja a produção e o consumo econômicos. Qual é então a nova proposta de "projeto central" das sociedades avançadas e qual sua implicação para a sociedade global?

Repetimos mais uma vez o nosso tema central ao delinearmos esses problemas de nível intermediário: não obstante o quão básicos possam parecer, a mudança necessária para torná-los solucionáveis encontra-se num nível ainda mais profundo. Se os quatro problemas sistêmicos acima citados podem supostamente resumir os desafios mais difíceis que enfrentamos, então quais são os pressupostos subjacentes que devem mudar, como parte de uma modificação do sistema total? Talvez possamos identificar alguns dos mais importantes.

Pressupostos Mais Profundos

1. A predominância das instituições e da racionalidade econômicas.

A sociedade moderna caracteriza-se pelo predomínio das instituições e da racionalidade econômicas. Para nós que crescemos assumindo-as como inquestionáveis, é difícil imaginar que a situação possa ser diferente. Outras antigas sociedades, ao longo da história, tiveram como instituições humanas supremas as que tratavam do conhecimento, do significado e das metas humanas ou espirituais; jamais houve sociedade tão concentrada na produção e no consumo econômicos. Nenhuma outra sociedade procurou se pautar por decisões baseadas primordialmente em considerações econômicas. Nenhuma outra sociedade adotou como seu mais elevado valor o materialismo aquisitivo.

Em primeiro lugar, não há razão alguma para acreditarmos que a racionalidade econômica nos conduzirá a decisões sábias em termos humanos, ecológicos, afetivos e espirituais. Como o comprova a experiência, isso não acontece. Ao nos reportarmos à tradição dos índios iroqueses, que tomavam suas decisões sociais tendo em mente o bem-estar das próximas sete gerações, vemos que as decisões contemporâneas – que afetam profundamente as futuras gerações e os povos do globo – orientam-se tão-somente pelos resultados financeiros prováveis do próximo trimestre, ou pela possível avaliação que o eleitorado venha a fazer da atual política econômica.

Além disso, os valores econômicos e tecnológicos que dominam a sociedade moderna são, na realidade, pseudovalores. Apenas parecem valores por causa de uma confusão entre os meios – as instituições tecnológicas e econômicas – e os fins. Essa confusão aparece quando os verdadeiros fins, sempre transcendentais, ficam obscurecidos pelo poder delegado a uma visão de mundo materialista.

2. O nacionalismo e o conceito de "segurança nacional".

O surgimento da nação-Estado, no século XVII, e sua existência daí em diante, impôs ordem ao caos em muitas regiões do mundo. A nação-Estado industrializadora era extremamente eficiente na organização dos seus propósitos particulares e poucos conseguiam antever uma contradição que lhe seria intrínseca a longo prazo. O progresso da tecnologia tornou o mundo inevitavelmente menor e seus problemas mais globais. Ao mesmo tempo, ficou claro que certos tipos de problemas, envolvendo o bem-estar de indivíduos e famílias, poderiam ser muito melhor resolvidos em nível comunitário. Deste modo, a nação-Estado ficou pequena demais para os problemas globais e grande demais para os locais.

Isso poderia ser tratado de várias maneiras. Entretanto, o aspecto realmente sério da nação-Estado era sua tendência de buscar segurança através da criação e da manutenção de poderio militar. Todas as nações eram autônomas e resistiam a qualquer menção de uma colaboração internacional em prol da ordem no planeta. A Primeira Guerra Mundial levou à traumática constatação de que, mantendo-se aquele estado de coisas, seus custos seriam enormes. Com a Segunda Guerra, essa questão tornou-se muito mais evidente depois da eliminação maciça de populações civis através de intensos bombardeios e armas nucleares. Assim, a partir da Segunda Guerra Mundial, já deveria ter ficado óbvio que a *segurança nacional e global, para ser de alguma forma real, não poderia mais ser obtida através da força militar.* Mikhail Gorbachev pronunciou-se com essas palavras em seu livro *Perestroika*, de 1987. Contudo, a história política das últimas quatro décadas tem sido em grande medida a história de tentativas de evasão e negação desse fato.

Há cerca de meio século, era lugar-comum ouvir falar de algum possível governo mundial. Desde então, as pessoas ficaram muito cautelosas diante de concentrações de poder porque estas tendem a atrair indivíduos corruptíveis. Ao que tudo indica, teremos de buscar segurança nacional e global de outras formas que não a força militar ou um governo mundial. Desde o começo desta nova década, pouco progresso foi feito nesse sentido, já que continuam existindo nações altamente militarizadas e armadas que confiam na intimidação nuclear e que fazem o mundo ser um lugar em permanente perigo.

3. **Governo através de grupos de interesse comum.**

Na ausência de um forte senso nacional ou supranacional de propósito que congregue toda a população, a política torna-se muito mais uma questão de competição entre grupos, cada qual disputando por seus próprios interesses. Assim, não representa surpresa alguma o resultado dessa competição demonstrar a falta de um senso coerente de propósito, necessário à solução dos mais exasperantes problemas mundiais.

Durante a maior parte da sua história, os Estados Unidos tiveram um poderoso senso de propósito nacional e de objetivos superiores; a campanha presidencial de 1988, e seus eventos subseqüentes, porém, forneceram amplas evidências de que o que resta dos mesmos está de fato muito enfraquecido. No desenvolvimento de uma Comunidade Européia constatam-se talvez os primórdios de objetivos superiores que ultrapassam o mero poder econômico e político. Sem dúvida, a transição de um conjunto de nações separadas e competidoras para nações com o senso de um destino europeu comum representa, em si mesma, um passo revolucionário.

Se as características atuais dos Estados Unidos e da Europa são a fragmentação e a falta de objetivos superiores, o mesmo é ainda mais verdadeiro em termos globais. Apesar de existirem programas ambientais e de desenvolvimento, promovidos pelas Nações Unidas, não existe consenso a respeito de qual desenvolvimento é bom para as pessoas e para o planeta, nem um acordo sobre qual tipo de mudança sistêmica será necessária para deter as desastrosas conseqüências ambientais e climáticas, decorrentes de uma economia mundial que conduz os "negócios como de hábito". Embora as nações do mundo tenham em princípio chegado a um acordo sobre uma forma mais elevada e aparentemente válida de objetivo global, expressa na Declaração Universal dos Direitos Humanos das Nações Unidas, não existe qualquer tipo de acordo sobre qual o procedimento a seguir quando as práticas normais das economias nacionais e mundial infringem sistematicamente tais direitos.

4. **Predominância de uma imagem materialista da realidade.**

Não há dúvida de que uma boa maneira de provocar desastres é tomar decisões que afetam o futuro do indivíduo, da sociedade e do planeta, com base numa percepção distorcida da realidade. Muitas pessoas têm se chocado ao tomarem consciência de que é precisamente isso que a sociedade moderna vem fazendo.

O desenvolvimento da ciência moderna foi um dos grandes saltos evolutivos da história das sociedades humanas. Foi a democratização do conhecimento, aliada ao aparecimento de um conjunto de técnicas altamente eficientes para conquistar novos conhecimentos. O espírito científico era um espírito novo de investigação aberta e de validação pública do conhecimento. O conhecimento já não era mais propriedade do clero ou da elite no poder; qualquer interessado estava apto a executar experimentos e a validar o conhecimento por si próprio.

Durante muito tempo, poucos perceberam que o novo conhecimento científico apresentava uma tendência que, com o passar dos séculos, começou a produzir sérias conseqüências. Tal tendência consistia simplesmente em valorizar os aspectos externos da experiência, ignorando as *vivências internas*. Em íntima relação com a mesma, havia o fato de a ciência explicar os fenômenos em termos de causas físicas, negligenciando que nas experiências que vivemos existe também a causalidade *volitiva*, isto é, a ocorrência de fatos causados pelas decisões humanas. Havia boas razões para se endossar tal tendência no início do desenvolvimento da ciência empírica; era muito vantajoso para o estabelecimento de uma ciência forte e eficiente.

Não obstante, uma das conseqüências desse tipo de ciência – que parecia defender cada vez mais vigorosamente uma visão de mundo materialista e a evolução aleatória das espécies de vida, inclusive a nossa – foi a erosão dos alicerces religiosos que sustentavam os valores da civilização ocidental. À medida que esses fundamentos se enfraqueciam, particularmente nas classes mais instruídas, os valores também perdiam força. A nacionalidade manipulativa e o materialismo aquisitivo tornaram-se as marcas registradas das sociedades "avançadas"'. Esses valores são, entretanto, inadequados, e a visão de mundo materialista também é uma perspectiva inadequada a partir da qual devem se tomar as decisões que o futuro exige.

Nos Capítulos 3 e 4 examinaremos com mais profundidade de que forma o materialismo, insensível aos valores, e que veio se fortalecendo cada vez mais até meados da década de 60, parece hoje estar cedendo diante de uma nova constatação, segundo a qual somos afinal seres espirituais num universo espiritual, e que essa nova constatação não entra em conflito com a maturidade científica.

A predominância da visão de mundo materialista e o concomitante enfraquecimento dos compromissos de valor e significado nos conduziu àquilo que é provavelmente o problema mais profundo de todos: a alienação. Estamos alienados da natureza, da qual somos absolutamente dependentes e parte integrante. Como resultado, desfizemos o nosso próprio ninho e colocamos em perigo os sistemas de sustentação da vida na Terra, necessários à nossa prosperidade e, em última análise, à nossa sobrevivência. Estamos alienados do trabalho, porque em muitos casos ele deixou de ter significado. Estamos alienados uns dos outros, porque a noção de um compromisso de grupo em torno de objetivos transcendentais está muito debilitada. E, por estarmos profundamente confusos a respeito do nosso próprio ser, estamos alienados de nós mesmos.

Não se trata de uma observação pessimista. É simplesmente uma indicação de onde devemos começar, ao empreendermos a nossa busca de uma saída para a nossa terrível situação atual.

Capítulo 3

A Trama de um Novo Tecido Social

A cultura ocidental dá importantes sinais de estar tecendo um novo padrão. A trama desse novo tecido é formada por movimentos sociais e por grupos voluntários que surgiram, tanto no cenário americano como no internacional, e que lutam por uma mudança cultural face às preocupantes crises ambientais, sociais, políticas, econômicas e pessoais. Nos últimos cinqüenta anos, um imenso número de pensadores visionários, reformadores intelectuais, analistas acadêmicos, críticos sociais e vários grupos de pessoas comuns têm exigido mudanças na ordem social básica.

Esses indivíduos e grupos abordaram os problemas a partir de perspectivas diversas, dependendo do que avaliavam como as causas subjacentes aos mesmos. Em geral, podem ser agrupados em três categorias:

1. Aqueles que enxergam os problemas como decorrências de defeitos na estrutura das organizações sociais e das instituições; por esse motivo, buscam *novas formas de organizar o empreendimento humano.*

2. Aqueles que localizam as origens dos problemas nos relacionamentos desequilibrados entre homens e mulheres, entre grupos raciais e étnicos, entre classes sociais e econômicas, nações-Estado e até mesmo entre os humanos e as outras criaturas da própria Terra; assim, lutam por *novas formas de relacionamento*. E, finalmente,

3. Aqueles que percebem as raízes dos problemas na natureza essencial ou condicionada dos seres humanos, e assim buscam *novas formas de ser*.

Embora tenha parecido conveniente organizar a discussão a seguir em termos destas três categorias, elas obviamente não são definitivas nem distintas; sobrepõem-se e abrangem temas semelhantes. Cada exemplo dado numa das três categorias implica em questões acerca da natureza fundamental dos seres humanos, do exercício do poder e da postura das autoridades. Cada uma das respostas oferece esclarecimentos que representam um grande desafio à cultura ocidental e que, quando consideradas como um todo, prefiguram um novo mundo em formação.

Novas Formas de Organizar o Empreendimento Humano

Pelo menos neste último século, tornou-se evidente uma pressão cada vez maior para a reestruturação de algumas das principais instituições da sociedade: a família; os negócios; a ciência e a tecnologia; o sistema de nação-Estado e a religião. Outros elementos, que vêm do século XIX, somam-se a esta pressão e incluem os movimentos abolicionista, trabalhista, sufragista (pelo voto da mulher) e socialista; o populismo, o liberalismo religioso e os movimentos pela independência das colônias. Esses diversos grupos desafiaram as formas tradicionais da instituição ao defenderem valores básicos como a dignidade humana, a liberdade política e intelectual, e a eqüidade e a justiça.

A forma contemporânea dessa pressão abrange elementos similares àqueles e alguns outros novos. A seguir, examinaremos os mais importantes.

Reestruturando a segurança; o trabalho pela paz. Não há instituição mais ameaçadora para a nossa própria existência do que a tácita aceitação da violência como meio para resolver os conflitos internacionais. Praticamente o tempo todo, desde a Primeira Guerra Mundial, algum tipo de movimento ativista pediu o fim das guerras e dos conflitos armados. Mas o mundo demora a perceber (como observamos no Capítulo 2) que o conceito de segurança nacional, através de poderio militar, é obsoleto. Pouco a pouco as pessoas conscientizam-se da inadequação de um conceito de segurança que (a) baseia-se na capacidade de destruir e (b) ignora a destruição ambiental maciça, as desvantagens de uma dívida assombrosa e a persistência de imensas concentrações de fome e miséria.

Grupos pacifistas tradicionais como os quakers e os movimentos contra as guerras, surgidos a partir dos movimentos pelos direitos civis, tão ativos nos anos 60, coexistem atualmente com uma legião de novos grupos pró-desarmamento que também apresentam diversas outras reivindicações, como, por exemplo, os *Beyond War* (Além da guerra), *Sane/Freeze* (Imobilização saudável), *Women Against Nuclear Destruction* (Mulheres contra a destruição nuclear), *Physicians for Social Responsibility* (Médicos pelas responsabilidades sociais), *International Physicians for the Prevention of Nuclear War* (Médicos internacionais pela prevenção da guerra nuclear), *Mobilization for Survival* (Mobilização pela sobrevivência), *Jobs for Peace* (Empregos pela paz), só para citar alguns, que visam educar e formar grupos de influência para a redução da violência, além de lutar por uma redefinição da paz no mundo moderno. Os movimentos pacifistas contemporâneos são muito mais abrangentes do que as demonstrações contundentes que fazem contra a distribuição estratégica de arsenal nuclear, e incluem questões atinentes à diplomacia da cidadania, à solidariedade para com o Terceiro Mundo, a associações que prestam serviços à humanidade, a esforços pela conversão econômica, além das recentes articulações por uma segurança "orgânica".

As atividades dos "cidadãos-diplomatas", que surgiram nos anos 80, representam uma reação à frustração gerada pelos governos nacionais. Grupos de cidadãos comuns chegaram à conclusão de que a paz internacional e a segurança global já não são mais responsabilidades que possam ser exclusivamente delegadas aos diplomatas e especialistas técnicos. Os milhares de americanos que viajaram para a União Soviética, nos anos 80, para oferecer pessoalmente sua amizade, e as centenas de pessoas que foram à Nicarágua prestar ajuda extra-oficial, eram verdadeiros "cidadãos-diplomatas" que, por iniciativa própria, assumiram as responsabilidades quando os profissionais não conseguiram quebrar as barreiras e entabular relações internacionais pacíficas.

A solidariedade para com o Terceiro Mundo é um dos componentes do atual pensamento "verde" na Europa e em outras regiões. Por exemplo, na última década surgiram diversas organizações para manifestar resistência à política dos Estados Unidos em relação à América Central, em particular a Nicarágua e El Salvador. Esses movimentos voltam sua atenção para as opressões que o povo da América Latina sofre, devido às estruturas e políticas econômicas que beneficiam somente os privilegiados, mantêm as desigualdades econômicas e inibem os processos democráticos.

Outros grupos denunciam a disparidade entre os gastos militares e a muito menor disponibilidade orçamentária para serviços humanos como a saúde, o auxílio aos desabrigados, a assistência aos filhos de mães que trabalham fora, e às famílias de baixa renda. Outros ainda trabalham nas comunidades com o intuito de ajudá-las a reduzir a dependência dos gastos com a defesa, e buscar formas de converter empregos e tecnologia em produção com fins pacíficos. Uma outra perspectiva diz respeito à segurança "orgânica". Essa abordagem reúne considerações de ordem humana e ecológica à questão da segurança, entendida em termos muito mais amplos, dando assim ensejo a uma perspectiva bastante mais abrangente do que a mera "segurança nacional".

Os diversos esforços que visam uma abordagem mais básica da segurança nacional e global têm estimulado o questionamento de outros pressupostos da sociedade, que acabam por endossar a violência institucionalizada, quer dizer, os tipos de violência impostos às pessoas que não têm comida, roupas, abrigo ou oportunidades econômicas adequadas. O termo "violência estrutural", criado pelo pesquisador norueguês pacifista Johan Galtung, pretende conotar o impacto deletério que sofrem as pessoas sujeitas às iniqüidades intrínsecas aos padrões e instituições sociais. Tal impacto manifesta-se de muitas maneiras, entre as quais a miséria, a falta de moradias, os guetos, o desemprego, a discriminação racial, a falência de indústrias, situações de exploração da mão-de-obra, padrões sociais de opressão sexual, programas humilhantes de bem-estar, e imperialismo econômico, que violentam as pessoas em virtude de sua desigualdade intrínseca. O papa João XXIII resumiu: "Se queres a paz, trabalha pela justiça."

A reestruturação da economia. As muitas formas da violência estrutural estão diretamente relacionadas com a organização da vida econômica, e as palavras do papa João XXIII certamente se aplicam aqui. De fato, as organizações religiosas têm se colocado entre os críticos mais persistentes do industrialismo ocidental e sua ética de vida-enquanto-consumo. Desde a fundação dos Estados Unidos, existe uma minoria persistente, a começar pelos colonos puritanos, que insiste que a saúde da comunidade como um todo é muito mais importante do que a oportunidade de qualquer indivíduo tornar-se rico. O famoso sermão de Jonathan Winthrop aos colonos de Massachusetts sintetiza esse conceito: "Devemos nos deleitar uns com os outros, fazer das condições dos outros as nossas próprias, regozijarmo-nos juntos, lamentarmo-nos juntos, trabalhar e sofrer juntos, tendo sempre em vista os membros da comunidade como partes de um único corpo." Sua descrição assume claramente um modelo diferente de comunidade e relações individuais, assim como uma referência institucional diferente das que predominam na nossa atual economia baseada na relação produção/consumo.

Um novo modelo pautado por esses valores foi defendido por E. F. Schumacher, nos anos 70. Suas idéias acerca de modelos alternativos de economia foram um pensamento pioneiro e sem dúvida precursor da maior parte das mais inovadoras contribuições de hoje. No livro *Small is Beautiful: Economics as if People Mattered* de 1973, em que se faz basicamente um apelo à reestruturação da economia e das atitudes relativas ao papel do trabalho na vida humana, ele ousou sugerir que o conceito budista de um "reto viver" poderia ser relevante também no Ocidente; que a busca da saúde espiritual como objetivo concomitante à perseguição do bem-estar material merece mais atenção do que a economia convencional parece consentir. Enquanto esta descreve o trabalho como uma "desutilidade" – algo a ser evitado, mecanizado e idealmente eliminado – Schumacher reafirma uma idéia inerente a muitas tradições religiosas, ou seja, a de que a vocação ou o "reto viver" tem um papel fundamental na saúde espiritual.

No livro *Good Work*, 1979, Schumacher resumiu as características questionáveis da moderna sociedade industrial:

1. Sua natureza tremendamente complicada que tende a enfraquecer o indivíduo.
2. Sua insistência e dependência contínuas de motivações como a ganância, a inveja e a avareza.
3. Sua destruição do conteúdo e da dignidade da maioria das formas de trabalho.
4. Seu caráter autoritário, decorrente do tamanho excessivamente grande das suas unidades organizacionais.

Muito do ímpeto do movimento da "economia alternativa" ocorre no sentido de corrigir estas características (Daly, 1977; Henderson, 1988; Lutz, 1979). Um elemento-chave para esse tipo de pensamento é o papel da tecnologia.

Rumo a uma tecnologia mais adequada. O público tem demonstrado uma percepção cada vez mais clara das conseqüências de um avanço tecnológico indiscriminado. Grande parte da alienação referida na sociedade moderna está ligada à tecnologia; a satisfação com o trabalho, os problemas ambientais, as questões atinentes à saúde, a liberdade de reprodução, são todos temas ligados à tecnologia e ao seu uso. Mais sutis são as muitas formas nas quais as opções tecnológicas tanto resultam de, quanto apóiam os modelos sociais patriarcais já mencionados.

No final dos anos 60, as preocupações nesse sentido começaram a crescer e muitos passaram a solicitar uma "avaliação da tecnologia", do que resultou a criação de uma Secretaria de Avaliação Tecnológica, do governo federal dos Estados Unidos. A idéia básica é que temos de olhar para o futuro e avaliar os possíveis impactos de longo alcance decorrentes do uso de uma nova proposta tecnológica. Espera-se então que o processo político seja sensato o bastante para decidir se são ou não plausíveis o desenvolvimento e a aplicação de uma nova tecnologia.

Infelizmente, as forças que pressionam a favor da aplicação das novas tecnologias têm se mostrado com freqüência muito poderosas para que o processo político organizado detenha algum grande projeto quando este já esteja num estágio avançado. A história só foi diferente nas ocasiões em que as *pessoas* se sentiram suficientemente instigadas, como já aconteceu por causa dos assustadores acidentes nas usinas nucleares. O problema é que existem inúmeras forças sutis em jogo. Muitos concordariam com a observação de Langdon Winner (1977), segundo a qual a tecnologia tornou-se autônoma: "De alguma forma, a tecnologia fugiu ao controle e segue agora seu próprio curso, independentemente de um direcionamento humano." Alguns diagnosticam a sociedade ocidental como viciada em tecnologia e técnicas (Schaef, 1987).

Uma parte do problema reside na velha dissonância entre ciência e tecnologia, de um lado, e moralidade e valores, de outro; quer dizer, as "duas culturas", que C. P. Snow tanto deplorou há meio século. Essa divisão criou duas perguntas: "Como fazer?" e "O que deve ser feito?", permitindo que a extensão do poder sobre a natureza fosse considerada isenta de valor e moralmente inquestionável. Mas existem outras poderosas forças históricas, econômicas e psicológicas que agem no sentido de dificultar a reavaliação de um desenvolvimento tecnológico, assim que este se põe em andamento. Em geral, se uma aplicação tecnológica trouxer lucros para alguém ou contribuir para os grandes cartéis armamentistas, ou para as eminências pardas da medicina, há uma vigorosa investida no sentido de desenvolvê-la e implantá-la, à revelia das possíveis conseqüências negativas que possa trazer às pessoas, às futuras gerações ou aos sistemas ecológicos da Terra.

Assim, passa a caber à população em geral, aos cidadãos atentos, a incumbência de fazer as perguntas difíceis e de agir, se necessário, para deslegitimizar e conter as tecnologias deletérias. Será que a nova ferramenta, a nova fonte de energia ou a nova técnica podem estimular indevidamente a concentração de poder político ou econômico? Distorcerão as prioridades sociais ao serem adotadas? Encorajarão mais urbanização, ou mais burocratização e alienação? Comprometem a ética profissional? Trazem mais ou menos eqüidade social e econômica aos diferentes grupos sociais e internacionais? Deixam-nos mais seguros ou mais vulneráveis? Implicam significativos riscos econômicos, ambientais ou sociais? Promovem ou alimentam um tipo de tecnocracia elitista que pode ainda mais corromper o processo democrático?

Na década de 70, o movimento pela "tecnologia adequada" começou a colocar tais perguntas. Em 1973, E. F. Schumacher escreveu que a "tecnologia adequada" é aquela "desenvolvida e aplicada com consciência, motivada pelos valores mais elevados da sociedade; incorpora a plena consciência das necessidades da mulher e as exigências do meio ambiente; é uma tecnologia simples, acessível, que enriquece a vida; é 'sociável' e efetiva numa 'escala humana' ". Kirkpatrick Sale (1980, pág. 157) propôs a seguinte definição:

> A tecnologia em escala humana precisaria ser projetada de acordo com as necessidades, as capacidades e as formas humanas ... Teria que ser protética, ou seja, ter as finalidades humanas em mente, em vez das finalidades cibernéticas, isto é, aquelas que visam as necessidades mecânicas ou tecnológicas ... Deveria transcorrer numa escala suficientemente pequena para que o indivíduo pudesse controlá-la, suficientemente simples para que um indivíduo pudesse compreendê-la e suficientemente acessível para que um indivíduo pudesse consertá-la ... Essa tecnologia enalteceria os usuários humanos, em vez de aliená-los, faria com que se sentissem bem em vez de explorados, e satisfeitos em vez de frustrados em seus desejos inatos de realização.

A opção por uma tecnologia adequada é guiada por valores humanos. Hoje em dia, as decisões ligadas à tecnologia são em grande medida influenciadas pela racionalidade econômica e, por isso, dificilmente se mostram "adequadas".

A nova forma de conduzir os negócios. Muitas mudanças centradas no indivíduo vêm ocorrendo em nossos dias dentro das corporações. Os dados de pesquisa assim como outras observações menos formais deixam claro que as motivações tradicionais para o desempenho no trabalho – como estabilidade no emprego, salários elevados, benefícios adicionais – já não funcionam mais. Os empregados querem coisas intangíveis como um tratamento respeitoso, satisfação pessoal no trabalho e amplas oportunidades de adquirirem novas habilidades e continuarem seu crescimento enquanto pessoa, bastante autonomia e reconhecimento pela execução de um bom trabalho. Os estudos de John Naisbitt (1985), e mais recentemente os de Michael Maccoby (1988) sobre as tendências das classes trabalhadoras, constatam a progressiva difusão do conceito de que o trabalho deveria ao mesmo tempo ser recompensador em termos econômicos e emocionalmente gratificante.

A nova visão diz que *os trabalhadores podem cuidar de si mesmos*, apesar do quanto isso possa ter parecido idealisticamente impraticável à geração anterior de administradores. Conforme diz Naisbitt (1985, pág. 96), as corporações americanas estão se encaminhando para um novo "ideal de funcionário-padrão ... Estamos mudando o ideal ... do empregado que executa as ordens corretamente, para aquele que assume responsabilidades, toma iniciativas, monitora seu próprio trabalho e faz uso dos seus supervisores e gerentes em novos papéis, como facilitadores, instrutores e consultores".

Os trabalhadores insistem justificadamente em serem reconhecidos como os *depositários do investimento* da empresa, fazendo jus a uma participação proporcional às suas responsabilidades. Trata-se de um importante avanço, que desafia a legitimidade do milenar conceito de que os acionistas (com sua típica atitude imediatista exclusivamente voltada para os lucros de suas ações) devam exercer tão extensa influência nas decisões administrativas. Como dizem alguns, "os empregados estão investindo suas vidas; os acionistas, apenas o seu dinheiro".

Outra forma de reorganização do local de trabalho é a crescente popularidade de organizações cujos proprietários são os trabalhadores, entre as quais estão os *Employee Stock Option Plans* – ESOPs – (Planos de Opção de Aquisição de Ações pelo Trabalhador). Neste caso, os trabalhadores tornam-se proprietários parciais através da aquisição de ações da companhia. Há também organizações como as cooperativas Mondragon na região basca da Espanha que, além de administradas pelos trabalhadores, são de sua propriedade. (O fato de os ESOPs terem sido às vezes utilizados pelas empresas como uma manobra essencialmente destinada a prevenir alguma possível invasão ostensiva das instalações pelos trabalhadores mostra que a salvação não está em estratégias específicas mas, sim, numa mudança mais profunda.)

Terry Mollner (1990), aliás, identifica as cooperativas Mondragon como o protótipo do "terceiro caminho ... aquilo que estaremos fazendo quando não estivermos mais fazendo capitalismo ou socialismo". Na medida em que os relacionamentos se tornarem mais importantes do que os interesses materiais, a totalidade e a unidade substituirão o separatismo e a competitividade; as polarizações políticas de direita ou esquerda perderão sua importância e, deste modo, abrir-se-á caminho para que a norma venha a ser uma nova forma, mais cooperativa e familial de gerar e gerir uma organização.

Rumo a um novo desenvolvimento. São evidentes os sinais de um interesse cada vez maior por uma nova economia, não apenas nos países industrializados, mas também nos países em desenvolvimento. As facilidades que temos hoje em dia de viajar e de nos comunicarmos derrubaram as antigas barreiras da distância e das diferenças culturais, propiciando o surgimento de uma noção de comunidade global jamais experimentada pela raça humana. Algumas instituições, como o Banco Mundial, o Fundo Monetário Internacional, o Programa de Desenvolvimento das Nações Unidas e numerosos outros organismos internacionais vinculam o mundo todo do ponto de vista econômico; não há hoje um só país do mundo que esteja economicamente isolado ou excluído da rede do comércio global. Os negócios atuais são globais: a pesquisa, o projeto, a fabricação, a montagem e a publicidade são agora operações globais. De maneira similar, assuntos que, um dia, foram interesses de determinados países em desenvolvimento têm hoje uma significação global.

Em toda parte, as pessoas começaram a questionar a viabilidade a longo prazo dos atuais acordos econômicos. O apelo pela reestruturação da economia global vem de muitos grupos nos países desenvolvidos; entre eles, os ambientalistas, os grupos de defesa dos direitos humanos, as feministas e economistas tais como Herman Daly, E. F. Schumacher, Hazel Henderson e Mark Lutz, que estão atentos tanto a possíveis alternativas como à análise dos elementos dos negócios. Na verdade, as próprias empresas têm financiado vários estudos com o objetivo de questionar a viabilidade a longo prazo das atuais práticas econômicas e de suas instituições: *The Limits to Growth* (Os limites do crescimento), *Reshaping the International Order* (Remodelando a ordem internacional), *Mankind at the Turning Point* [Momento decisivo da humanidade]. Diversos governos nacionais têm divulgado análises semelhantes ao conhecido Relatório Global 2000, dos Estados Unidos. O Relatório da Comissão Brundtland, chamado *Our Common Future* [Nosso futuro comum], da Comissão Mundial sobre Desenvolvimento e Meio Ambiente, 1987, resume muito do que já apareceu e não mede palavras para exigir um "desenvolvimento sustentável", apontando a necessidade de profundas reformas estruturais na economia:

> A busca pela sustentabilidade requer profundas mudanças nas relações econômicas internacionais ... Duas condições devem ser preenchidas ... A sustentabilidade dos ecossistemas, dos quais depende a economia global, deve ser garantida. Os parceiros comerciais devem se satisfazer com uma permuta baseada na eqüidade; os relacionamentos de caráter desigual, fundamentados em toda forma de dominação, não representam uma base sólida e durável para a interdependência (pág. 67).

Os países em desenvolvimento também têm se pronunciado sobre o assunto, apesar de, por motivos óbvios, darem uma ênfase diferente ao problema. Em 1974, durante uma sessão especial das Nações Unidas sobre questões econômicas, a coalizão dos países do Terceiro Mundo (o Grupo dos 77) iniciou a campanha por uma Nova Ordem na Economia Internacional – NIEO (New International Economic Order). Depois de conquistarem sua descolonização política, os países em desenvolvimento da África, da Ásia e da América Latina descobriram que permaneciam economicamente dependentes. Para esse grupo, o controle dos países industrialmente avançados sobre o comércio e as finanças mundiais fez com que grande parte do Terceiro Mundo ficasse empobrecida. Diante disso, os países do norte mostraram-se ressentidos com o que lhes pareceu ser uma violação da conduta normal do comércio e das finanças. Como as exigências da NIEO foram apresentadas pouco depois de a OPEP ter efetuado sua perturbadora demonstração de poder aumentando os preços do petróleo, o norte as interpretou como uma tentativa de ditar a conduta do comércio e das finanças internacionais.

Desde então multiplicaram-se os indícios de que o problema tem muitas outras dimensões além da econômica. Uma observação mais aprofundada das origens e das extensas implicações da crise das dívidas do Terceiro Mundo mostra com nitidez que o que está realmente em jogo é o direito de as demais culturas sobreviverem no planeta, algo que é incongruente com a cultura e os valores implícitos na economia do Primeiro Mundo.

De uma certa maneira, uma das conseqüências desta nova constatação foi que as exigências específicas da NIEO tornaram-se menos estridentes. À luz de uma situação cada vez mais desesperadora em alguns países, e como reação a um sentimento de frustração, os líderes da coalizão dos países em desenvolvimento recuaram um pouco em termos da causa maior da NIEO e passaram a enfatizar questões mais específicas e urgentes, como o alívio da dívida externa e as políticas e procedimentos operacionais do Banco Mundial e do Fundo Monetário Internacional. Ao mesmo tempo, nos países capitalistas, socialistas e em desenvolvimento, é evidente um reconhecimento cada vez maior de que as exigências globais deverão exigir, a longo prazo, uma maciça reestruturação da economia mundial.

O tema central desse raciocínio, parcialmente exemplificado pelo Relatório da Comissão Brundtland, é o enigma do *desenvolvimento global*. O objetivo final do desenvolvimento, implícito no conceito de desenvolvimento que predominou nas duas décadas subseqüentes à Segunda Guerra Mundial, era fazer com que a monocultura de alto consumo do Ocidente industrializado se espalhasse pelo mundo. Existe hoje um reconhecimento quase unânime de que esse tipo de "sucesso", mesmo que exeqüível, não é viável tanto do ponto de vista ambiental como dos recursos naturais. Por outro lado, mantendo-se as atuais tendências, tudo indica que estaremos nos encaminhando para um hemisfério sul apinhado e empobrecido, enquanto o hemisfério norte torna-se cada vez mais saturado e excessivamente consumidor (com seus próprios subgrupos marginalizados de desabrigados, desempregados crônicos e uma subclasse em constante expansão). Este é um futuro cheio de injustiças, conflitos e perigos. Então qual poderá ser o caminho que nos conduzirá a um futuro global satisfatório?

Os elementos que aparecem na discussão desta questão são os seguintes:

- *A sustentabilidade como viga mestra*: assim como o antigo agricultor tentava legar uma terra em condições melhores do que a recebida, a economia do novo mundo precisa também, a cada década, deixar o planeta e seus principais sistemas ecológicos e de sustentação de vida em condições pelo menos tão boas quanto as da década anterior.

- Uma "*ética da terra*" mais ou menos como a proposta pelo ecologista Aldo Leopold (1966), que reconhece os direitos dos sistemas naturais.
- *Sistemas contábeis nacionais e globais* que incorporem fatores de saúde, custos ambientais, proteção das belezas naturais, impactos sobre o bem-estar das futuras gerações e dos outros seres vivos, além de outras variáveis não-econômicas, para compor os critérios de orientação para a implantação de tecnologias e outras decisões de vulto.
- Ênfase no desenvolvimento e na aplicação de uma *tecnologia adequada*, conforme definimos acima.
- Ênfase *num papel socialmente construtivo para os negócios*, mais abrangente que a simples dimensão econômica.
- Ênfase no *trabalho como vocação*, como aspecto central e realizador da vida do indivíduo.
- Equilíbrio entre objetivos econômicos e a *justiça social*.

A reestruturação para eliminar a tendência patriarcal. Já fizemos aqui algumas observações a respeito dos milhares de anos da influência patriarcal sobre a cultura moderna. Na medida em que o movimento feminino foi se transformando pela crescente percepção da importância central deste modelo histórico, cresceu o seu potencial como força geradora de profundas mudanças sociais.

O movimento feminino representa um despertar geral e reafirmação do valor da feminilidade, tanto em homens como em mulheres. Há várias décadas, C. G. Jung disse que, à medida que os homens fossem reconhecendo e libertando esta parte suprimida das suas personalidades, iriam tornando-se mais completos e teriam uma vida mais rica. Não se trata de fazer desaparecer as diferenças entre os sexos; trata-se antes de um processo em que o descobrimento da nossa outra metade torna essas diferenças mais valorizadas e emocionantes.

Em geral, o jeito feminino tem a ver com a sensação de ser uma parte integrante do mundo à nossa volta, com perceber o poder, não como uma força que podemos exercer "sobre" o outro, mas como uma qualidade inata em qualquer indivíduo, à disposição da criatividade, e presente como um potencial ilimitado. Para a perspectiva feminina, é muito estranho tentar controlar e dominar o universo, ou ficar obcecado por demonstrações de "poder sobre a natureza". O jeito feminino entende a liderança como uma postura que facilita e provê, não que controla ou direciona. Sua abordagem da vida e do trabalho tende a se orientar muito mais pelo processo do que pelo produto; nas relações com o outro, seu ponto de partida é o pressuposto da paridade, tratando o outro como igual. O jeito feminino é mais cooperativo do que competitivo; implica confiar na intuição e pensar de uma forma holística, multivariante e multidimensional. Mais importante ainda é que o "processo de conhecer" tende a ser *relacional* e contínuo, envolvendo o indivíduo e as outras pessoas, a natureza e o "Ser Superior", em vez de ser um processo de abstração intelectual.

A influência feminina é perceptível em algumas tendências contemporâneas que nos ajudam a romper com os padrões de dominação impostos por especialistas e autoridades; a irmos na direção da cooperação e não tanto mais da competição; a destruir as rígidas divisões entre patrões e empregados; a desafiar a noção científica de que o reducionismo é o caminho para se entender as coisas, a fazer oposição ao militarismo e a resistir às tecnologias manipulativas.

Se existe uma consciência cada vez mais aguda do preço que pagamos no passado pela organização patriarcal da sociedade, e se já observamos o desgaste de sua presença, a pergunta mais natural é: o que a substituirá? A resposta parece ser, nem o matriarcado, nem alguma forma sexualmente neutra de poder externo, mas sim a devolução do poder ao nível local; em última instância, ao indivíduo. Esta devolução tem o apoio de diversas tendências constatadas no padrão geral dos movimentos sociais:

- A descentralização do poder, que se desloca dos níveis superiores para os inferiores.
- O resgate da estruturação social numa escala humana.
- O ressurgimento do localismo.
- A desburocratização.
- O autogerenciamento do trabalhador e a humanização do local de trabalho.
- A ênfase na auto-ajuda e no desenvolvimento de novas formas individuais de ser.

A razão básica é que os valores "femininos" recém-admitidos – que enfatizam o relacionamento com as forças da vida, com as pessoas e com o espírito interior – se desenvolvem melhor em pequenos agrupamentos de vínculos diretos, como a família, a comunidade e os pequenos grupos de trabalho.

A reestruturação do governo. A desejabilidade da descentralização do governo e da devolução do poder ao indivíduo está implicita na "política da nova era" (Satin, 1979; Sale, 1980). Mas não é simplesmente uma descentralização: o que a natureza dos dilemas globais requer são abordagens localizadas para alguns problemas e globalizadas para outros. Diversos acontecimentos dos últimos vinte e cinco anos sugerem que esta talvez não seja uma meta tão improvável de ser alcançada quanto possa parecer à primeira vista.

Num extremo, vemos em várias nações do mundo o surgimento de grupos que lutam por uma separação ou autonomia parcial: os estados bálticos, os bascos na Espanha, o Quebec no Canadá, os galeses na Grã-Bretanha, os povos nativos das Américas e os aborígines da Austrália, além de muitos outros pelo mundo afora. Nos países em desenvolvimento, um tema recorrente é o reconhecimento de que os "desenvolvimentos alternativos" – aqueles que focalizam o desenvolvimento pessoal, o fortalecimento da autoconfiança e o incentivo das raízes culturais nativas – implicam autonomia no nível local. De maneira semelhante, os programas de bem-estar que funcionam são aqueles que estimulam as pessoas a se ajudarem em seus próprios contextos.

A história tem repetidas vezes demonstrado que, quando os governos centrais fracassam, grupos de cidadãos locais, agindo como se fossem órgãos autônomos do governo, se formam para atender às suas próprias necessidades de coordenação e direção. O tradicional "encontro de cidades" da Nova Inglaterra demonstra a vitalidade que esses governos locais podem ter, e também a tenacidade com que as tradições locais podem ser defendidas face às tentativas do governo central de transgredir prerrogativas locais.

Num outro extremo, vemos o surgimento de grupos transnacionais, formados com o intuito de lidar com assuntos globais num nível acima do nacional. Como exemplo, podemos citar o Banco Mundial, o Fundo Monetário Internacional e a Corte Internacional de Justiça, todos nascidos dentro das Nações Unidas; as "organizações não-governamentais", as chamadas NGOs na linguagem das Nações Unidas, que surgiram a partir de iniciativas do setor privado ou popular. Estas NGOs incluem, entre centenas de outras, as seguintes organizações: o Instituto Internacional para o Desenvolvimento e o Meio Ambiente, o Instituto de Vigilância Internacional e a Cruz Vermelha Internacional. *Existe uma necessidade muito maior de instituições internacionais que lidem com problemas globais do que em geral se imagina.*

Alternativa à burocracia. Existem hoje muitos que criticam a burocracia tanto do setor público como do privado. A burocracia tende a valorizar a submissão, a racionalidade "científica", a eficiência, a especialização, o dogmatismo e o controle. Sufoca a criatividade e a inovação; sanciona responsabilidades pelas quais ninguém responde. Tende a criar a "violência estrutural" e a "co-dependência". As relações pessoais são valorizadas pelo modo como praticam determinados papéis, não como vínculos entre seres humanos. Os trabalhadores são denominados "recursos humanos"; quando uma corporação é assumida por outra, os "recursos humanos" são transferidos aos novos donos e administradores, numa atitude que traz de volta a maneira como os escravos eram transferidos de um dono para outro.

Como conseqüência dessas deficiências da burocracia, muitos partem à procura de organizações que promovam a liberdade, a oportunidade de crescimento e fortalecimento pessoal, e a reabilitação ambiental; a cooperação e a ajuda mútua entre membros de uma sociedade; e a criação de sistemas de interação que sejam viáveis a longo prazo. Essas características podem ser provavelmente encontradas em organizações que acatam uma "escala humana" e que proporcionam muita autonomia pessoal, onde as ações individuais são coordenadas por uma visão conjunta (como na organização "metanóica" descrita por Charles Kiefer, em Adams (1984); págs. 69-84). Essas organizações levam em conta as novas motivações dos trabalhadores e as novas definições que dão ao trabalho e às suas metas de vida.

Uma mudança na postura da autoridade está presente em todas essas pressões pela reestruturação das instituições. Esta mudança, da autoridade externa (por exemplo, a Igreja, as normas de moral e ética, o especialista) para a autoridade interna (a autoconfiança), tem se acelerado nas últimas décadas. Na verdade, já produziu impacto em todos os outros sinais de mudança que vimos considerando. Está se manifestando pelo mundo todo, nos movimentos pela democratização e pela liberdade; no movimento feminista de desafio ao patriarcado; nos novos movimentos espirituais que questionam os sistemas e as formulações religiosas tradicionais.

Expandindo a garantia dos direitos humanos. Os últimos dois séculos têm registrado um grande progresso na ampliação das garantias aos direitos humanos para todos os grupos. O conceito de aldeia global convoca todos os cidadãos do planeta a darem um fim nas divisões e rótulos arbitrários: norte e sul, oriente e ocidente, comunistas e "livres", etc. Somos convidados a nos relacionar com os outros povos de modo a fazer desaparecer as acusações de "imperialismo econômico"; a reconhecer o nosso lastro comum de humanidade, os objetivos, as necessidades e as esperanças comuns; a trabalhar para diminuir as barreiras de língua e preconceito, ao mesmo tempo que celebramos as nossas diversidades culturais, os nossos inúmeros estilos de vida e o nosso modo de ser e fazer as coisas. Para fomentar ainda mais essa missão, a Assembléia Geral das Nações Unidas adotou, em 1948, a Declaração Universal dos Direitos Humanos. A partir dessa Declaração e das cláusulas que a tornam legalmente compulsória, a comunidade internacional assumiu, pela primeira vez na história, a responsabilidade pela proteção e pelo incentivo dos direitos humanos, aceitando-a como uma obrigação permanente. Mas ainda há muito a fazer.

Considerando-se isoladamente os países, vemos com mais clareza do que se trata. Depois de uma guerra civil e de três emendas constitucionais, os Estados Unidos eliminaram em 1865 a instituição da escravatura e asseguraram os direitos civis dos negros; ainda assim, passou-se mais um século até que se reconhecessem e começassem a ser eliminados os muitos bloqueios remanescentes à total igualdade para os negros. O ativismo de grupos como o Comitê Estudantil de Coordenação pela Não-Violência, o NAACP, o CORE e a Liga Urbana tanto manifestaram como contribuíram para a consolidação do compromisso ético com a igualdade racial nos Estados Unidos. Mesmo assim, continuam a existir muitas formas sutis de discriminação racial, ainda que elas não sejam mais abertamente aceitas.

Os direitos da mulher têm uma estreita ligação com a questão dos direitos civis dos cidadãos não-brancos. Segundo o direito consuetudinário inglês, as mulheres não tinham o direito de possuir propriedades e não eram consideradas entidades legais ou existentes à parte de seus maridos. Nos Estados Unidos, as mulheres conquistaram o direito de votar através da 19ª Emenda, de 1920; na Grã-Bretanha, conseguiram-no em 1928. Muitos dos que tinham aderido à causa do sufrágio feminino previram que o voto da mulher transformaria o cenário político americano. Contudo, quando isso não se observou nos "trovejantes anos 20", o movimento feminino, enquanto entidade política com metas claras, fragmentou-se e desorganizou-se, até renascer em meados da década de 60. Nos anos 80, muitos homens aderiram à causa feminina ao reconhecer que tanto homens quanto mulheres precisavam se libertar das discriminações sexuais do passado. Hoje, o movimento feminino já não é mais, nem principalmente, a luta por direitos iguais para as mulheres; está também ligado ao empenho para reduzir a influência das antigas formas patriarcais de instituições, e vincula-se ao esforço de concretizar uma mudança no enfoque de alguns valores como a hierarquia e a fragmentação, características da sociedade patriarcal, rumo a um equilíbrio mais abrangente para homens e mulheres.

Nestas últimas décadas, tem se expandido lenta porém decididamente a percepção da necessidade de uma proteção ética para alguns grupos vulneráveis, como o das crianças, dos deficientes, dos doentes mentais, dos pacientes em coma, dos prisioneiros e dos que atualmente sofrem de AIDS. Um dos que representam os incapazes de falar por si próprios é o movimento pelos direitos dos animais que dá claros indícios de estar ganhando cada vez mais força.

Esta crescente preocupação pelo modo como as estruturas infringem os direitos humanos representa um aspecto de como nos relacionamos uns com os outros.

"Pensamento verde". A maioria desses aspectos reestruturadores faz parte do "Pensamento Verde", que se fortalece progressivamente não apenas na Europa, mas em todo o mundo desenvolvido. Estamos aqui distinguindo "Pensamento Verde" das organizações políticas "verdes" que existem em cerca de vinte países. Estas são uma força política cuja importância varia conforme a época e o lugar. Já o "Pensamento Verde" como infra-estrutura implícita é mais durável e ubíquo.

Diana Schumacher aponta os elementos centrais do "Pensamento Verde": economia alternativa; medicina holística; conservação; agricultura orgânica; direitos dos animais; solidariedade para com o Terceiro Mundo; um futuro não-nuclear; fontes renováveis de energia; trabalho significativo; tecnologia adequada em pequena escala; atenção aos direitos das minorias; autoconfiança; auto-sustentabilidade local; ações pacíficas rumo à transição.

Novas Formas de Relacionamento

Uma significativa parcela da filosofia e dos movimentos sociais contemporâneos que adota o "novo paradigma" localiza a origem dos nossos problemas em padrões equivocados de relacionamento, alguns dos quais milenares.

Da dominação à parceria. Libertar-se do domínio é um dos principais empenhos da nova forma de pensar os relacionamentos.

A dominação dos pobres pelos ricos, dos fracos pelos poderosos, tem sido um problema ao longo da história, tanto no seio das sociedades quanto entre as nações. A dominação tem sido exercida às vezes pela força e por estruturas políticas, às vezes pelo controle dos fatores econômicos ou, de uma forma mais encoberta, mediante pressões psicológicas. O conceito de direitos econômicos demorou mais para se desenvolver do que o de direitos civis, só ganhando força de fato após o surgimento dos movimentos socialistas no final do século XIX. Nas últimas duas décadas, tornou-se claro que os programas de bem-estar para os pobres e os programas de "ajuda ao desenvolvimento" para os países pobres podem de fato ser formas mais sutis de dominação. Assim, a libertação significa fortalecer os pobres e os fracos através da remoção de formas estruturais de dominação, além de um esforço por parte desses mesmos povos no sentido de aumentarem sua própria autonomia.

A dominação na sociedade moderna é, muitas vezes, menos evidente do que há uma ou mais gerações, mas isso não quer dizer que seja menos poderosa. A dominação paternal, abertamente aceita pelas culturas européia e americana há até poucas gerações, é muito menor hoje em dia mas ainda persiste (junto com a manipulação maternal) de uma forma mais sutil. A libertação das várias formas de dominação é um aspecto importante dos movimentos em prol da mulher e dos direitos da criança.

A definição social do que é "normal" faz parte do padrão de domínio sobre aqueles que, de alguma maneira, diferem da norma, seja por uma deficiência mental ou física, pela cor da pele, pelo sexo, ou por qualquer outra razão. Apesar de a dominação étnica e de classes continuar sendo um fator amplamente presente em quase todas as sociedades, a libertação desse tipo de domínio permanece uma meta essencial dos movimentos pelos direitos civis.

Também podemos ser dominados por um estilo de vida ao qual nos acostumamos. Este é um dos temas do movimento pela "simplicidade voluntária" que reflete o sentimento de que

> perdemos contato com uma parte muito profunda do nosso ser ... Ansiamos por uma forma mais simples de viver, que nos permita recuperar uma parte do equilíbrio em nossas vidas ... Existem muitos que já começaram a busca por um equilíbrio mais consciente, por uma simplicidade de viver, que permita a integração do interior com o exterior, do material com o espiritual... A busca de maneiras novas de viver que favoreçam novas formas de ser é um movimento que nasce do despertar da compaixão ... da progressiva conscientização de que o destino do indivíduo está intimamente ligado ao destino do todo ... (Os abastados devem aprender a diferença que existe entre as circuns-

tâncias materiais que sustentam a vida e aquelas que a restringem. A simplicidade exige viver em equilíbrio ... Encontrar tal equilíbrio... requer o entendimento da diferença entre as nossas "necessidades" e os nossos "desejos" pessoais ... cada pessoa (deve considerar) se seu nível e padrão de consumo se ajusta com elegância e integridade à arte prática da vida cotidiana neste planeta (Elgin, 1981; págs. 165-8).

O relacionamento com a natureza. A crise ambiental fez com que acordássemos para o que talvez seja a forma mais fundamental de dominação, a da natureza pelos seres humanos. Depois de passarmos décadas saqueando impensadamente os recursos naturais da Terra, poluindo o ar, a água e o solo, há agora uma maior quantidade de pessoas conscientes do fato de que algo precisa ser feito. Pouco a pouco, elas estão entendendo que os seres humanos não podem possuir partes da Terra, que os lotes de terreno nunca poderão ser uma forma de propriedade no sentido de serem uma "coisa" a cujo dono é dado o direito de cometer qualquer ato de destruição. A Terra é a infra-estrutura para os sistemas naturais de sustentação dos quais dependem todas as formas de vida; é uma teia de ecossistemas que só deve ser perturbada com extremo cuidado; um "recurso" que pertence igualmente a todos os seres vivos.

Nos últimos cinqüenta anos, diversos ativistas vêm denunciando a violenta destruição do ecossistema. Muitos mais têm alertado para a necessidade de fazer algo a respeito da poluição e, mais recentemente, das mudanças climáticas e da destruição da camada de ozônio. Outros têm enfatizado a natureza selvagem, de inestimável valor para a renovação do espírito. Muitos indivíduos e organizações vêm reagindo a esses apelos e inúmeras iniciativas de recuperação estão sendo empreendidas.

Contudo, a principal lição que tiramos disso tudo é que os resultados provenientes das ações diretas em favor da proteção ambiental são muito limitados. As mudanças têm que ocorrer em pelo menos dois outros níveis. Um é a mudança genuína na forma como percebemos o nosso relacionamento com o mundo natural, incluindo as outras criaturas do planeta. O outro é uma mudança fundamental nos incentivos institucionalizados que nos levam a poluir e a destruir o hábitat. Ambos já estão acontecendo, embora não com a rapidez necessária diante da gravidade da situação.

O conceito de nos harmonizarmos com a natureza em vez de dominá-la não é novo. Até hoje, permanece como um aspecto central das culturas das tribos indígenas de quase todos os lugares onde ainda sobrevivem. A consciência da nossa íntima ligação com a natureza, que estimula o moderno movimento ecológico, era inata nos nativos que originariamente habitavam a América do Norte. O mesmo não pode ser dito a respeito da civilização européia ou dos europeus que emigraram para o Novo Mundo. Deste modo, os movimentos conservacionistas e preservacionistas (da natureza selvagem), dos séculos XIX e XX entraram em acirrado conflito com alguns interesses comerciais e governamentais. Boa parte desse problema foi observado por Aldo Leopold, um dos pioneiros do movimento ecológico (1966; págs. 238-240):

> Ainda não existe uma ética capaz de guiar o homem em seu relacionamento com a Terra e com os animais e plantas que nela vivem ... (Tal) "ética da Terra" modifica o papel do *homo sapiens* de conquistador da comunidade-solo para um simples membro e cidadão. Isso implica respeito para com os seus semelhantes e também para com a comunidade ... Nunca se alcançou qualquer mudança importante na ética sem uma mudança interna em nossas prioridades intelectuais e em nossas lealdades, afeições e convições.

Em outras palavras, é necessário que ocorra uma profunda mudança na maneira como percebemos a nossa ligação com a natureza. Tal mudança vem surgindo através de forças provenientes de várias direções. Uma das maiores motivações é simplesmente a necessidade lógica de uma mudança de atitude, para que o meio ambiente possa continuar sustentando a existência humana.

Outras forças incluem os novos valores implícitos nos movimentos de reespiritualização e nos movimentos feministas. Um dos impulsos mais importantes nesse sentido vem da combinação entre um renovado orgulho cultural por parte dos índios norte-americanos e a humildade de um número cada vez maior de "brancos" que se conscientizaram de que os nativos podem de fato ter algo de valioso para lhes oferecer. Para o índio, o universo é um todo, sem separação entre homem e natureza, entre espírito e corpo. O universo inteiro está vivo e todas as criaturas são nossas parentes. Somos simplesmente solicitados a nos comportar de acordo.

Um número cada vez maior de pensadores vem reinterpretando o cristianismo, substituindo a tradicional "dominação" por uma atitude mais prestativa em relação à criação. Essas pessoas estão percebendo a "interdependência de todas as formas de vida na Terra; e desenvolvendo uma 'nova espiritualidade da Terra', uma 'espiritualidade voltada para a criação', por meio da qual reconhecem e celebram a dádiva da vida que anima a Terra e a acatam e veneram como algo sagrado" (King, 1989, pág. 95). A "espiritualidade centrada na criação", conforme enunciada pelo teólogo católico Matthew Fox, enfatiza o aspecto sagrado do mundo natural. Uma perspectiva semelhante provém do movimento da "ecologia profunda": "precisamos de muito mais que uma simples reforma. Muitos filósofos e teólogos estão reivindicando uma nova filosofia ecológica para o nosso tempo. Acreditamos que, no entanto, talvez nem seja necessário criar algo novo mas, sim, reanimar algo muito antigo, a nossa compreensão da sabedoria da Terra" (Devall e Sessions, 1985; pág. ix). Esta abordagem da "ecologia profunda" implica recuperar aquela "consciência participativa" que nos seria muito natural se tivéssemos crescido em culturas como as dos índios americanos. Esta abordagem exige a clara percepção da inter-relação radical de todas as formas de vida.

Kenneth Boulding resumiu a questão do nosso relacionamento com a Terra fazendo uma comparação entre o que chamou de "economia de vaqueiro" do passado e a "economia do homem espacial" que deveremos adotar (1970, págs. 96-7):

> (Chamo) a economia aberta de "economia de vaqueiro" e uso essa expressão como símbolo das planícies sem fim, associo-a também à idéia de um comportamento descuidado, explorador, romântico, violento, característico das sociedades abertas. A economia fechada do futuro poderá então ser chamada de economia do "homem espacial", uma economia em que a Terra é a espaçonave única, sem fontes inesgotáveis seja para extração ou poluição, e na qual, portanto, o homem deve encontrar seu espaço dentro de um sistema ecológico cíclico, capaz de reproduzir continuamente as formas materiais, apesar de não poder evitar acréscimos de energia ... Na economia de vaqueiro, o consumo e a produção são coisas boas; ... o sucesso da economia é medido pelos resultados dos 'fatores de produção' ... O produto interno bruto é uma medida aproximada da produção total ... Em contraste com isso, na economia do homem espacial não se deseja a produção, e isso, aliás, é algo a ser minimizado e não maximizado ... O que realmente nos preocupa é a manutenção dos estoques ... A idéia de que tanto a produção quanto o consumo são coisas más é muito estranha aos economistas.

As sete leis da ecologia. De certa forma, é peculiar que a economia e a ecologia tenham se tornado rivais, visto que ambas são oriundas da mesma raiz *óikos*, do grego, que significa "lar" (como nosso planeta-lar, a Terra). Há quase vinte anos, o ecologista Bertram Murray da Universidade Rutgers publicou um artigo no *New York Times* com o título "O que os ecologistas podem ensinar aos economistas" (Murray, 1974). Ali argumenta que a economia tem sido operada e teorizada ao longo de quase toda a sua história como uma disciplina intelectual que ignora ou negligencia as leis da ecologia, conduzindo-nos, assim, a esta lastimável desordem.

Existem sete leis ecológicas fundamentais para a futura reestruturação da economia:

- *Todas as coisas estão interligadas.* As decisões e as políticas econômicas não podem ser executadas tendo como base única a otimização de certos parâmetros econômicos, sem levar em conta a política, as situações sociais, as considerações de valor e as realidades ecológicas.
- *Refeições gratuitas não existem.* De fato, na medida em que os recursos naturais se tornam cada vez mais escassos e a poluição aumenta, as opções diminuem e o tempo encurta; as refeições vão ficando cada vez mais caras!
- *A natureza é sábia.* É preciso ter muita humildade para reconhecer que os seres humanos não conhecem necessariamente tudo que precisa ser conhecido sobre administração de ecossistemas. A literatura disponível sobre ecologia sugere que, em face desta lei, deveríamos apenas tentar a implantação de algumas políticas evitando cursos de ação capazes de condenar a Terra ou qualquer grande ecossistema a um destino eventualmente irreparável.
- *Tudo termina em algum lugar.* A capacidade de absorção de lixo pelo meio ambiente está a tal ponto saturada que a reciclagem tornou-se uma opção inevitável.
- *Crescimento contínuo leva a desastres.* O modelo econômico dos executivos, economistas e políticos americanos demanda um contínuo e elevado crescimento ... Tais curvas de crescimento contínuo não são desconhecidas dos sistemas ... biológicos ... Nós as chamamos de células cancerosas. Seu crescimento não é indefinido. Na verdade, elas terminam matando o organismo hospedeiro ... Nos sistemas biológicos e físicos, o crescimento contínuo levará (com o tempo) a desastres (Murray, 1974).
- *Espécies em competição não podem coexistir indefinidamente.* Isto é o que os ecologistas chamam de "princípio da exclusão competitiva". Trata-se de uma visão de competição muito diferente da dos economistas. Enquanto os economistas consideram a competição benéfica, pois serve para manter a diversidade e a estabilidade, além de proporcionar ao consumidor um leque maior de opções, os ecologistas percebem que, na natureza, uma situação competitiva leva à futura eliminação das espécies competidoras, seja através de uma saída forçada do ecossistema, seja pela imposição

de uso de outro recurso para sobreviver. Os americanos relutam em enxergar isso, mas os fatos da história sugerem que a competição nos sistemas econômicos tem o mesmo efeito que a competição nos ecossistemas: a redução no número de competidores.

- *A lei do retardo da liderança.* Estudos sobre ecossistemas em funcionamento indicam que as mudanças adaptativas não partem das espécies dominantes em seus nichos, mas sim de espécies e indivíduos marginais, forçados a encontrar novos recursos para sobreviver. A aplicação desta lei aos sistemas humanos e econômicos sugere que podemos antecipar o início de algumas mudanças adaptativas, não por parte dos homens brancos ou das quinhentas maiores companhias do mundo, mas por parte das mulheres, das minorias e dos pequenos empreendimentos comerciais.

Tomadas em conjunto, estas sete leis sugerem que a economia americana (e, em menor escala, as economias da Europa e do Japão), com sua valorização do crescimento, do desperdício e da competição, é inerentemente instável. As mesmas implicam uma limitação da estratégia tecnológica para controlar a poluição, e sugerem que os americanos terão de se defrontar com o desagradável fato de um declínio em seu padrão de vida material.

Novas formas de relacionamento no contexto da política. As políticas "nova" ou "verde" insistem que o ponto central da nova forma de se lidar com o poder e de operar os sistemas de governo está no compromisso de uma mudança sem violência. Esse compromisso diz respeito não apenas à violência física, mas também à violência estrutural (isto é, às desigualdades institucionalizadas). Inclui-se neste ponto a reestruturação social e econômica: o atendimento às necessidades dos pobres, dos desabrigados, dos violentados e dos viciados; o fortalecimento e a implantação ativa de legislações em favor dos direitos civis; a ampliação da proteção ética no sentido de incluir os sistemas naturais (aqui mais uma vez a "ética da Terra", de Leopold); e o fim dos sistemas patriarciais que bloqueiam o pleno desenvolvimento pessoal de homens e mulheres, e que impoem a todo o sistema social uma tendência com valores patogênicos. Em nível internacional, os compromissos devem incluir o desenvolvimento de instituições econômicas e relações comerciais não-exploradoras, a adoção de uma postura taxativa contra a violência nas relações internacionais, e a favor da educação por meios pacíficos para resolver os conflitos.

A "nova" política busca um retorno à democracia participativa e humanista da Grécia antiga, porém evidentemente inclui as mulheres e substitui os escravos gregos pelas modernas tecnologias. Almeja ainda um maior envolvimento local, a iniciativa das massas, a devolução do poder ao povo e a preocupação de trabalhar pela criação de processos políticos mais sensíveis às pessoas. Ao reconhecer a natureza pluralista da população americana, a nova democracia poderá valer-se dos recursos e da força dessa diversidade de culturas, raças e grupos étnicos. O pluralismo passará a ser reconhecido como uma grande vantagem, promovendo a adaptabilidade, a ampliação de recursos e a revitalização.

Os políticos "verdes" advogam os "caminhos energéticos 'soft' " (conservação e uso reduzido de energia; energia solar descentralizada); tecnologias humanistas "adequadas", tanto nos países industrializados como nos países em desenvolvimento; reabilitação ambiental; agricultura regenerativa (lavouras e jardinagem orgânicas, plantações regionalizadas e descentralizadas). "Pense global, aja local" é um dos lemas da nova política. Muitas são as razões que nos forçam a uma consciência global: comunicações globais instantâneas, viagens a jato, a globalização dos negócios, além dos problemas ambientais (como a chuva ácida, e a poluição dos oceanos), reconhecendo a Terra inteira como a unidade ecológica final da qual todos dependemos para viver, cada um agirá primariamente em sua esfera local e regional, que é pequena o suficiente para que as pessoas não se sintam enfraquecidas e percebam que podem determinar uma diferença; que é pequena o suficiente para uma efetiva participação na democracia.

Os valores que formam a "nova" política são mais equilibrados e baseiam-se numa visão de mundo mais orgânica do que os que vêm predominando desde o período posterior à Segunda Guerra Mundial. Trata-se do equilíbrio entre os valores "soft", "femininos", provedores, cooperativos e atenciosos, e os valores "masculinos" de competitividade e agressividade; entre os valores de auto-realização e os interesses ecológicos e holísticos; entre a autoconfiança e a prestação de serviços para o bem-estar de todos; entre os direitos civis e humanos e as responsabilidades e obrigações como membros da comunidade. A nova visão de mundo é holística, reafirmadora da vida e envolve a confiança numa sabedoria intuitiva interna. Tende a ser eclética nos detalhes, mas, no geral, reafirma a necessidade humana de um bem-estar muito maior que o mero conforto material.

Vivendo em comunidade. A palavra *communitas* do latim dá a idéia de companheirismo ou a sensação de estar em comunidade. Um grupo em comunidade compreende indivíduos que partilham de interesses ou vínculos comuns, muitas vezes vivendo no mesmo lugar, repartindo propriedades ou similaridades comuns. Um grande número de pessoas acha que o ambiente urbano moderno não é capaz de favorecer o senso de companheirismo ou a noção de um interesse comum que são a base da verdadeira comunidade. Têm havido muitas reações a isso, na forma de "comunidades intencionais" que buscam o senso de comunidade num retorno às colônias que se formavam "numa escala humana". Apesar de existirem tentativas como estas desde a primeira metade do século XIX, elas vêm ganhando força a partir dos anos 60 (Scale, 1980; Borsodi, 1948).

Além da descentralização e da atenção a uma existência em "escala humana", outro importante valor para a formação de comunidades é a integração do trabalho e da vida ao meio ambiente. A sociedade comunitária ideal possui como característica típica devolver ao trabalho sua integração nas comunidades autogeridas. Por exemplo, um grupo residencial pode coletivizar seus próprios recursos para desenvolver lojas, cozinhas, creches, serviços de limpeza, jardinagem, hortas, pequenas indústrias, etc., de administração e uso comuns. A coletivização de muitos dos aparelhos de uso diário poderia reduzir drasticamente o padrão de consumo, o desperdício e a duplicidade de equipamentos nas famílias nucleares. Numa comunidade com grande capacidade de auto-sustentação e com consciência ecológica, o volume de "lixo" poderia ser minimizado.

Outros valores correlatos que integram o desejo de uma boa qualidade na vida-em-comunidade são a não-violência, a "simplicidade voluntária", a auto-suficiência e a prática da participação cívica e de doações para as atividades culturais, educacionais e de desenvolvimento espiritual.

A comunidade em escala humana é um lugar onde a democracia participativa é possível, onde a ação consegue ver a necessidade de uma ativa interação na municipalização, onde a ação de cada indivíduo é repleta de significado e impacto. A escala humana facilita a implementação de ainda outro princípio indispensável para a comunidade viável: uma economia em "estado de equilíbrio", que minimiza a produção e maximiza o uso dos estoques presentes, que utiliza técnicas e sistemas industriais voltados a minimizar a poluição e a reaproveitar o lixo (Daly, 1977; Schumacher, 1973).

Um indicador deste anseio pela vida em comunidade é que, durante as décadas de 70 e 80, centenas de milhares de americanos se mudaram das cidades para áreas rurais

> a fim de reorganizarem suas vidas através de um novo equilíbrio econômico que, em geral, contém quatro elementos:
> a) A produção de bens (safras, mobiliário, casas, vestuário, etc.) para atender às necessidades e anseios da própria família.
> b) A produção de bens ou serviços que possam ser trocados ou vendidos por um valor mutuamente estabelecido, diretamente às outras pessoas em vez de às instituições.
> c) O investimento de dinheiro, esforço e intenção em recursos para a redução das despesas financeiras, presentes e futuras, e a conseqüente dependência de macrossistemas (como a instalação de painéis solares, de fornos a lenha, de moinhos de vento, etc.).
> d) A possibilidade de resgatar a importância da ligação e da participação do indivíduo nos trabalhos profissionais, técnicos ou administrativos, executados por dinheiro (em geral, dispersos dentro do contexto urbano, ou das grandes organizações, e que freqüentemente dependem de especialização profissional). (Schumacher, 1979; pág. 196.)

A família em evolução. Nos anos 60, comentava-se muito a respeito do colapso da família – primeiro, o da família extensa e depois o da nuclear – e de sua substituição por uma variedade de padrões de relacionamento familiar estruturado de novas formas. Ocorreram também muitas mudanças nas relações entre os casais, na direção de maior igualdade, de maior liberdade de expressão de sentimentos por parte dos homens, e de melhor divisão de tarefas domésticas. Os pais também se sentiram mais livres para participar da educação das crianças, o que os beneficia tanto quanto os filhos.

Assim como as organizações burocráticas, as estruturas familiares também manifestam características que promovem vícios e co-dependência. Os padrões de comportamento familiar incluem relacionamentos de apego mútuo (padrões recíprocos de farsas para manter as aparências perante a sociedade, como em casos de abuso sexual praticado pelo pai ou de um problema de alcoolismo na família); fazer com que um dos elementos da família se torne indispensável aos outros; fazer o papel de mártir; a necessidade de se sentir necessário e de controlar todas as situações; sentimentos distorcidos (como a raiva que se reflete como hipocrisia). Não existe nada de novo nestes padrões; a novidade é que as pessoas estão conscientes deles e falam a respeito.

Um tema central na literatura da "nova era" é o "viver de modo intencional" que, no contexto da família, transforma-se em "paternagem ou maternagem intencional". Esta opção intencional começa com a conscientização dos sacrifícios, da necessária disponibilidade de tempo e maturidade. Outras características são a concepção planejada (em vez de acidental) e os cuidados pré-natais apropriados, o que implica questões relativas à eliminação da violência estrutural na forma de miséria e falta de escolarização, e reduz as pressões das estruturas autoritárias que desencorajaram nas mulheres o exercício do controle sobre sua capacidade de reprodução.

Enfim, enfocar sob novo ângulo a nossa relação com a Terra; viver em comunidade e ter como valores o localismo, o feminismo, a disponibilidade cooperativa e a eqüidade econômica; fazer valer um amplo compromisso ético na relação com as outras criaturas; trabalhar para erradicar a violência estrutural da discriminação sexual e para descobrir a masculinidade e a feminilidade presentes em cada um de nós; criar relacionamentos de parceria em vez de dominação – todas essas são facetas das "novas formas de relacionamentos" a que somos impelidos pelas forças contemporâneas de mudança.

Uma Nova Forma de Ser

As novas formas de relacionamentos representam novas formas de ser. Muitos dos que lutaram por mudanças estruturais na sociedade durante o frenético período dos anos 60 passaram por verdadeiros "colapsos", romperam relacionamentos, viciaram-se em drogas e viveram conflitos entre os valores e os ideais e a realidade do comportamento das pessoas. No final, muitos deles, assim como uma extensa parcela do público em geral, conseguiram atingir uma compreensão mais profunda do seu mundo interior, alcançaram novos níveis de bem-estar pessoal, passaram a buscar maneiras mais simples e harmônicas de viver, encaminharam-se para a paz interior. Alguns viajaram para o Oriente em busca de outras tradições espirituais; outros se envolveram com disciplinas como a meditação e outras formas de busca interior. Assim, os movimentos políticos e sociais adquiriram um componente espiritual, e a jornada pessoal rumo à auto-realização assumiu um cunho político e social mais declarado.

O movimento pelo "potencial humano". A relação entre os movimentos sociais modernos e a descoberta do inconsciente pode não ser imediatamente aparente; contudo, seus elos de ligação são tão fortes que se torna essencial ter um mínimo de compreensão do que seja o inconsciente para poder entender os movimentos sociais. Mais do que qualquer outro, Sigmund Freud popularizou o conceito básico de que a mente humana é muito mais profunda do que o plano da consciência em vigília. Carl Jung, de várias e significativas maneiras, ampliou as teorias de Freud. Em particular, sua ênfase no processo de "individuação" sedimentou as bases das modernas psicoterapias, e seu conceito de "inconsciente coletivo" é relevante tanto para os indivíduos que se esforçam por compreender, como para o crescimento e a mudança de culturas inteiras em sua adaptação a esses tempos de desafios.

Os que se empenhavam em dotar de credibilidade a jovem ciência da psicologia descobriram que os modelos conceituais da psicologia e da psiquiatria clínica não eram suficientemente precisos. Formularam então uma psicologia comportamental que se restringia apenas ao que poderia ser mensurado do comportamento humano. Por volta da metade do século XX, o comportamentalismo era a abordagem dominante da psicologia experimental, passando a exercer sua influência também na área clínica. Quando um grupo muito influente de psicólogos provou que essa abordagem era estéril e ofensiva, configurou-se uma reação geral na área, no final dos anos 50, que culminou no advento da "psicologia humanista". Esta foi introduzida como uma "terceira força", complementando os modelos psiquiátrico e comportamental já existentes.

Ao contribuírem para a "auto-realização" dos indivíduos, os psicólogos humanistas estavam recuperando a ligação com as raízes culturais ocidentais, desde as tradições humanistas da Grécia e de Roma antigas. Alguns humanistas como Rollo May, Abraham Maslow e Carl Rogers resgataram da história tradicional do Ocidente a ênfase dada às características humanas de dignidade, liberdade, direitos e responsabilidades, assim como ao enorme potencial que todos temos por direito ao nascer, uma ênfase que o comportamentalismo com sua visão mais positivista tendia a ignorar.

Na medida em que uma enxurrada de movimentos sociais se fazia presente em meados dos anos 60, os psicólogos humanistas viram sua recém-formada disciplina ser tomada de assalto por uma infinidade de correntes, teorias, gurus, mestres "nova era" e figuras carismáticas, que ampliaram os limites do que significava ser humano. Apareceram o *est*, e Esalen, trabalhos com massagem e mantras, experiências com drogas, psicodelismo e feiras místicas. Alguns desses trabalhos eram de fato sensibilizadores e poderiam até promover introvisões reveladoras e transformadoras; já outros quase não tinham fundamentação alguma. O movimento do potencial humano foi incorporado tanto por ortodoxos como por heterodoxos, tanto pela esfera legal como pela ilegal; foi experimentado mas nem sempre confirmado. Novas maneiras de ser foram sugeridas e tentadas, e descobriu-se que as respostas obtidas através da antiga tradição humanista eram muito limitadas. Assim nasceu a "psicologia transpessoal".

A resposta transpessoal. A psicologia transpessoal, surgida na década de 70, procurou levar o desenvolvimento humano mais além da visão tradicional do humanismo. O ambíguo termo "transpessoal" foi escolhido deliberadamente para convidar a uma ampliação da noção do que é pessoal, entrando em dimensões que a comunidade científica ortodoxa habituara-se a considerar inaceitáveis. À visão transpessoal, as pessoas limitam suas possibilidades e capacidades com crenças a respeito de si mesmas e da realidade. Isto é particularmente verdadeiro nas áreas do funcionamento mental a que nos referimos como "intuição" e "criatividade". Enquanto a visão psicanalítica introduziu o conceito de mente subconsciente, o ponto de vista transpessoal salienta uma presença "acima" da mente consciente, um "supraconsciente" ou "ser superior" (Vaughan e Walsh, 1980; Tart, 1975).

Movimentos de auto-ajuda. A partir da metade dos anos 60, os Estados Unidos, e em menor escala o Canadá e o norte da Europa, registraram nas pessoas um progressivo desencanto com os especialistas e os políticos. Depois do choque que o povo americano sofreu ao descobrir que o presidente Eisenhower mentira a respeito do incidente com o U-2, a opinião pública mudou de uma confiança quase absoluta para um cinismo total, em que ninguém mais espera que os pronunciamentos de políticos de alto escalão sejam verdadeiros. Os supostos "especialistas" demonstraram estar lamentavelmente desinformados a respeito do impacto das suas atitudes, em especial onde havia a possibilidade de uma catástrofe ambiental. Os médicos também começaram a ser criticados – e sua conduta profissional foi combatida por feministas, burocratas ansiosos em eliminar custos e especialistas em ética biomédica. Como resultado de todas essas desilusões, as pessoas reaprenderam a tomar suas próprias atitudes e começaram a demonstrar um senso de autoconfiança. Este é mais um exemplo da mudança da posição da autoridade, de externa para interna, conforme mencionado anteriormente.

O movimento de auto-ajuda foi catalisado com o aparecimento de uma avalanche de livros, cursos rápidos de fim de semana, programas, gurus, profissionais renegados que ajudaram as pessoas a se incumbir de sua saúde e assumir a responsabilidade por seus problemas psicológicos, espirituais ou comportamentais. Nos últimos anos, a ênfase se deslocou de trabalhos corporais, espirituais, psicológicos e intelectuais, dirigindo-se mais para o fortalecimento pessoal, a eliminação de vícios, a criação de uma vida nova através de mudanças nas crenças limitadoras e a validação da realidade pessoal através da autoridade interna de cada um.

Atendimento holístico da saúde. O movimento holístico de saúde, um importante corolário do movimento de auto-ajuda, reflete um descontentamento profundo com a medicina convencional ou alopática. Suas características enfatizam:

- *A auto-responsabilidade pelo bem-estar físico.* Em vez de esperar que o médico o cure, o próprio indivíduo assume a responsabilidade de tomar as devidas providências para voltar a ficar bem, manter esse estado e desenvolver uma série de hábitos pessoais que promovam sua saúde.
- *A prática da medicina preventiva.* A abordagem holística tende a enfatizar a prevenção das doenças e a promover tratamentos de caráter integrativo quando elas aparecem.
- *A pessoa como um sistema integrado e interativo*, englobando corpo, mente e espírito.
- *A presença de um curador interior.* Uma parte do corpo-mente que "sabe" como nos ajudar a crescer, desenvolver, curar e eliminar as doenças, e que está sempre à nossa disposição para "consultas", aconselhando tratamentos e futuras prevenções.
- *A doença como oportunidade* para descobrir quais hábitos, atitudes e crenças talvez precisem ser mudados.
- *Uma definição aberta de saúde.* Estar saudável não envolve apenas estar livre de doenças. Ser saudável é estar robusto, pleno de um senso energizado de bem-estar, tranqüilo, vigoroso. Implica estar integrado consigo mesmo, em paz com a própria natureza, com os outros e com todo o ambiente.

Respostas em grupo de ajuda contra o vício e a co-dependência. Um aspecto particular dos movimentos holísticos de saúde e auto-ajuda vem ganhando uma importância cada vez mais especial. Trata-se da ajuda aos viciados através de grupos de apoio que, depois de serem considerados a forma mais eficaz de se lidar com o alcoolismo (Alcoólicos Anônimos), passaram a ser aceitos como amplos movimentos sociais propriamente ditos.

Os Alcoólicos Anônimos têm como componente-chave de apoio àqueles que estão tentando deixar o alcoolismo o programa de "doze passos". Estes implicam, em primeiro lugar, que o indivíduo admita sua impotência diante do álcool e reconheça que a vida como alcoólatra tornou-se impossível; que reconheça a possibilidade de a ajuda vir de uma "força maior que eu mesmo" e que auxilie no resgate de sua sanidade; que faça um inventário moral; que admita o problema diante dos outros; que tente reparar os danos causados às pessoas molestadas no passado; que procure um contato com Deus "conforme O compreendemos"; e que leve a mensagem do despertar espiritual a outros alcoólatras, como uma forma de apoio mútuo.

Esse tipo de abordagem tem tido tanto sucesso com o alcoolismo que foi adotado, na última década, por grupos que trabalham com outros tipos de vícios, onde se incluem todas as formas de dependência química, de abuso alimentar, o vício do jogo, compulsões sexuais e tabagismo. Além disso, a constatação da interdependência mútua nos relacionamentos onde existe algum vício levou à criação de grupos de apoio para cônjuges e filhos de alcoólatras e outros co-viciados.

Mais recentemente, as noções de vício e co-dependência foram ainda mais ampliadas e têm sido aplicadas às relações do indivíduo com as organizações e a sociedade (Schaef, 1987). As organizações burocráticas típicas manifestam dezenas de padrões indicativos de vícios, já que funcionam como sistemas fechados que apresentam ao indivíduo poucas opções de papéis e comportamentos, ou mesmo alternativas para as formas de pensar e perceber. Entre tais padrões podemos mencionar os seguintes: comunicações vagas, confusas e indiretas; memorandos escritos para evitar confrontos diretos; comportamento fechado; problemas reais encobertos na esfera executiva; cuidados para evitar conflitos e assuntos difíceis; incapacidade de tolerar um "papo aberto" e a expressão honesta de sentimentos. No universo das corporações, tanto os empregados como os executivos estão rapidamente percebendo o quão indesejável é a co-dependência institucionalizada. Ao ampliarmos o conceito de "vício" desta maneira, nos deparamos com o desafio de encontrar novas formas de viver, trabalhar e interagir com o outro, de modo a podermos nos encorajar mutuamente, a sermos livres e maduros, em vez de reforçarmos os nossos padrões recíprocos viciantes e aprisionadores.

Responsabilidade pessoal e a posição da autoridade. Um aspecto crucial da nova forma de ser envolve o redimensionamento da posição da autoridade. As bases para boa parte do conceito ocidental de autoridade podem ser encontradas no autoritarismo hierárquico da antiga sociedade romana. Com o declínio de Roma, a autoridade hierárquica deixou de ser política e passou a ser eclesiástica. A infalibilidade do Papa e os direitos divinos dos reis ilustram a natureza centralizadora da autoridade de última instância.

Durante os trezentos anos compreendidos entre o final do século XVI e o final do século XIX, deu-se o surgimento da predominância das formas políticas de autoridade – as nações-Estado, os governos urbanos e outras formas de instituições civis que se arrogavam o direito de exercer um poder coercitivo sobre os indivíduos. Apesar da tradição liberal-democrática de *legitimar* a autoridade através do consentimento do povo, no final deste período houve uma reação da extrema liberal que enxergava a autoridade do Estado como uma restrição indesejável à liberdade do indivíduo. Assim, no século XIX, encontramos uma forma desse tipo de clamor nos anarquistas – Godwin, Proudhon, Kropotkin, etc. –, sempre prontos a condenar a concentração de poder político, apesar de jamais terem ido longe o bastante para negar a legitimidade do poder sob qualquer forma.

Se analisarmos a história dos últimos dois milênios, poderemos deduzir a partir do conceito predominante de autoridade que existe um tipo fundamental de crença, uma visão basicamente negativa da natureza humana, que assume que os seres humanos precisam ser controlados por algum tipo de autoridade externa para que haja estabilidade social.

Observando a história, veremos que o poder autoritário cede com freqüência à tentação de ser repressivo. Apesar de as idéias liberais terem demonstrado sua força na sociedade ocidental por muitos séculos, o antiautoritarismo ganhou novo impulso ao reagir contra o Estado totalitário, no século XX. Uma forma extrema desse ímpeto é encontrada nos neo-anarquistas do final deste século, que insistem na igualdade natural, moral, social, intelectual e pessoal de todos os indivíduos; portanto, desafiam a legitimidade de *qualquer* instituição ou relacionamento que se baseie em alguma pretensa superioridade de uns indivíduos sobre outros.

Há muitos exemplos dessa progressiva insistência pela emancipação da autoridade externa. Alguns, como a emancipação em relação aos "especialistas", são indícios de um crescimento sadio. Outros – como a vadiagem juvenil, o vandalismo, o uso e a dependência de drogas, os altos índices de nascimentos ilegítimos, os índices crescentes de criminalidade, as pichações urbanas e a recusa em prestar serviço militar – são mais confusos e envolvem, de certa maneira, uma rebeldia contra a ordem autorizada, mas ao mesmo tempo não conseguem substituí-la por uma autoridade interna adequada. Algumas pesquisas nos Estados Unidos e na Europa ocidental demonstram um significativo aumento na desconfiança das autoridades, e essa tendência vem tendo um crescimento contínuo e acelerado desde o final da década de 50. Em outras partes do mundo, temos alguns exemplos da força do movimento pela emancipação nas recentes manifestações pacíficas havidas na China e no leste europeu.

Todavia, o desafio mais fundamental à autoridade está no questionamento que atualmente se faz da visão de mundo proposta pelas autoridades científicas. Desde o final dos anos 60, o sacerdócio científico vem sendo destituído de seu aparatoso brilho em dois níveis: os desastrosos efeitos ambientais, aliados a outras perniciosas decorrências da aplicação irrestrita de tecnologias e conhecimentos científicos, os temores de armas nucleares e de novos organismos criados pelos entusiastas da biotecnologia, são aspectos que nos levam a questionar se, de fato, a ciência é uma coisa automaticamente boa. O "novo transcendentalismo" fomentado por muitos que escolheram sintonizar suas "intuições profundas" ou sua "sabedoria interior" tem intensificado o debate da até então inquestionável verdade do conhecimento científico.

A nova posição da autoridade, agora, é interna; atualmente, fala-se em "resgatar o poder pessoal" ainda em mãos de autoridades externas. Claro que isso não implica levar uma vida sem regras. Na verdade, significa uma espécie de autofortalecimento, de libertação psicológica, é o assumir a responsabilidade por si próprio. Existem muitos aspectos desta mudança observáveis nos movimentos de auto-ajuda (em especial naqueles que lidam com saúde, dietas, nutrição e desenvolvimento pessoal), ou na dimensão psicológica dos movimentos de "descolonização" (como a restauração do orgulho por parte dos índios americanos e outras culturas nativas, ou o autogerenciamento dos trabalhadores e a libertação feminista das instituições e modelos de pensamento patriarcais).

Sentir-se em paz e fortalecido. Muitas vezes, a paz é descrita como uma forma amena e um tanto entediante de existência, caracterizada pela ausência de conflitos ou guerra. Os movimentos contemporâneos pela paz e pela espiritualidade enfatizam que a paz interior e interpessoal deveria ser a *norma* e não a exceção.

A paz existencial significa muito mais do que não brigar com vizinhos, familiares ou colegas de trabalho. Implica a ausência de qualquer tipo de violência – vícios, atividades masoquistas, consentir com situações absurdas que degradam e insultam o indivíduo. Implica um senso de reverência por todas as formas de vida, humanas ou não, além da consciência da união entre todas as criaturas. Com essa atitude de reverência, viver em paz significa viver suavemente na Terra e esta forma de existência é fortalecedora e incentiva o crescimento pessoal, tanto quanto os movimentos psicológicos, de auto-ajuda e holísticos que há pouco mencionamos.

Os movimentos feministas e os ativistas pela paz no mundo moderno implicam essa integração da paz interior com o fortalecimento psicológico das pessoas. Fortalecer-se internamente tem sido definido como o "processo de descoberta em si e nos outros da capacidade de promover mudanças reafirmando a autoridade interna que já possuímos" (White e Van Soest, 1984; pág. ii). Fortalecer-se interiormente pode ser concebido como uma forma de despertar para a realidade de que *somos* fortes; de que *temos* habilidades e talentos singulares que podem servir ao mundo que nos rodeia e promover benfeitorias no planeta; de que *somos* basicamente bons e *podemos confiar* uns nos outros e em nós mesmos; de que *podemos* liberar nossa coragem, força interior, criatividade e espontaneidade para modificarmos alguma coisa no mundo; de que juntos *podemos desafiar* a legitimidade de qualquer instituição por mais poderosa que ela seja, porque somos nós, as pessoas, quem afinal de contas concedemos ou não a legitimidade a qualquer instituição.

O fortalecimento interior é o oposto do desespero e da passividade. Promove uma sensação de entusiasmo pela vida e conduz a uma "reação em cadeia" que libera a energia das pessoas que nos são próximas, o que pode servir para fortalecer grupos inteiros, capacitando-os assim para que realizem grandes feitos. Na medida em que as pessoas trabalham por um objetivo comum, elas acabam percebendo que estão ligadas entre si, que todas têm valor e que vivem num ambiente prestativo e confiável.

Reespiritualização. As forças que vêm trabalhando por mudanças, surgidas nos últimos trinta anos, têm buscado não apenas uma nova ordem social como também uma nova espiritualidade. Os movimentos contra a guerra e a favor dos direitos civis, dos anos 60, nasceram de valores espirituais: a não-violência e a compaixão; de valores democráticos: a liberdade, a igualdade e a autodeterminação. Enquanto uns chamavam a atenção para esses valores através de movimentos sociais, outros buscavam a paz através de várias disciplinas espirituais e em muitas tradições diferentes.

A busca pela paz interior conduz as pessoas a novas formas de ser e à descoberta de novas dimensões em si mesmas, fazendo com que reformulem seus problemas de uma maneira semelhante à que motiva outras a se envolverem em mudanças sociais radicais. Muitas vivenciam uma espécie de *metanóia*, isto é, uma conversão de todo o seu ser. Deste modo, o indivíduo pode descobrir o espírito que existe em seu íntimo e despertar para uma nova percepção da dignidade de cada forma de vida. Embora a espiritualidade e a política tenham sido muitas vezes encaradas como aspectos distintos da vida, em nossos dias são cada vez mais percebidas como os dois lados de uma mesma moeda.

O movimento feminista, em especial, combinou a política com aspectos pessoais através de sua ênfase na realidade imediata das vidas individuais. "O movimento das mulheres pode ser visto como uma 'revolução espiritual'; é, sem dúvida, o testemunho de uma nova 'ascensão espiritual feminina' ... Em nossos dias, a 'espiritualidade' transformou-se numa senha mais universal para designar a busca de um rumo em tempos de crise" (King, 1989).

Há uma tendência cada vez mais pronunciada de se desfazer qualquer distinção entre o secular e o sagrado ou espiritual. Tanto as formas tradicionais como as não tradicionais de atividades espirituais, desde a espiritualidade da gênese até a religião da Deusa, tendem a incluir um componente social. Elas englobam o tipo de espiritualidade que o ex-Secretário Geral das Nações Unidas, U Thant, freqüentemente citava como a "harmonia entre a vida interior e a exterior, ou a vida no mundo e o universo... Uma compreensão serena da vida no tempo e no espaço, a sintonia do interior da pessoa com os grandes mistérios e segredos ao seu redor ... A crença na bondade da vida e a possibilidade de cada ser humano contribuir para ela com sua bondade". Ele "não via diferença entre a vida e a religião", e achava incompreensível "a distinção entre a vida secular e a vida espiritual" (Muller, 1982; págs. 41-46).

O movimento cultural contemporâneo engloba uma noção de reespiritualização que entende essa separação entre o espiritual e o material como "completamente perniciosa ... Não se deve entender a espiritualidade como algo que se acrescenta à vida. Na verdade, é algo que permeia todas as atividades e vivências humanas, e não algo que se soma a elas" (King, 1989; pág. 6). Na realidade, a espiritualidade é crucial para a resolução dos problemas contemporâneos. Como destacou Morris Berman:

> Os problemas fundamentais enfrentados por qualquer civilização ou por qualquer pessoa em sua vida são questões de significado ... Durante quase toda a história humana, o mundo esteve encantado e o homem viu a si próprio como parte integrante desse mundo encantado. A completa inversão dessa percepção (no mundo ocidental moderno) destruiu a continuidade da experiência humana e a integridade da sua psique. Por pouco isso não destruiu também o planeta. A única esperança ... reside num reencantamento do mundo (Berman, 1981; pág. 97).

A Força Global de Mudança

As diversas tendências e movimentos aqui referidos prestam-se a um significativo apoio recíproco e assim parece que continuarão crescendo e se fortalecendo. Em pouco tempo, não haverá qualquer aspecto da vida ou das instituições modernas que permaneça imune a essas mudanças. Modificações nas relações sociais; nas imagens psicológicas dos seres humanos; nas condições econômicas; nas estruturas políticas; nas invenções tecnológicas e em sua aplicação ou não; nas conceituações dos problemas; em nossa fé na ciência; em nossas atitudes acerca do poder, da liberdade e do potencial humano – todos esses e muitos outros processos estão em pleno andamento.

Nem todas as tendências são novas; algumas, na verdade, têm séculos de existência. O que é novo, entretanto, é a forma como os fios estão se trançando (como disse o cardeal arcebispo Joseph Bernardin) para formar um "traje sem emendas". Seria difícil encontrarmos um período na história com uma tal confluência: de feministas, defensores da paz, ecologistas, economistas, teóricos políticos, críticos sociais, futurólogos, psicólogos, teólogos, humanistas, artistas, escritores, poetas, inventores, cientistas – todos colocando as peças complementares de um imenso e desconcertante quebra-cabeça chamado "nosso futuro comum".

Qual o destino? Talvez a força global de mudança possa ser apresentada de uma forma sensata em cinco componentes:

• *A busca da totalidade.* Na metade do século, o mundo e as pessoas se apresentavam fragmentados. Com a ascensão do moderno capitalismo industrial, a economia tornou-se uma forma separada da sociedade e passou a dominá-la. O trabalho da vida de uma pessoa estava transformado num emprego que ficava separado do resto da sua existência. O domínio da forma tecnocrática de pensar, isto é, a racionalidade manipuladora, fez com que a humanidade se separasse do resto da natureza, que por sua vez se transformou em "recursos" a serem explorados de todas as formas que servissem à humanidade. (Até mesmo as outras pessoas se transformaram em "recursos humanos", um termo comum no mundo das corporações.)

Dominar a natureza e com isso ficar livre para explorar a Terra de todas as formas imagináveis era uma atitude latente já na perspectiva medieval, apesar de seu pendor pela totalidade. O verdadeiro rompimento entre a humanidade e a natureza começou no século XVII e culminou nas atuais e contínuas ameaças aos sistemas ecológicos, à vida de algumas espécies e até mesmo aos sistemas básicos de sustentação da vida na Terra.

Com o advento de diferentes formas de manifestação – o movimento feminino, o ecológico, o movimento holístico de saúde, a ênfase na qualidade da vida profissional, o movimento por uma tecnologia adequada, pelos direitos humanos e pela paz – exprime-se a noção de que a vida é uma totalidade e que existe algo de fundamentalmente errado com a sociedade que a fragmenta em tantos pedaços.

• *A busca da comunidade.* A realidade da vida urbana e da economia moderna – onde a maioria das pessoas trabalha longe de casa e da vizinhança – produziu a perda do sentido de comunidade. A reação contra isso se deu de muitas maneiras: a criação de comunidades intencionais; os movimentos de descentralização e reocupação rural; os movimentos de resgate do valor do artesanato; as economias informais; além de diversos seminários sobre relações humanas, formas de terapia em grupo e outros empreendimentos humanistas voltados a aprofundar os relacionamentos entre as pessoas.

• *A busca da identidade.* Tem crescido a resistência contra a homogeneização que a sociedade moderna tenta impor com seus mercados e sua mídia de massa. Alguns grupos que manifestam mais abertamente essa resistência são étnicos – palestinos, quebequenses, bascos, imigrantes mexicanos, entre outros. Há os grupos que reivindicam também, da melhor maneira que podem, o direito de serem eles mesmos e de não serem, ou não se sentirem, tratados como inferiores – deficientes e idosos, por exemplo. Os dois maiores grupos que lutam por suas identidades próprias são o das mulheres e o dos ex-colonizados. Ambos lutam para se libertar de sua autopercepção de inferioridade, resultante de muitas gerações de dominação imposta pelo pensamento do "homem branco". Ambos representam grupos populacionais *majoritários*. O mero despertar desses grupos já poderia ser em si suficiente para mudar o mundo.

• *A busca de um sentido.* Michael Maccoby (1988) sugere que a busca de um sentido pode ser o mais poderoso de todos os impulsos de busca por valores verdadeiros, capaz de em última análise moldar todas as outras iniciativas. A sociedade ocidental, neste final de século, está claramente passando por uma crise de significados e valores. Com a "grande desvalorização" da religião, imposta pela ciência reducionista e positivista, e com a subseqüente descoberta de que a produção econômica é inadequada como núcleo de significado para uma sociedade, passamos a experimentar a total ausência de um consenso de valores básicos e sobre o significado principal da vida. Como reação ao surgimento desse vácuo, começaram a aparecer muitos sinais de uma renovação da busca de valores espirituais, ao lado de uma reavaliação da ciência que, há meio século, os havia expurgado. Tal busca assume, numa extremidade, determinadas formas confessamente dogmáticas e fundamentalistas, enquanto que noutra configura certas alternativas "fragmentadas". Provavelmente, seus aspectos mais importantes são: 1) deixar de procurar uma autoridade externa "correta" e, em seu lugar, descobrir a fonte da sabedoria interior; e 2) a silenciosa insinuação do "novo sentido" em todas as formas da vida profissional e comercial.

• *A busca do poder pessoal.* Nos últimos vinte e cinco anos, surgiram muitas evidências de que as pessoas estão se conscientizando do fato de que detêm o poder de mudar suas vidas e o mundo. Elas estão despertando para o fato de que, seja a questão uma tecnologia poluidora ou o terror nuclear, têm o poder de desafiar a legitimidade da ordem existente. Nos movimentos feministas e da ecologia profunda, na busca por uma ciência que "ultrapasse o reducionismo", e em alguns movimentos nativistas do mundo em desenvolvimento, percebemos que *o que está verdadeiramente na berlinda é a legitimidade básica da tendência do paradigma industrial ocidental para dominar o mundo.*

Nestes cinco componentes das forças de mudança, dois temas se destacam: 1) a ênfase na totalidade, na união e na inter-relação de todas as coisas; e 2) a ênfase na autoridade interna, na integridade, na descoberta do conhecimento e da sabedoria íntimos, que se alimentam das fontes interiores ocultas. Estas características encerram uma força poderosa e um convite para a transformação social, opondo-se às tendências contemporâneas de progressiva fragmentação, alienação, materialismo e racionalidade manipuladora.

Uma parte do grande apelo desse poderoso e significativo convite à transformação é que ninguém é deixado de fora. Não se trata de uma revolução armada nem de uma "revolução do conhecimento", obrada por especialistas. Todo indivíduo é convocado a trabalhar por sua autotransformação e a desempenhar um papel na transformação da sociedade. Já que toda a sociedade e seus diferentes aspectos estão envolvidos nessa transformação, não será difícil encontrar um papel adequado. O ponto em que cada qual está é excelente para servir de ponto de partida.

Capítulo 4

Características da Sociedade Emergente

A convergência de *duas crescentes e poderosas forças* torna plausível a transfiguração da sociedade moderna em transmoderna. Uma dessas forças é a progressiva conscientização de que a ordem vigente não serve adequadamente às necessidades das pessoas, das comunidades, das gerações futuras ou do planeta, a longo prazo; a outra diz respeito a uma visão cada vez mais difundida de um mundo justo, harmoniosamente e exeqüível, ao nosso alcance.

No Capítulo 2, constatamos os dilemas que a sociedade contemporânea vem enfrentando e, a partir dessa exposição, pudemos verificar algumas características que deverão ser mudadas para que a sociedade humana possa sobreviver e prosperar. No Capítulo 3, observamos as metas dos diversos movimentos sociais, o que nos deu indicações de qual poderá ser o formato social a que todas essas vertentes estão conduzindo. Vamos então explorar alguns aspectos importantes da sociedade que parecem estar nascendo da união dessas duas forças.

Ao considerar os diversos aspectos da atual condição da sociedade moderna, observamos que a questão do meio ambiente atrai uma atenção especial por parte do público. É quase impossível encontrar alguém que não esteja a par dos numerosos desastres ambientais dos últimos anos. Parece incontestável que as atividades econômicas estão (e estarão cada vez mais) afetando o clima. Os problemas causados pela poluição do ar e da água, a degradação ambiental, a extinção de espécies, a desertificação, a derrubada de florestas, a erosão do solo, as concentrações de produtos químicos tóxicos, a destruição da camada de ozônio – são todos tão familiares que já não causam mais impacto. Está claramente evidente que a solução desses problemas requer muito mais do que correções legislativas fabricadas, ou outras medidas paliativas quaisquer. Devemos voltar a nossa preocupação para a pressão exercida por um progressivo crescimento econômico, e para a correlação entre esse crescimento e os custos ambientais; para a tecnologia usada e os tipos de produtos fabricados; para o incessante apelo, instigado pela indústria da propaganda, para que consumamos mais pródiga e imprudentemente. Por trás de tudo isso estão os implacáveis valores da economia.

A dura realidade é que não há nada que os governos ou as empresas possam fazer além de simplesmente retardarem o ritmo em que esses problemas se acumulam sobre as nossas cabeças. *Não há outra solução a não ser reinventar a sociedade moderna.* Nesse sentido, consideraremos antes de mais nada a profunda mudança nos padrões de valores que Riane Eisler descreveu como a mudança da sociedade patriarcal "dominadora" para a "sociedade de parcerias".

A percepção da realidade que determina os valores é, na verdade, ainda mais fundamental que os próprios valores. Já que a imagem da realidade adotada pela sociedade moderna é tão fortemente determinada pelo que a ciência diz ser real, torna-se necessário examinar as indicações de mudanças nos alicerces mesmos da ciência ocidental. Claro que é muito mais fácil descrever aquilo que não funcionou e que estamos abandonando, do que discernir um novo caminho a seguir. Entretanto, parece razoável dizer que uma nova espiritualidade vem despontando – uma espiritualidade menos institucionalizada e sacerdotal do que no passado, e que permeia com mais sutileza a sociedade como um todo.

Finalmente, com tudo isso em mãos, tentaremos discernir a forma futura que a economia e a estrutura de trabalho deverão ter, para que possam servir tanto ao indivíduo quanto à sociedade.

Reavaliando a Tecnologia e a Sociedade Patriarcal

Não pode haver dúvida de que o uso da tecnologia e o futuro da sociedade estão profundamente entrelaçados. A tecnologia pode tanto ser uma heroína como uma vilã; a questão só depende do ponto de vista. A humanidade chegou a um estágio onde fica difícil imaginar qualquer meta tecnológica que, providos os devidos recursos e disponibilidade de tempo, não possa ser alcançada. A questão é: o que vale a pena ser feito? É a esse respeito que a sociedade moderna tem-se mostrado extraordinariamente confusa.

Uma medida da nossa confusão está na insistente tentativa de resolver os problemas criados ou exacerbados pela tecnologia, usando *mais* tecnologia e aplicando-a da mesma forma! O exemplo mais notório é o programa Guerra nas Estrelas, criado para combater a ameaça dos mísseis nucleares. Mas existem outros: a criação de uma "indústria para o controle da poluição" como tentativa de sanar os danos à ecologia provocados pela tecnologia; lidar com as doenças causadas em parte por um estilo de vida moderno através da quimioterapia e de radiações que comprometem ainda mais os nossos sistemas naturais de cura e defesa; buscar soluções tecnológicas para a miséria e a fome crônicas que são justamente as conseqüências de uma sociedade industrial impondo-se a outras culturas.

O surgimento da sociedade pós-patriarcal. Em sua análise dos males da sociedade patriarcal, Riane Eisler propôs uma definição um pouco mais ampla que a habitual para a tecnologia: *Tecnologia é um processo dinâmico de utilização de instrumentos, recursos, corpos e mentes para se alcançarem objetivos determinados pelos seres humanos.* Priorizando fins e não tanto meios, ela define quatro categorias básicas de tecnologia:

1. *Tecnologias de produção.* Incluem-se aqui a agricultura, a tecelagem, a manufatura, a construção e as outras formas pelas quais são executadas as tarefas que sustentam e valorizam a vida humana.

2. *Tecnologias de reprodução e regeneração.* Estas incluem os procedimentos de parto, técnicas de controle da natalidade, a substituição de partes do corpo humano (por próteses, órgãos artificiais, transplantes de órgãos, etc.), os "bebês de proveta", etc.

3. *Tecnologias de realização.* Trata-se das tecnologias sociais como a educação pública, os processos políticos democráticos, as formas de arte, os seminários de fim de semana, etc., e também as tecnologias pessoais, como meditação para o crescimento espiritual, os treinamentos em *biofeedback* para promover a autocura, e assim por diante.

4. *Tecnologias destrutivas.* São as tecnologias usadas para a destruição e a dominação. Englobam desde técnicas primitivas de combate individual até os grandes sistemas de lançamento de artefatos nucleares e armas químicas e biológicas.

Esta forma de classificação torna clara a opção crucial que deveremos fazer para o futuro, entre tecnologias destrutivas ou de valorização da vida. É claro que, no geral, as pessoas não sentem que estejam fazendo opções destrutivas. (Podemos até achar que outros as fazem e assim sentimo-nos forçados a empregar uma política tecnológica destrutiva, como a da intimidação nuclear.) Contudo, fazemos parte da vasta matriz social que, afinal, é a geradora das opções. Deste modo, a pergunta que se torna relevante é: que tipo de organização social daria prioridade às tecnologias de produção, reprodução e realização, minimizando o uso das destrutivas?

As evidências históricas e arqueológicas pesquisadas por Eisler sugerem que as sociedades neolíticas podem de fato ter tido essas prioridades. Ao que tudo indica, sua organização social era basicamente igualitária; não se observaram diferenças de status ou riqueza entre homens e mulheres. Estas não eram subordinadas aos homens; havia sacerdotisas, artesãs, e a divindade suprema era uma figura feminina. Aparentemente, o princípio básico da organização social baseava-se na criação de *vínculos* de confiança e atenção mútuas, em lugar de classificações e dominação pela força. Estes atributos parecem também ser característicos de muitas sociedades indígenas que ainda existem em todos os cinco continentes. Infelizmente, a maior parte dos habitantes das sociedades modernas foi educada a acreditar que nada tem a aprender com essas culturas "primitivas".

Eisler introduz o termo "sociedade de parcerias", contrastando com "sociedade dominadora", para definir a organização social em que a diferença entre o masculino e o feminino *não* se equipara a superioridade e inferioridade; onde os valores "femininos" como atenção afetuosa, compaixão, empatia, sensibilidade e suavidade podem ser operacionalmente prioritárias na sociedade; onde as tecnologias que valorizam a vida também podem ter precedência. Saber o quanto as sociedades antigas conseguiram se aproximar deste ideal é assunto para os estudiosos, mas é óbvio seu mérito como modelo para o futuro.

Essa linha de raciocínio sugere que o movimento feminista contemporâneo não deveria ser em sua essência encarado como mais um movimento por direitos civis, por igualdade de oportunidades e equiparação salarial, nem mesmo como movimento essencialmente destinado a promover a "conscientização feminina". Reafirmar a importância do feminino é, de certa maneira, mais fundamental que qualquer movimento social e constitui os alicerces dos movimentos ecológicos ou pacifistas, dos projetos de combate à fome e dos movimentos pelos direitos civis. É um movimento básico que se afasta das organizações hierárquicas, agressivas, exploradoras e dominadoras que, por sua vez, estão ligadas a todos os nossos mais sérios problemas; é um movimento que aponta para um tipo de organização mais atenciosa, solidária, fundamentada em parcerias, que pode nos dar uma chance de ter um futuro global mais viável.

Se é verdade que devemos mudar de um modelo de organização social dominadora para outro, de parcerias, esta mudança por definição não pode ocorrer através da violência. Não é possível que esta seja uma revolução clássica como a dos livros de história, porque as tecnologias destrutivas podem tão-somente substituir um sistema de dominação por outro. Esta revolução deve ser, fundamentalmente, uma transformação da consciência humana. Deve envolver uma reavaliação da "imagem básica da realidade", formulada por nossa ciência, nossa tecnologia e nossos sistemas de educação e comunicação. É por tudo isso que nos voltamos agora para a necessidade de uma reestruturação da ciência ocidental.

A Reconstrução da Ciência

Está cada vez mais evidente que a ciência moderna atravessa um momento de crise. Podemos pensar que, mesmo que isso seja verdade, trata-se de uma questão a ser resolvida pelos cientistas. Todavia, por causa das profundas implicações desta crise de valores e significados, em termos dos sinais de navegação em que nos baseamos para guiar as nossas vidas e a nossa sociedade, o assunto passa a ser importante demais para ser deixado apenas nas mãos dos cientistas. No seu sentido mais básico, é uma questão política que diz respeito a cada membro da sociedade.

Trata-se de uma crise de *causalidade*; uma crise que envolve as explicações científicas sobre as *causas* das coisas. Os conceitos que fundamentam as explicações científicas e que têm vigorado por muitas gerações vêm sendo alvo do questionamento mais fundamental que já se viu desde a guinada revolucionária do século XVII, associada a nomes como Galileu e Newton. Uma vez que esse questionamento afeta cada aspecto da sociedade moderna, devemos dar-lhe uma atenção especial.

Poderíamos entrevistar um grande número de cientistas e muito provavelmente nenhum deles falaria em crise de causalidade. Entretanto, os filósofos da ciência têm estado conscientes desta crise já há algum tempo. A constatação de que a ciência precisou forçar a exclusão da volição ou vontade foi o principal fator a gerar suspeitas sobre sua adequação como descrição final e cabal da realidade. Na verdade, qualquer filósofo competente não estaria em condições de dar uma explicação *completa* de qualquer coisa, mesmo que só em princípio.

Vamos apresentar o quadro nos termos mais simples possíveis. Se, neste sistema interativo a que chamamos universo, tudo está realmente ligado a tudo, então uma mudança em alguma parte do mesmo deverá afetar cada um dos seus outros elementos, mesmo os minúsculos. Em outras palavras, *tudo é a causa de tudo*. Apesar de quanto isso possa ser verdadeiro, os fenômenos sugeridos por esta perspectiva são muito complexos para terem qualquer utilidade prática. Contudo, existem duas formas particulares de observação muito úteis. A primeira é a *causalidade científica*, na qual se considera uma minúscula parte do universo isolada o suficiente para poder receber uma explicação reducionista com adequada previsibilidade (por exemplo, a temperatura dos gases em função da movimentação molecular; o comportamento humano em termos de estímulo e resposta). A segunda é a *causalidade volitiva*. Empregamo-la em nossas relações diárias com as pessoas. É útil nas situações em que os efeitos das escolhas humanas, conscientes ou inconscientes, são consideráveis se comparados a outros efeitos. É esse o tipo de causa que interessa ao júri de um tribunal, quando busca o motivo de um crime.

Em poucas palavras, a causalidade científica *jamais* consegue ser algo mais do que uma aproximação, útil para certos propósitos. Os conceitos e interações com que a ciência lida são uma abstração da realidade maior; modelam partes da realidade de modo a serem úteis quando houver interesse em controlar ou manipular o ambiente físico. O prestígio e a influência da ciência cresceram quando ela provou ser extremamente eficaz nesse sentido e pareceu eficiente para explicar coisas como a evolução das estrelas, dos planetas e das formas de vida. Para muitos leigos e também para muitos cientistas, os modelos científicos foram confundidos com a própria realidade. O fato de esta ciência ter essencialmente negado a presença da causalidade volitiva, apesar de sua óbvia importância, passou, de alguma maneira, despercebido. Com isso, persistiram muitos debates infrutíferos, como o famoso "livre-arbítrio x determinismo".

Na nossa vida prática diária, não ficamos confusos com o fato de esses dois tipos bastante diferentes de "causas" serem ambos verdadeiros ao mesmo tempo. Precisamos dos dois para podermos ter um completo entendimento das coisas. Mas, no mundo da ciência, isso é diferente. A causalidade volitiva tende a envolver *fatores teleológicos* (elementos de intenção ou propósito) e *escolhas conscientes*, e estes são essencialmente *eliminados de qualquer consideração.* A ciência não consegue lidar com eles, e muitos, talvez a maioria dos cientistas, insistem em afirmar que as causas volitivas não existem de verdade; que, o que parece ser "livre-arbítrio", pode, em princípio, ser explicado em termos de causas "mais fundamentais", como herança genética, padrões de hábitos condicionados, e assim por diante.

A consciência como fator causal. O enigma da percepção consciente é talvez o mais fundamental de todos, em particular no nível do organismo humano. Arthur Koestler (*The Invisible Writing*, A escrita invisível) oferece-nos uma reflexão pessoal a respeito deste quebra-cabeça, ao descrever as suas experiências de privação durante os longos dias de prisão na Guerra Civil Espanhola:

> [Estas experiências] me convenceram de que existe uma ordem superior de realidade e que somente ela poderia dar sentido às experiências. Mais tarde, passei a chamá-la de 'realidade da terceira ordem'. O estreito mundo da percepção sensorial constitui a primeira ordem; este mundo perceptível é englobado pelo mundo conceitual que contém fenômenos não diretamente perceptíveis, como a gravidade, os campos eletromagnéticos e o espaço curvo. A segunda ordem de realidade preenche os vazios e dá sentido à absurda fragmentação do primeiro. Da mesma forma, a terceira ordem de realidade engloba, interpenetra e dá sentido à segunda. Contém fenômenos 'ocultos' que não podem ser apreendidos ou explicados nos níveis sensorial ou conceitual, mas ainda assim os invadem de vez em quando como meteoros espirituais que rasgam os céus primitivos. Assim como a ordem conceitual desvenda as ilusões e distorções dos sentidos, a 'terceira ordem' revela que o tempo, o espaço e a causalidade, o isolamento, a separatividade e as limitações espaço-temporais do indivíduo são, para o nível imediatamente superior, nada mais que ilusões de óptica.

Enquanto a "sabedoria esotérica perene" das tradições espirituais do mundo está diretamente ligada àquilo que Koestler chamou de "terceira ordem de realidade", a ciência moderna permanece antagônica e cética. Para a fé positivista da corrente científica principal, a mente ou a consciência são epifenômenos, quer dizer, derivam de processos físicos e químicos que ocorrem no cérebro e não precisam ser estudados em separado. Não há lugar nessa ciência para observações como as do ganhador do Prêmio Nobel de Biologia, George Wald, consideradas totalmente hereges no meio científico. No final de sua vida, Wald vinha se perguntando por que o universo parece favorecer tanto o desenvolvimento da vida. Recentemente, ele disse acreditar que o conceito convencional de que a consciência surge apenas nas últimas etapas do processo evolutivo está errado; na verdade, *a consciência parece estar permanentemente presente*:

> Há alguns anos me ocorreu que, em vez de ser o produto da fase final do processo de evolução das coisas vivas, restrita aos organismos com os sistemas nervosos mais complexos – ou seja, tudo que eu acreditava ser verdade –, a mente, ao contrário, sempre esteve presente e que este universo é gerador de vida porque a presença universal da mente determinou que assim o fosse. Este pensamento ... desequilibrou de tal forma a minha possibilidade científica que me senti paralisado. Entretanto, levei apenas algumas semanas para perceber que eu estava em excelente companhia. Essa linha de pensamento não está apenas profundamente arraigada nas filosofias orientais milenares, como também tem sido claramente expressa por diversos físicos de destaque da atualidade (Eddington, Schrödinger e Pauli, entre outros) (Wald, 1988).

Na nossa vivência diária, a consciência é fundamental; através da percepção consciente, somos capazes de compreender qualquer coisa e de fazer as coisas de que mais gostamos. O ganhador do Prêmio Nobel e neurocientista Roger Sperry insiste com veemência que a ciência jamais será completamente adequada enquanto não reconhecer "a percepção consciente como uma realidade causal" (Sperry, 1981).

Em uma recente declaração, de 1987, Sperry reivindicou que a ciência deve incorporar o que ele chama de "causalidade descendente" (causalidade volitiva), segundo a qual "as coisas não são controladas apenas de baixo para cima pela ação molecular e atômica, mas também de cima para baixo através da mente, da sociedade, da política, e de outros fatores macroscópicos. (Além disso) não são os níveis inferiores que predominam mas, sim, os mais elevados".

Mas, para tirar um proveito completo do modelo científico de investigação, será necessário dar validade científica às explicações complementares, isto é, às explicações dos níveis inferiores em termos dos superiores.

Os problemas do atual paradigma da ciência ocidental. Se esta confusão a respeito da causalidade representa um problema para a ciência, é certamente a sociedade que sofre os maiores prejuízos. O fato de a ciência ter tido tanto sucesso na criação de novas tecnologias granjeou para suas suposições um enorme prestígio. A imagem científica da realidade tende a ser aceita por todos os segmentos da sociedade como a palavra final. Mas, se a imagem aceita de uma "realidade" omite sistematicamente algum padrão de causalidade, então as ações da sociedade estarão se baseando numa percepção errônea do mundo.

Por exemplo, a sociedade sem dúvida está confusa acerca das suas instituições educacionais: quais são os objetivos da educação? Os educadores são fortemente influenciados pela interpretação predominante da causalidade científica; a partir disso, parece razoável pensarmos que a educação é, em sua essência, um condicionamento, uma "socialização", o ensino de conhecimentos e habilidades. Entretanto, se usássemos uma interpretação diferente, envolvendo escolhas conscientes e inconscientes, a autocompreensão e a liberação da criatividade interior receberiam muito mais ênfase.

Nas nossas instituições legais, para darmos outro exemplo, as pessoas são presumidamente responsáveis por seus atos, atos que podem resultar em sua execução capital ou em prisão perpétua. Se, ao mesmo tempo, as instituições científicas da sociedade afirmam que tais atos têm sua origem no DNA das pessoas e nos condicionamentos de sua infância (e, nesses casos, ela não poderia ser responsabilizada por qualquer coisa que fizesse), então estamos realmente confusos a respeito dos nossos conceitos de justiça.

O código socialmente aceito de valores, de ética e de significados baseia-se, em última análise, num tipo de cosmologia; em alguma "imagem" da natureza do universo e da nossa relação com ele; numa espécie de "história" sobre como viemos parar aqui. No caso das culturas européia e americana do século XIX, essa era a "história" cristã secular de uma divindade transcendental que se encarnou para salvar a humanidade das conseqüências do seu pecado original, ao lado de outra "história" científica que relegava o Criador a um lugar remoto no universo, conferindo a "ele" o papel de disparador do processo. Diante disso, não é de espantar que muitas pessoas tenham ficado perturbadas no instante em que o antigo modelo de causalidade foi desafiado pela versão darwiniana das causas da evolução e pela teoria de Freud para as causas do desenvolvimento humano. Eles previram, com décadas de antecedência, que isso prenunciava o fim de qualquer consenso possível acerca de valores e significados. Por volta da metade do século XX, o homem moderno (e a mulher também, embora não tanto!) estava extremamente confuso a respeito das questões de valor.

A natureza dos nossos atuais problemas sociais e globais reflete esta confusão. A nossa noção de quem somos e sobre qual o tipo de universo a que pertencemos tem um efeito profundo na maneira como permitimos que a atividade econômica explore o ambiente natural. Afeta a forma como percebemos as nossas relações com as outras criaturas da Terra e, conseqüentemente, o nosso modo de tratá-las. Influencia o que pensamos a respeito da morte e, portanto, torna exorbitante o custo nacional do sistema de saúde, com suas medidas "heróicas" para prolongar ao máximo a vida dos moribundos. Quanto mais pensamos nisso, mais conscientes ficamos da relação entre as nossas explicações para "por que as coisas acontecem" e os tipos de problemas ecológicos, políticos e sociais que criamos.

Em tudo isso existe um paradoxo evidente. Se a ciência moderna vem se aproximando de uma descrição cada vez mais adequada da realidade, como tantas pessoas acreditam, e substitui as explicações das culturas tradicionais por outras mais "científicas", então por que tantas pessoas da sociedade contemporânea estão encontrando sabedoria nos ensinamentos e tradições das culturas tradicionais e disciplinas espirituais? Os que se inclinam nesta direção estão entre os mais instruídos, aqueles que não buscam uma simples fuga ou tranqüilização emocional.

Assim, enquanto a ciência ia alcançando seus maiores triunfos em termos de novas tecnologias como satélites, computadores, inteligência artificial e biotecnologia, muitos – cientistas ou não – começaram a suspeitar de que algo estava fundamentalmente errado com o contexto científico. Para que se possa compreender a origem da crise na ciência de uma forma um pouco mais detalhada, precisamos retroceder para o período em que os seus alicerces começaram a ser formulados.

Os pressupostos metafísicos básicos da ciência. Desde a descoberta mesma dos processos inconscientes e da extensão em que as nossas percepções são moldadas por crenças inconscientes, começou a ficar claro que a ciência ocidental (como o sistema de crenças de qualquer outra sociedade) *poderia* estar fundamentalmente errada. A ciência ocidental é um artefato da sociedade ocidental. Por mais de três séculos as suas mentes constitutivas têm sido a previsão, o controle e a conseqüente capacidade de manipular o ambiente físico. Por conseguinte, ela atua muito bem na previsão e no controle, observadas certas limitações.

No início do século XVIII, a jovem ciência adotava pressupostos metafísicos que serviriam de base para a estrutura de todos os futuros desenvolvimentos científicos. Um deles era o pressuposto *objetivista*, onde o observador podia separar-se do objeto e utilizar diversos tipos de sondas – feixes de elétrons, ondas eletromagnéticas, etc. – para estudá-lo. Um segundo pressuposto era o *positivista*, onde se define que cientificamente real é o que for passível de mensuração. Um terceiro pressuposto era o *reducionista*, que entende que a causa de um fenômeno complexo pode ser completamente compreendida em termos de eventos mais elementares; por exemplo, a explicação para o funcionamento de um *chip* de computador está no movimento dos elétrons na pastilha de silício. Contudo, é importante ressaltar que estes três elementos não são *descobertas* mas *suposições a priori*.

Essas suposições limitaram a capacidade de investigação da nova ciência aos aspectos fisicamente mensuráveis da realidade e a explicações não-teleológicas e fragmentadas. Essa limitação inicial foi uma coisa perfeitamente razoável, pois era prudente evitar conflitos teológicos. Contudo, na medida em que a ciência ganhou mais e mais poder e prestígio, consolidou-se a tendência de ignorar o fato de todo o edifício científico ter sido erigido com base em pressupostos metafísicos bastante arbitrários e de a realidade parcial por ele descrita estar sendo considerada como a totalidade do real.

Esse inadvertido equívoco surtiu um efeito insidioso. Um dos grandes objetivos da ciência tem sido substituir as superstições pré-científicas por explicações científicas; assim houve uma considerável preocupação em não abrir as portas para os acontecimentos ditos milagrosos, tão facilmente aceitos pela mente pré-científica. Os cientistas sentiram a necessidade de negar a validade de inúmeros fenômenos e tipos de experiências que não se amoldavam aos limites impostos pelos três pressupostos descritos acima. Ao longo de toda a história da ciência moderna, foram feitos esforços tremendos não só para justificar o preconceito contra párias como curas milagrosas ou fenômenos paranormais, e para considerá-los indignos sequer de explicação, mas também para excluir fatos mais corriqueiros como a volição, a intenção, a percepção consciente, a atenção seletiva e as múltiplas maneiras pelas quais as pessoas vivenciam o numenal ou o espiritual.

Em outras palavras, logo de início, a ciência ocidental tomou uma forma que automaticamente excluía as características típicas às visões de mundo tradicionais, espirituais, ou metafísicas. Dentro de seus limites, era impossível compreender tais crenças e as experiências em que se baseavam, sem distorcer o seu significado. Pelo contrário, as "religiões animistas" e as "superstições pré-científicas" eram em geral desvalorizadas por explicações que as descreviam como desejo de controlar o próprio ambiente através de magia, ou de recuperar o sentimento de segurança vivido no útero materno.

A revalorização dos sistemas tradicionais de crenças que vem ocorrendo nas últimas décadas coloca-nos uma questão intrigante. Se esses sistemas tradicionais de crenças, com freqüência xamanísticos, refletem aspectos válidos da experiência humana, como poderá a ciência reconciliar-se com essa validade? Como poderá a ciência ser reestruturada, renunciando aos três pressupostos metafísicos em que se baseia, para assumir em lugar deles que *quaisquer tipos de experiências interiores de que se têm notícia, ou fenômenos observados ao longo do tempo em todas as culturas, aparentemente existem de algum modo e têm uma validade flagrante que não pode ser negada?*

Uma reestruturação científica deste porte talvez não seja tão difícil de acontecer como parece à primeira vista (Harman, 1988). Nem seria tão descontínua em relação ao passado como pode sugerir. Na verdade, a ciência atual seria mantida praticamente intacta, complementada em vez de contestada em seus conhecimentos adquiridos. As duas principais mudanças incidiram 1) nos métodos de pesquisa, que deverão incluir modalidades mais participativas de investigação e 2) em ambas as formas reducionista e volitiva de causalidade que precisariam ser admitidas como formas de explicação. O impacto mais significativo que esta reestruturação teria sobre a sociedade seria a reconciliação das "duas culturas" disjuntivas da sociedade moderna, conforme C. P. Snow escreveu há três décadas: a cultura da ciência, da tecnologia e da economia, e a outra cultura das humanidades e da religião (Snow, 1959).

O significado mais profundo da reestruturação. Uma das implicações deste tipo de ciência abrangente é, ao mesmo tempo, uma das razões do seu surgimento. Quando se adota uma postura participativa de pesquisa, especialmente nas áreas que envolvem a consciência humana, a própria experiência da observação conduz a uma sensibilização e a outras mudanças no observador. Portanto, uma *característica essencial do cientista participativo é a disponibilidade para viver uma transformação.* O antropólogo que deseja observar com clareza uma cultura diferente da sua deve permitir que esta experiência o modifique para que a nova cultura seja observada por novos olhos e não pela visão condicionada por sua própria cultura. Para compreender com clareza o seu cliente, o psicoterapeuta deve ter trabalhado suas próprias neuroses para não distorcer sua percepção. Assim também o cientista que pesquisar a sabedoria espiritual das culturas tradicionais deve estar disposto a passar por profundas mudanças, que o tornarão um observador competente. Cada um de nós apresenta uma certa resistência a mudar.

No passado, os cientistas costumavam insistir que as questões teleológicas e de valor não eram próprias à ciência. Claro que algumas dessas questões sempre foram levantadas, por exemplo, na área das ciências médicas: uma questão sobre a função de certas partes do sistema regulador do corpo é teleológica; sem dúvida, uma indagação sobre os fatores que conduzem à saúde é uma questão de valores.

Vemos agora que este preconceito da ciência é de fato uma questão do nível hierárquico da compreensão. As questões teleológicas não têm lugar no nível de uma ciência reducionista da realidade física. Entretanto, no nível das ciências biológicas é apropriado indagar qual a função dos elaborados padrões de instinto no comportamento animal. No nível das ciências humanas, a volição é aceitável como fator causal e as características de personalidade são constructos significativos. Ao investigarmos os mais profundos ensinamentos das culturas tradicionais e do nosso acervo mundial de religiões, poderemos encontrar o conceito de "outras realidades", vivenciadas em estado alterado de consciência.

A reestruturação da ciência é diretamente relevante ao empenho de mudança da sociedade moderna. A análise realizada no Capítulo 3 mostrou que um certo tipo de impulso para a "reespiritualização" está na base dos movimentos sociais contemporâneos, quando vistos em conjunto. Contudo, o enriquecimento da sociedade moderna através dos ensinamentos dos pioneiros espirituais das culturas tradicionais e das religiões mundiais anda de mãos dadas com a reestruturação de uma ciência ocidental que se havia colocado como barreira a essa união. O que se requisita desta última é a reconciliação entre a experiência espiritual humana e a imagem material do mundo, constelada pelas investigações da versão oficial da ciência. O reino espiritual representou um papel significativo em todas as culturas e na história. A ciência antigamente não aceitava tais questões e insistia em que os diversos fenômenos relatados não poderiam ter acontecido ou que as experiências narradas não tinham significado.

MODELO DE HIERARQUIA DAS CIÊNCIAS

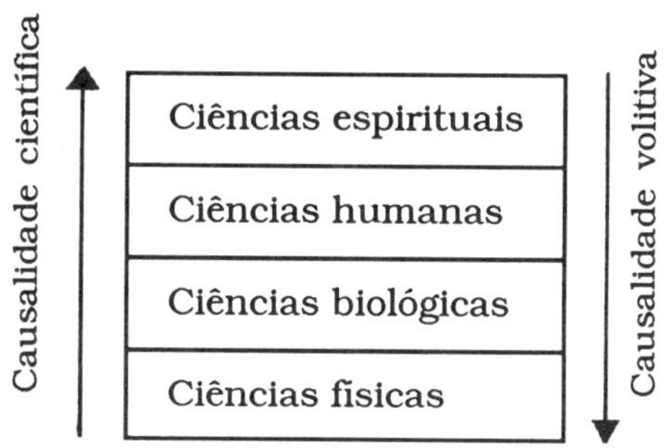

É indispensável constatar o que significa uma mudança tão fundamental de nível: *É uma revisão dos pressupostos metafísicos básicos, tão profunda quanto a revisão implícita na revolução científica do final da era medieval.* Tal como na revolução científica, a mudança reverberará por todos os patamares da sociedade, durante muitas décadas ainda. Esses impactos serão especialmente significativos para as questões de significado e valor e terão conseqüências importantes para o futuro papel do setor empresarial.

Rumo a uma "Sociedade de Aprendizagem"

A discussão sobre o trabalho no Capítulo 1 conduziu-nos a uma pergunta crucial: *quando já não faz mais sentido para uma sociedade econômica e tecnologicamente bem-sucedida ter a produção (e o consumo) econômicos como foco central, quais serão seus substitutos?* Parece haver apenas uma resposta satisfatória: a aprendizagem e o desenvolvimento humanos, em seu sentido mais amplo.

O termo "sociedade de aprendizagem" foi criado em 1968 por Robert Hutchins, num livro com o mesmo título. Trata-se de uma sociedade cujos objetivos principais compreendem – para o indivíduo – aprendizagem, satisfação e a plena concretização de suas potencialidades singulares; para os grupos, empreendimentos sociais nobilitantes. A "sociedade de aprendizagem" tem esses objetivos e "todas as suas instituições (estão) direcionadas nesse sentido. Foi isso que fizeram os atenienses ... Eles projetaram uma sociedade que permitisse levar todos os seus membros ao mais completo desenvolvimento das suas maiores forças ... A educação não era uma atividade segregada, conduzida por um certo número de horas, em lugares determinados, ou durante um certo período da vida. Era o objetivo da sociedade ... O ateniense era educado através de sua cultura, pela *paidéia*". (Não nos esqueçamos de que os gregos tinham escravos, em vez de alta tecnologia; portanto, as duas sociedades não são estritamente comparáveis.) Apesar disso, o princípio de uma aprendizagem permanente que acontece em todas as instituições da sociedade é perfeitamente aplicável.

A *paidéia* era a matriz educacional da sociedade e moldava todas as suas instituições. "*Paidéia* é a educação considerada como uma permanente transformação da personalidade humana, em que cada aspecto da vida tem seu papel ... (Seu) objetivo é dar forma ao próprio ato de viver, tratando cada ocasião da vida como meio de se autoproduzir ... *Paidéia* não é uma mera aprendizagem: é construir e dar forma ... A lição da *paidéia* é fundamentalmente a lição essencial da democracia: o crescimento e a autotransformação não podem ser delegados" (Mumford, 1956). O tema mais elevado e central da *paidéia* era a viagem interior, a "busca do Centro Divino".

O conceito básico subjacente à "sociedade de aprendizagem" é que o aprender, em seu mais amplo sentido, como educação, pesquisa, investigação e desenvolvimento da autocompreensão, e a participação numa comunidade de cidadãos envolvidos com a escolha de um futuro melhor, contribui para o aperfeiçoamento e a realização humana. Estas atividades são humanísticas, não-poluidoras e não-embrutecedoras; podem absorver um número ilimitado de pessoas não requisitadas para outros tipos de trabalho. Na sociedade centrada em torno do objetivo da aprendizagem, não haveria "pessoas supérfluas". *Aprender é tanto o meio como o fim.*

A "sociedade de aprendizagem" não pode ser projetada nem dirigida de cima para baixo. Todavia, isso não torna menos plausível seu advento; afinal de contas, o mesmo poderia ser dito a respeito da nossa sociedade atual. Ninguém projetou a moderna economia industrial. À medida que o atual sistema de crenças subjacentes foi emergindo de seu predecessor medieval e surgiram os novos padrões correlatos de motivação, os indivíduos e os grupos precisaram resolver os problemas da melhor forma que encontraram. A sociedade moderna foi gradualmente adquirindo sua presença através de uma transformação ecológica e, de certa forma, orgânica. Algumas experiências tiveram sucesso e foram copiadas; outras fracassaram ou desapareceram. Surgiram, é claro, alguns modelos de organização com enorme abrangência, como, por exemplo, a Constituição dos Estados Unidos e a Carta das Nações Unidas. Mas estas apenas regulamentaram coisas que já existiam; embora importantes, limitaram-se a modificar aspectos menores de um sistema em pleno funcionamento.

Algumas características básicas desse sistema acabariam não funcionando muito bem no futuro. Uma delas é a idéia de que, progressivamente, todas as coisas na vida humana tornam-se monetarizadas e se transformam num simples fragmento de uma economia gigantesca. As desvantagens deste processo tornaram-se tão aparentes que todos os tipos de experiências com novas comunidades, economias informais, etc., estão sendo experimentadas e algumas parecem funcionar razoavelmente bem. Outro aspecto do atual sistema que, como já vimos, piora cada vez mais, é a equiparação entre trabalho e emprego na economia oficial. *No momento em que a distinção entre trabalho criativo e distribuição de renda se tornar clara e com isso libertar a mente, uma infinidade de oportunidades começará a destacar-se.*

Na "sociedade de aprendizagem", todos podem se envolver com o aprendizado e com trabalhos criativos; isso não depende da geração de empregos através de crescimento econômico. A motivação para o aprendizado e o trabalho criativo é intrínseca às pessoas; é mais do que necessário remover obstáculos. O conceito de que as pessoas são motivadas tão-somente pelo desejo de um ganho econômico faz parte do paradigma industrial do Ocidente; parece verdadeiro porque fomos condicionados a acreditar nele. (Pense em como as grandes catedrais góticas foram construídas; em nossos dias, temos dificuldade em imaginar o fervor religioso que motivou os habilidosos artesãos responsáveis pela realização de feitos tão notáveis.)

A função do trabalho em prover papéis sociais é enaltecida quando ele é realizado sobretudo no ambiente doméstico, comunitário ou em pequenas empresas. A sociedade que aprende e evolui com consciência é a melhor fonte de oportunidades satisfatórias e suficientes de trabalho dentro de uma gama muito variada de atividades. Muitas dessas oportunidades estão no setor "terciário" ou "voluntário"; isso enfatiza a observação de que parte do problema está na estreita relação entre trabalho e renda. Nenhuma sociedade precisa, em momento algum, prescindir de papéis construtivos de trabalho; essa situação só existe quando se supõe que todos esses papéis devam derivar das atividades da produção econômica e que devam situar-se dentro do fluxo da economia monetarizada principal.

Há inúmeras formas de distribuir a renda e as riquezas. Se tomarmos a pequena comunidade como unidade básica, essa distribuição poderia ser em parte realizada levando-se em conta a pertinência como membro social e, em parte, a economia local. Desocupados sociais não são um problema mais sério do que os membros ociosos de uma grande família.

Deste modo, a "sociedade de aprendizagem" que imaginamos é bastante descentralizada. Sua tecnologia tende a ser benéfica para o meio ambiente e para a conservação de recursos; moderada no consumo de energia e compreensível e utilizável para o indivíduo e para a comunidade – ela é "adequada" ou "intermediadora" (E.F. Schumacher). Essa tecnologia traz consigo uma poderosa ética ecológica; identifica-se com a natureza, com os nossos semelhantes e com as futuras gerações; incentiva um estilo de vida caracterizado pela frugalidade voluntária ("fazendo mais com menos"); leva-nos a apreciar a vida simples, as virtudes simples e gera trabalhos que favorecem essas atitudes.

Novas Estruturas Econômicas Possíveis

A atual estrutura da economia, incluindo seus valores implícitos, é repleta de paradoxos e contradições. A economia depende da ecologia – dos sistemas de sustentação da vida no planeta; dos recursos minerais e combustíveis fósseis acumulados ao longo de milhões de anos; dos recursos do ambiente natural e de sua capacidade de absorver detritos. Mesmo assim, o sistema inerente de incentivos na economia acaba trabalhando contra a preservação do meio ambiente e contra o uso moderado dos recursos naturais; não se preocupa em minimizar os imprevisíveis impactos da atividade econômica sobre o clima, nem com a conservação da vida selvagem que tanto revigora o nosso espírito.

Presume-se que a economia existe para servir às pessoas; mesmo assim, são as pessoas que acabam servindo à economia. Os valores e a racionalidade da economia descartam outras considerações mais humanitárias. Como insiste E. F. Schumacher:

> A ciência econômica não consegue andar com seus próprios pés. Ela deriva de uma visão do significado e do propósito da vida, mesmo que os economistas não estejam cientes disso. Assim ... o único sistema de pensamento econômico totalmente desenvolvido nos dias de hoje deriva de uma visão puramente materialista da vida.

A economia despercebida. Hazel Henderson (1988) acentua que os economistas tendem a descrever apenas uma parte do sistema produtivo de uma sociedade industrial. O sistema como um todo possui as seguintes "camadas":

- *Setor privado* – Produção; emprego; consumo; investimento; volume de poupança em moeda, medido oficialmente através de estatísticas econômicas.
- *Setor público* – Governos nacionais, estaduais e locais; infraestrutura (estradas, manutenção, esgotos, pontes, transportes, escolas, serviços municipais, etc.), também contabilizados nas estatísticas econômicas.
- *"Economia paralela"* – Ilegalidade, negócios em dinheiro com sonegação de impostos (volume estimado em cerca de 15% dos intercâmbios oficialmente registrados nos Estados Unidos, e que pode chegar a índices ainda maiores em outros países).
- *A "contra-economia" da cooperação social* – Divisão igualitária das tarefas do lar; atividades do tipo "faça-você-mesmo"; permutas; produção doméstica para uso próprio; agricultura de subsistência; estruturas sociais, familiares e comunitárias; prendas domésticas e paternagem e/ou maternagem não-remuneradas, trabalhos voluntários, doações; ajuda mútua, cuidados para com os idosos e doentes (altruísmo e doações não-monetarizadas que subsidiam a economia oficial com trabalho não-remunerado).
- *Natureza* – Base natural de recursos, absorção de lixo e reciclagem (subsidia a economia oficial através de custos ambientais não-contabilizados ou absorvidos).

Se as atividades da "contra-economia" e o valor dos serviços desempenhados pela natureza fossem contabilizados, estima-se que seriam comparáveis à totalidade das economias dos setores público e privado. Só o valor dos intercâmbios e serviços da economia doméstica foi estimado como sendo maior que todos os salários e remunerações pagos por todas as corporações dos Estados Unidos; a capitalização doméstica (casas, automóveis, eletrodomésticos, etc.) é maior que todo o valor do capital dessas corporações. O trabalho socialmente indispensável da economia "informal" (ou "contra-economia") sempre funcionou como modelo social cooperativo, em cujo seio poderiam ser alcançados os "sucessos" do mercado tão prestigiado da alta competitividade. Sem dúvida, as estatísticas oficiais apresentam uma imagem muito distorcida do sistema produtivo.

Esta é uma consideração importante na medida em que passamos (como se faz mister) por uma transição da economia que maximiza a produção e se baseia em recursos não-renováveis, para uma outra que minimiza o desperdício, recicla tudo o que é possível, depende ao máximo de recursos renováveis e é operada apenas para o próprio sustento (como se via nas fazendas antigamente).

Mas, mesmo com essa renovação, não teremos resolvido os nossos problemas mais prementes se a economia persistir em se alimentar da necessidade de o crescimento criar continuamente empregos e elevados retornos para os investimentos de capital. Um dos movimentos sociais que vimos no Capítulo 2 luta pela descentralização da economia, pelas economias informais municipais e por oportunidades de trabalhos autônomos. Isso provavelmente indica um dos fatores de destaque da sociedade transindustrial, da qual o lar é um aspecto.

O lar tem sido considerado pelos economistas como a unidade básica de *consumo*. Conforme Alvin Toffler (1981) e Hazel Henderson (1988) salientaram, estamos começando a ver o lar como uma unidade de *produção* tal como era antes da Revolução Industrial. (O sistema rejeita sutilmente essa tendência. Existem alguns projetos de lei sobre a "indústria caseira" que se opõem a este tipo de empreendimento. As corporações têm permissão para deduzir dos seus impostos os custos de capital e sua depreciação; entretanto, os proprietários de suas próprias casas são forçados a tratar seu ativo de produção como artigos consumíveis). Uma parte destes são coisas como consertos caseiros, manufatura de mobília do tipo "monte-você-mesmo", fontes locais de energia (coletores solares, moinhos de vento), conservas caseiras, etc. Outra parte são os pequenos negócios, conduzidos fora de casa.

Outro fator importante é o surgimento de inúmeras economias localizadas. No Capítulo 2, vimos os efeitos perniciosos da combinação entre a mentalidade social do devedor e a tolerância que existe para com altos índices de juros. É quase impossível imaginar uma forma fácil para essa situação se reverter. Por outro lado, já temos muitos exemplos do aparecimento espontâneo de economias localizadas; em quantidade suficiente, desestruturariam efetivamente a economia principal. Além disso, as economias localizadas resgatam o poder de resistência das comunidades locais, além de ajudá-las a superar o provável período tumultuoso de transições que estão a caminho.

Uma economia local em funcionamento. Exemplo típico de economia localizada é o LETS – Local Employment Trading System (Sistema comercial de aplicação local), iniciado por Michael Linton, em Courtenay, na Colúmbia Britânica (Canadá). Trata-se, em essência, de uma economia localizada com moeda própria, chamada "dólares verdes", que não é dinheiro impresso mas sinais eletrônicos num sistema de computação. Pode-se dizer que se trata de um sistema computadorizado de permutas. Digamos que eu precise pintar minha casa. Faço um acordo com o pintor para pagar-lhe uma certa quantia de "dólares verdes" e outra quantia de dólares canadenses. (Ele precisa da moeda oficial para comprar a tinta, que não é fabricada na comunidade.) Com seus "dólares verdes", o pintor pode contratar serviços ou comprar produtos de outras pessoas na comunidade. Se eu precisar de um empréstimo em "dólares verdes" o sistema o efetua sem cobrança de juros; em virtude deste aspecto, a moeda local circula muito mais rápido que o dinheiro canadense. Deste modo, a comunidade passa a ter uma economia próspera mesmo quando a economia extracomunitária está em más condições.

Esperanças no front do desenvolvimento. A FINCA – Foundation for International Community Assistance (Fundação para Assistência Internacional às Comunidades), em Tucson, no Arizona (EUA), oferece outro exemplo de como os cidadãos comuns percebem os problemas e reagem a eles. John Hatch é um empresário que fez uma importante observação a respeito do enigma do desenvolvimento. É simplesmente a seguinte: os pobres já possuem a capacidade, o conhecimento e a motivação para ajudar a si próprios; muitas vezes, a coisa de que mais precisam é capital. Em todo o mundo subdesenvolvido, nos pequenos vilarejos, existem centenas de milhares de pessoas talentosas que poderiam abrir seus próprios pequenos negócios se tivessem uma linha de crédito de, digamos, 100 dólares americanos. Contudo, é justamente isso que não conseguem obter dos governos, dos bancos ou das agências de desenvolvimento. É sabido que a maior parte da assistência que chega aos países em desenvolvimento, provenientes de organizações como a AID ou outras fundações, acaba beneficiando os empresários já estabelecidos e os fazendeiros mais prósperos. A maior parte da ajuda para as famílias muito pobres chega na forma de subsídios alimentares que podem oferecer somente um alívio temporário e as mantém presas num círculo vicioso de miséria. Hatch reagiu a isso criando a FINCA.

A FINCA coloca à disposição das comunidades recursos para criar empréstimos para o giro de pequenos capitais, ou seja, "bancos de aldeia". Os próprios habitantes administram os fundos e decidem quais os projetos comunitários, geradores de emprego, que receberão os fundos e quais as pessoas físicas que poderão receber pequenos empréstimos. Não se exige nenhum tipo de garantia a não ser a palavra de honra e a assinatura (ou impressão digital) do indivíduo. Exemplos de atividades beneficiadas com esses recursos são: compra e venda de hortifrutigranjeiros, produção de comestíveis, costura, pequenas granjas e criações, artefatos de cerâmica e tecelagem. A devolução dos empréstimos é semanal; ao honrarem seus compromissos, os solicitantes podem formar pequenos pecúlios que os capacitam a receber linhas de crédito cada vez maiores. São raros os casos de falta de pagamento. Hatch descobriu que mesmo as pessoas mais miseráveis conseguem fazer um uso surpreendentemente bom inclusive dos créditos mais ínfimos, sem precisarem de treinamento ou tecnologia dispendiosos. Ele acredita que o potencial empresarial das mulheres é um dos recursos menos explorados em termos do desenvolvimento; a grande maioria dos empréstimos realizados pela FINCA vai para mulheres.

O caso da FINCA serve tanto para exemplificar o potencial que as iniciativas locais têm para solucionar problemas crônicos quanto para mostrar como um empresário com idéias novas pode fazer muita diferença. Quando os problemas inter-relacionados, descritos no Capítulo 2, encontrarem sua solução final, não há dúvida de que deverão estar incorporando esses dois fatores.

Indícios de uma Nova Sociedade

Cresce rapidamente a conscientização das ameaças que a atividade econômica representa para as comunidades ecológicas naturais e para os sistemas de sustentação de vida na Terra, ao lado da ameaça de mudanças climáticas incontroláveis induzidas pelo homem. Na sociedade imaginada pelos movimentos "verdes", a ética do consumo-e-desperdício da sociedade industrial é substituída por uma *ética ecológica* e por uma *ética de auto-realização.*

A ética ecológica diz respeito à identificação com a totalidade da natureza, desde a forma de vida mais simples até o planeta em si, incluindo as forças de evolução nele contidas. Ela convoca a humanidade a agir em conjunto com a natureza, visando a proteção dos complexos sistemas de sustentação da vida no planeta; a empregar com bom-senso os recursos; a usar de sabedoria para modificar as relações ecológicas; a restabelecer uma reciclagem satisfatória, em harmonia com os ritmos da natureza; a buscar um novo sistema econômico-ecológico que faça uma clara distinção entre formas cancerígenas e saudáveis de crescimento.

A ética da auto-realização afirma que a finalidade intrínseca de toda experiência individual é o aperfeiçoamento e a ampliação da percepção consciente individual e o desenvolvimento evolucionário da espécie humana, em harmonia com a Terra e todas as suas criaturas. A função apropriada de todas as instituições sociais é criar ambientes que promovam essa conscientização e esse desenvolvimento.

Essas novas éticas exigem uma transformação do sistema econômico. James Robertson (1979) identifica onze características do novo "equilíbrio" econômico:

1. Consistência e moderação ecológica, ampla utilização de fontes renováveis de energia.
2. Menores volumes de produção e maior durabilidade dos produtos.
3. As pessoas em primeiro lugar; as coisas depois.
4. Maior auto-suficiência local, regional e nacional.
5. Maior descentralização da economia.
6. Atividade econômica internacional comprometida "com o objetivo comum de ajudar cada região e cada país a se tornar mais auto-suficiente".
7. Tecnologia adequada: "Boa de se trabalhar, econômica em seu uso de recursos naturais, geradora de um bom produto final, gentil para com o meio ambiente."
8. Revitalização das pequenas cidades e da região interiorana; desurbanização.
9. Maior equiparação econômica.
10. Fusão entre trabalho, lazer e vida.
11. "Descolonização" da economia institucionalizada e inversão da tendência a ter cada vez mais, tornando a economia de menos formal a progressivamente mais informal.

Já discutimos a necessidade de uma mudança em nossos conceitos de ciência. Os sinais desta mudança são menos visíveis que os sinais da reformulação econômica, mas as suas sementes estão presentes na difusão de uma nova metafísica pela cultura em geral.

Deste modo, é cada vez mais plausível que o mundo industrializado mude sua configuração, como disse Eisler, de sociedades dominadoras para outras, de parceria; que os valores ditos femininos sejam totalmente integrados aos mecanismos de orientação da sociedade. Acrescente-se a isso o surgimento de um sistema político e econômico mais equilibrado. Uma das conseqüências mais dramáticas desta mudança reside na possibilidade de o mundo se ver livre dos seus temores de aniquilação por armas de destruição em massa: nucleares, biológicas ou químicas. Na medida em que as mulheres conquistarem mais igualdade em todas as partes do mundo e mais controle sobre a sua própria maternidade, os problemas de contingente populacional tenderão a desaparecer. Os índices de natalidade estarão mais equilibrados com os recursos disponíveis, superando assim a "necessidade" malthusiana de guerras, fome e doenças. Lentamente, o dilema do desenvolvimento aproximar-se-á de uma solução satisfatória. Ao trocarmos a conquista da natureza pelo cuidado com o meio ambiente, estaremos livrando o nosso planeta da escassez de energia, do esgotamento dos seus recursos naturais e da poluição química.

As relações familiares, comunitárias e entre homens e mulheres serão mais abertas e confiantes. Com uma estrutura social baseada em instituições que promovam *vínculos* em vez de classificações, nos tornaremos menos hierárquicos e mais propensos à diversidade e à flexibilidade; muitas das nossas novas instituições serão mais globais, à medida que a consciência das nossas interligações pessoais e ambientais se sedimentar. A ordem econômica será drasticamente remodelada; a atenção afetuosa para com o outro será uma atividade altamente valorizada e recompensadora; as corporações com ou sem fins lucrativos encontrarão novos e construtivos papéis de valorização geral da vida, capazes de favorecer o enriquecimento dessa experiência que é estar vivo no planeta.

Alguns Pressupostos Econômicos Básicos

1. *A racionalidade e os valores econômicos são um parâmetro adequado e apropriado para a tomada de decisões sociais.* Esta é a justificativa mais comum quando se tomam decisões, tanto no setor público quanto no privado. Todavia, suas conseqüências são consistentemente perniciosas.

a. Descontar o futuro em índice comparável aos atuais níveis de juros parece razoável.
b. Criar uma sociedade endividada (substituindo o papel-moeda por crédito, e eqüidade por empréstimos; orçamentos deficitários) tem sido a evolução natural das últimas décadas.
c. Conceder empréstimos mediante taxas de juros já consideradas extorsivas não representa problema, pois os nossos escrúpulos religiosos foram postos de lado.
d. É razoável e legítimo os proprietários ausentes das grandes corporações (acionistas e "eminências pardas") exercerem uma influência autoritária sobre as decisões administrativas, para a garantia de um retorno máximo para seus investimentos. (Só recentemente os empregados começaram a notar que estavam investindo suas vidas enquanto os "donos" investem apenas dinheiro. Hazel Henderson cita, em seu livro *The Politics of the Solar Age* (A política da era solar), as palavras de um operário europeu: "Vamos repelir o Direito Divino do Capital porque é tão arbitrário quanto o foi o Direito Divino dos Reis").
e. Especulação financeira, recipientes descartáveis, embalagens extravagantes e propaganda são fatores que aumentam o PIB e fortalecem a economia (geram empregos). Por outro lado, proporcionar boa educação para todos, embelezar o ambiente, e dar proteção aos cidadãos nos ambientes urbanos são itens incluídos entre os gastos do setor público, representando despesas que drenam recursos da economia.

2. *Não há razão para esperar uma mudança na tendência de se monetarizar cada vez mais a atividade humana e de inseri-la na economia principal.*
a. O crescimento econômico deve continuar (i.e., o consumo de bens e serviços deve continuar a crescer exponencialmente) para gerar mais empregos.
b. Para tanto, é razoável promover a produção e o consumo de itens supérfluos; enxergar benefícios econômicos nas elevadas despesas com a "segurança nacional"; achar benéfico o crescimento constante da "indústria financeira", que em nada contribui para os bens e os serviços básicos, mas que contribui para a elevação do PIB e cria empregos.

3. *O principal problema que a economia enfrenta é a existência da escassez: os desejos humanos são virtualmente infinitos, mas os recursos – a mão-de-obra, o solo, os recursos naturais e o maquiná-*

rio – são limitados. Os indivíduos têm um apetite essencialmente ilimitado por bens materiais e serviços (onde se incluem os divertimentos, promovidos pelas "indústrias do lazer"); esse apetite pode ser estimulado pela propaganda e por uma educação para o consumo.

4. *Em geral, os indivíduos procuram evitar o trabalho, que, em sua essência, é um meio através do qual se atinge o consumo e o lazer.* O trabalho é uma atividade desagradável e incômoda, realizada tão-somente pela recompensa material que proporciona.

   a. O principal propósito do trabalho é econômico.
   b. A principal função da educação é preparar o indivíduo para um emprego ou uma profissão.
   c. Um dos principais trunfos do progresso tecnológico é a progressiva substituição do trabalho humano pelo da máquina.

Alguns contra-pressupostos

1. *Os valores adequados para orientar a sociedade humana estão implícitos no conceito de que somos, essencialmente, seres espirituais vivendo num universo espiritual.* A análise racional continuará a representar um papel significativo na orientação das decisões sociais mas será suplementada pelo concurso da intuição e por um consenso baseado em parcerias, em lugar de fundamentar-se em suposições antagonistas. Para tomarmos decisões equilibradas, precisamos ter uma visão global do sistema, devemos pressupor a união e a consideração para com os outros setores da sociedade, as futuras gerações, a Terra e as suas criaturas.

2. *Há um importante espaço para as subeconomias e para a limitação do crescimento da economia principal.* A desestruturação parcial da economia globalizada única, e o encorajamento da economia comunitária, parecem ser essenciais para o surgimento e o florescimento de outros aspectos desejáveis da sociedade humana.

3. *Os seres humanos buscam, em última instância, o significado e não o conforto; um trabalho criativo, e não a inatividade.* O problema humano não é a existência da escassez mas a conscientização da abundância. Os desejos materiais humanos em grande extensão são aprendidos; não são ilimitados. O anseio material é a busca malsucedida do significado.

4. *O trabalho criativo é necessário para o crescimento psicológico e espiritual.* O trabalho não é um meio pelo qual se encontra satisfação através da aquisição material e do lazer trivializado; o trabalho criativo (que inclui o aprendizado e o lazer) é tanto um meio como um fim; é a melhor definição até agora apresentada para o significado da vida.

Resumo das Características de uma Mudança Sistêmica

Argumentamos que uma mudança fundamental no sistema é tanto desejável como plausível; desejável se permitir que os problemas globais se tornem solucionáveis; plausível porque as forças que a impulsionam já são visíveis em seu crescimento. Vamos resumir algumas das suas principais características.

Características de uma resolução sistêmica radical

1. *Uma visão de mundo mais adequada.* A tendência cultural do Ocidente e a visão científica de mundo dele decorrente parecem incompatíveis com um futuro viável para a sociedade humana. A nova visão de mundo é influenciada por um conceito ampliado de ciência, pelo movimento feminista, pelo movimento "verde" e de ecologia profunda, pelo renascimento das culturas dos nativos americanos e de outros povos indígenas, pelas tradições orientais de meditação, por novos conceitos de organização administrativa, e ainda outras forças. Envolve uma transformação na maneira como nos relacionamos com aspectos mais profundos de nós mesmos, com as outras pessoas e a Terra, e envolve também um novo sentido para a aventura humana, com suas metas transcendentais e seus significados profundos.

2. *Ênfase em novos valores*, baseados numa melhor imagem de nós mesmos e do universo. As metas materialistas, hedonistas e dominadoras das sociedades modernas precisam ser substituídas por outras, ligadas ao aprendizado e ao desenvolvimento humanos, e às mais nobres virtudes humanas. A ética da comunidade mundial precisa enfatizar a nossa mútua interdependência; levar o futuro em consideração ao tomar decisões; buscar uma distribuição mais justa das riquezas tanto naturais como das criadas pela humanidade; acentuar a cooperação econômica e a mútua solidariedade entre as nações e a democracia política mundial; preservar e ter apreço pela diversidade humana; cultivar um relacionamento de afetuosa atenção para com a Terra e todas as criaturas que nela vivem.

3. *Reconstrução do sistema econômico mundial*: com ênfase na divulgação da verdade sobre a inviabilidade dos pressupostos em que o sistema atual se baseia, encorajando experimentos de descentralização e o pensamento econômico alternativo.

4. *Definição de um novo e construtivo papel para os negócios.* Os negócios são a instituição predominante na sociedade moderna.

Têm uma orientação global em termos de clientes, recursos, finanças, *marketing* e competição. Nenhum outro setor da nossa sociedade apresenta um foco tão abrangente. Cabem aqui duas observações: os negócios contribuem para a geração de todos os dilemas globais que a humanidade enfrenta em nossos dias no planeta Terra; por outro lado, ao se transformar e mudar fundamentalmente a maneira de conduzir suas atividades, o setor corporativo poderá tornar-se uma das forças positivas mais poderosas para a mudança construtiva.

A tabela a seguir transmite um pouco do sabor do "novo paradigma" da organização dos negócios:

ALGUMAS CARACTERÍSTICAS DOS CONTEXTOS TRADICIONAL E NOVO*

Forma tradicional	***Nova tendência***
A. Metas	
Retorno financeiro para os acionistas; contribuição à sociedade	Satisfação de necessidades dos acionistas, colaboradores e clientes
Metas estabelecidas através da intencionalidade	Metas estabelecidas através de *insights* e da análise de opiniões diversas
B. Gerenciamento/Liderança	
Por meio de um controle firme	Por evocação da confiança
Motivar e manipular os empregados	Inspirar e prestar atenção com carinho nos outros membros da equipe
"Administração por objetivos"	Atenção em objetivos e processos
Burocracia rígida	Metodologia flexível, adaptável
Concentração nas necessidades organizacionais	Concentração nas necessidades de clientes e empregados
Poder através do dinheiro, do *status* e da informação	Poder proveniente da percepção consciente e do *insight*
Liderança como papel de *status*	Liderança como papel de prestação de serviços

Forma tradicional	*Nova tendência*
B. Gerenciamento/Liderança	
Competitiva, oculta informações	Competitiva, cooperativa
Política no ambiente de trabalho	Ausência de política
Co-dependência/dependência	Interdependência
Imposição de linha de atuação	Linha de atuação baseada em entendimento comum
Ênfase na descrição do trabalho	Ênfase na divisão de responsabilidades
Ênfase no desempenho do empregado	Ênfase inclui o bem-estar do indivíduo
Pessoas valorizadas pela "produtividade"	Pessoas valorizadas por sua contribuição geral
Lida com condições	Descobre contextos
A prioridade é econômica	Dá importância ao fortalecimento do outro
Busca a utilidade e a funcionalidade	Busca o significado e o valor
C. Atitude/Cultura	
Resolve problemas	Cria oportunidades
Progresso cumulativo	Progresso pela transformação
Culpa os erros	Apóia o aprendizado a partir dos erros
Foco em curto prazo	Considerações de longo prazo
Fundamentação na tecnologia e no capital	Fundamentação na pessoa e no conhecimento
Análise linear/lógica	Síntese, criatividade
Ênfase na quantidade	Ênfase na qualidade
Ênfase na "maneira correta"	Abertura para aprender e investigar
Calculista, manipulativa	Evolutiva, desenvolvimentista
Exploradora	Socialmente responsável
Pressões de tempo e metas	Saber o que é importante
Ênfase no conhecimento, em ter as respostas	Ênfase em estar abertos, em questionar
D. Estrutura	
Estrutura fixa	Estrutura aberta, orgânica
Hierarquia rígida com ênfase no *status*	Hierarquia funcional, adaptativa

Forma tradicional	*Nova tendência*
Poder reside no gerenciamento externo	Autogerenciamento
Reforça a metodificação antiga	Incentiva a criatividade e a liberdade
Escritórios centralizados com controles rígidos	Autonomia local descentralizada
F. Indivíduo	
Leal e servil à organização	Leal a si próprio e aos seus objetivos
Motivado por necessidades de sobrevivência	Motivado pelo desejo de crescer
Medroso e inseguro	Confiante e seguro
Motivado financeiramente	Motivado pela satisfação pessoal
Precisa de reconhecimento externo	Reconhece os próprios feitos
Precisa sentir-se especial, "heróico"	Sabe que é único
Raciocínio competitivo, antagonista	Pensamento cooperativo e ecológico
Metas: sucesso, "ir em frente"	Metas: sentir-se íntegro e cheio de vida
Sentimentos reprimidos	É possível e correto expressar o que sente

* Adaptado de John Renesch, Diretor Administrativo, Academia Mundial de Negócios, Burligame, Califórnia (EUA).

Capítulo 5

Os Processos Dinâmicos da Mudança Social

Os argumentos apresentados nos quatro capítulos anteriores sugerem que os problemas globais, cada vez mais intensos, exigem uma mudança fundamental na sociedade industrial para que possam ser resolvidos; e constatam o surgimento espontâneo de forças sociais, que parecem pressionar pela concretização das mudanças. Todavia, algumas questões que continuam sem resposta são: como ocorrerão as mudanças sociais? As ações racionais serão eficazes para promovê-las? Há possibilidade de essas mudanças fundamentais acontecerem de uma maneira suave, sem conturbação social?

Os estudiosos do assunto não têm chegado a um consenso a esse respeito. Há muito tempo vêm debatendo com ardor sobre como essas mudanças ocorrem, sobre qual o papel da liderança, das intervenções planejadas, dos eventos significativos, dos conflitos entre classes, dos ciclos históricos e dos movimentos revolucionários. As grandes mudanças podem ser desencadeadas por catástrofes, heróis carismáticos, ou pelo despertar de um povo, mas quais são as condições nas quais o processo desencadeado pode de fato resultar numa mudança duradoura? Apesar de não existir um consenso real a respeito das teorias da mudança social, existem alguns conceitos centrais que parecem frutíferos se os considerarmos em termos da interpretação dos sinais contemporâneos de mudança.

A Natureza da Mudança Social

A visão de mudança que se reflete em grande parte da imprensa é tentadora mas enganosa. A imprensa tenta entender o presente procurando as "causas" da situação atual em fatos passados – nas mudanças políticas promovidas no início da administração Reagan, na crise do petróleo da OPEP, nas conseqüências da Guerra do Vietnã. Contudo, é óbvio que acontecimentos de um passado ainda mais distante também afetam o presente e o futuro – fatos como a Grande Depressão dos anos 30, a Revolução Industrial, a Revolução Copernicana.

Além disso, uma mudança cultural como a Revolução Copernicana não representa uma simples mudança de mentalidade. Mudanças fundamentais como esta, na maneira como as pessoas percebem, valorizam, se comportam e se relacionam umas com as outras, ocorrem de modo típico quando a percepção consciente, a intenção e a ação se unem em situações concretas que afetam diretamente as suas vidas. A mudança promovida pelos conceitos de Copérnico (que hoje percebemos como a transição do pensamento medieval para o moderno) não era a simples disseminação de alguns conceitos novos de Copérnico e Galileu para as massas. Foi um processo de desmantelamento, envolvendo um grande número de indivíduos e de pequenos grupos que se libertaram de uma mentalidade obsoleta e se empenharam em alcançar um novo eixo de percepção. Isso foi acompanhado de muita inquietação e movimentos sociais, alguns dos quais tão inconformistas quanto os dos anos 60, neste século. A nova visão de mundo mobilizou novos modelos de mudanças sociais e institucionais, ainda em processo de desenvolvimento.

As mudanças sociais aparecem na medida em que as pessoas resolvem problemas e enfrentam desafios, descobrem novos processos de ver, pensar e ser. A mudança tem suas raízes na experiência e se reflete na consciência das pessoas. Será principalmente através do entendimento do processo e da capacidade de encontrar maneiras de apoiar os indivíduos, as organizações e os movimentos populares que refletem os ideais e valores desejados, que as mudanças sociais – qualquer que seja sua extensão e abrangência – poderão ser nutridas e orientadas.

Compreendemos melhor a sociedade quando a encaramos como um sistema orgânico integral. Mencionamos há pouco o fenômeno da autocura nos sistemas vivos: um ecossistema, no processo de autocura após um incêndio florestal, desloca-se para outra região; o corpo humano forja novos trajetos neuroniais após um derrame cerebral; indivíduos conseguem tornar-se adultos integrados apesar de adversidades vividas na infância. Nesses exemplos, o processo de mudança exibe atividades dirigidas a certos objetivos, manifesta sua continuidade orgânica e uma concretude palpável dos fatores que influem em seu desenrolar.

A organicidade e a integridade da mudança social em que estamos mergulhados é obscurecida de várias maneiras, cinco das quais são mencionadas logo a seguir. Como resultado disso, as pessoas tendem a adotar uma visão simplista da mudança social e, assim, criam expectativas irreais do que pode ser alcançado através da legislação, da ação política ou de invenções tecnológicas e inovações administrativas.

Complexidade. O primeiro fator de obscurecimento da totalidade da mudança está na extrema complexidade do sistema, e também no fato de a visão individual ser limitada a uma pequena parcela dessa totalidade. Nossa atenção é repetidamente atraída por coisas específicas: a fatia de pão, os carros que trafegam nos horários de pico, o discurso eleitoral do candidato. As realidades fluidas e sobrepostas dos padrões complexos e os caminhos das interligações e dos retornos recíprocos de resposta são abstratos e muito menos aparentes. Em virtude de a nossa visão ser parcial e tendenciosa, somos surpreendidos por "conseqüências imprevistas" das legislações, ou então descobrimos que o aspecto racial, supostamente eliminado por ações "positivas", reaparece de uma maneira mais sutil.

Tendência a focos imediatistas. Torna-se difícil apreciar as origens remotas ou as conseqüências futuras dos eventos contemporâneos, se estivermos sempre focalizando a nossa atenção apenas naquilo que puder ser imediatamente controlado a curto prazo. Esta tendência é, em parte, cultural. Na sociedade moderna, nos habituamos à superficialidade das coisas, a menosprezar aquilo que não for a última novidade, a nos concentrar nas ações que devem ser implementadas amanhã. Em parte, está na estrutura do próprio sistema de incentivos: na convenção econômica de descontar o futuro num ritmo comparável aos atuais níveis de juros; na mudança de investimentos para especulação nos mercados securitários, o que força a administração das corporações a se concentrar em retornos financeiros de curto prazo; e no fato de os congressistas americanos terem um mandato de dois anos, o que os deixa permanentemente preocupados com sua reeleição.

Essa característica pode até ser de origem biológica. Num livro publicado recentemente, intitulado *New World, New Mind* (Novo mundo, nova mentalidade), de 1988, Ornstein e Eherlich argumentam que os seres humanos foram moldados por forças evolutivas que os predispõem a responder a estímulos imediatos e a buscar êxitos de curto prazo.

Bloqueios psicológicos à percepção da verdade. Em terceiro lugar, existem poderosas resistências psicológicas a uma percepção acurada. Os indivíduos possuem a conhecida habilidade de não reconhecerem o que é psicologicamente perturbador. Por exemplo, é fato notório que, mantendo-se os índices projetados de crescimento no uso de combustível fóssil, as reservas da Terra estarão esgotadas dentro de poucas gerações. Não existe a perspectiva de um outro recurso energético seguro, barato e em abundância. Além disso, a economia tornou-se tão dependente dessa energia não dispendiosa que qualquer atitude mais sóbria diante do consumo energético obrigará a sociedade a uma reestruturação monumental. Acrescente-se a isso que a queima de combustíveis fósseis é a principal contribuição para o famoso "efeito estufa" no clima da Terra. Ainda assim, a perspectiva de se fazer qualquer esforço sério para reduzir de modo drástico o uso desse tipo de energia é literalmente "impensável". Os incentivos econômicos que afetam o uso de energia ainda adotam uma política estritamente pragmática: "usar logo, antes que acabe".

Pensamento dualista. O quarto elemento do véu que obscurece a percepção do processo de mudança social é o modelo ocidental de pensamento dualista. Em geral, os conflitos são vistos não como aspectos interativos da mudança, mas como forças que se opõem: conservadores *versus* liberais; comunistas *versus* capitalistas; humanistas *versus* religiosos. Quando cada um dos "lados" identifica o "outro" como oponente, ambos perdem de vista sua mútua dependência. Os movimentos pacifistas, por exemplo, fazem as críticas necessárias para que abandonemos a corrida armamentista nuclear, o que poderia ser considerada uma atitude rasgadamente patriótica; entretanto, os militaristas costumam chamá-los de traidores.

Muitas vezes é desconfortável conviver com movimentos sociais como os descritos no Capítulo 3, e nem sempre seu comportamento é virtuoso. Todavia, a caracterização dos movimentos sociais como movimentos de "protesto", de certa maneira à margem da opinião pública majoritária, tende a dificultar a compreensão de como esses movimentos tantas vezes indicam quais as mudanças que o futuro requer, o que é uma parte vital do processo de mudança.

Aspecto cultural. As culturas também têm bloqueios de percepção e enxergam realidades diferentes. Dependendo do ponto de vista, este quinto fator pode englobar todos os outros. Somos culturalmente "hipnotizados" no sentido de que, durante toda a nossa vida, aceitamos sugestões vindas de fora a respeito de como perceber a realidade e, então, passamos a percebê-la da forma como a nossa cultura nos ensinou. Os índios americanos, por exemplo, percebem que tudo no universo está vivo e interligado a tudo o mais; a partir disso, suas atitudes para com a complexidade ou o cuidado com a Terra e suas criaturas são muito diferentes das que vigoram na sociedade industrializada moderna. As pessoas têm relutado em reconhecer essa "hipnose cultural" apesar de ela já ter sido apontada por ilustres pensadores, como Platão e Ouspensky.

Thomas Berry (1988) escreveu sobre como a inquestionável desejabilidade do avanço tecnológico e do crescimento econômico fazia tanto parte do nosso "transe consensual" que, quando o livro *The Limits to Growth* (Os limites do crescimento) foi publicado, apontando a loucura que é o crescimento exponencial contínuo, "pareceu que um grito ecoava por todo o país. Esse grito era mais do que uma crítica justificada aos dados específicos ou à escala de tempo dos eventos futuros. Era, na verdade, um grito de ressentimento contra a indicação de que o dinamismo da nossa sociedade de consumo representava a patologia suprema de toda a história".

Foi sugerido (no Capítulo 2) que a mescla contemporânea dos problemas globais e das forças desestabilizadoras pode ser essencialmente insolucionável, segundo o parâmetro dos significados e percepções que predominam atualmente. Esse parâmetro pode ser a raiz mesma de muitos problemas e pode também impedir-nos de enxergar com mais clareza e simplicidade outras questões.

A Dinâmica da Mudança Social

Em geral, a história nos mostra dois tipos de mudanças com dinâmicas significativamente diferentes. Poderíamos chamá-las de mudanças *comuns*, que ocorrem dentro de um modelo ou paradigma básico que exibe continuidade, e *mudanças transformadoras*, que envolvem modificações nos pressupostos subjacentes básicos ou em seu paradigma nuclear. Os grandes avanços sociais alcançados com as medidas legislativas dos últimos dois séculos são exemplos de mudanças "comuns". Os profundos impactos em nosso modo de vida, decorrentes dos avanços tecnológicos obtidos a partir da Revolução Industrial, também poderiam ser considerados exemplos de uma mudança social comum. Já a mudança radical na visão de mundo, ocorrida com a Revolução Copernicana, por outro lado, foi tão revolucionária que costuma ser usada como exemplo supremo de uma mudança transformadora ou paradigmática.

Catalisadores de mudanças. Desafios físicos ou culturais ao sistema como um todo estão entre as forças que exercem pressão e precipitam as mudanças. Na eventualidade de desastres, naturais ou provocados, o comprometimento exigido das pessoas é tão absoluto que as antigas formas de ser e agir são postas de lado na tentativa de aliviar o sofrimento ou curar um sistema natural. O fator catalisador pode ser a progressiva conscientização de que algo deve ser feito para retificar uma situação insatisfatória. Novas tecnologias (por exemplo, a mecanização da tecelagem, ou, mais recentemente, armas nucleares) ou uma nova compreensão da realidade (como a teoria da evolução) podem derrubar modelos tradicionais e deixar nas pessoas um sentimento de alienação.

Os teóricos da mudança revolucionária (por exemplo, Davies, 1971) fazem uso do conceito de "dessincronização". Trata-se de uma forma elaborada do conceito de "autocura" que mencionamos na Introdução. As sociedades, como os organismos biológicos, têm a capacidade de autocura e auto-regulação. Isso significa que a sociedade tem a tendência inata de manter a sua consistência diante do ambiente da estrutura social e dos sistemas de crenças e valores vigentes. Se um desses três aspectos mudar, a tendência natural é que os outros mantenham uma espécie de sincronia. (Um exemplo seriam as mudanças sociais, legais, demográficas e culturais ocorridas com a gradativa industrialização dos Estados Unidos.) Contudo, se acontecer de um desses aspectos sair demasiado de sincronia em relação aos outros – como quando as aspirações do povo da Índia colidiram com as realidades da política imperialista britânica – cria-se a possibilidade de a mudança ser revolucionária ou "transformadora", na medida em que um grande número de pessoas se sente motivado a buscar um novo equilíbrio dinâmico.

Um exemplo de mudança social. Em geral, as sociedades tentam resolver os seus problemas através de uma mudança "comum". Este padrão começa de forma típica, com uma mudança na *percepção consciente*. No caso de uma degradação ambiental, os impactos da sociedade industral sobre o meio ambiente vêm piorando a cada geração. No entanto, o elemento catalisador que pôs as coisas em movimento foi o trabalho de Rachel Carson, *Silent Spring* (Primavera silenciosa) (1962); ele fez soar o alarme com respeito ao envenenamento químico da Terra e suas conseqüências. Esse grito detonou uma *reavaliação* que enfim colocou na pauta de discussão as questões ambientais como problema político. Seguiram-se várias formas de *ação* por parte de grupos de cidadãos que, nos Estados Unidos, resultaram na legislação e na criação de uma Agência de Proteção Ambiental. Seguiu-se então um período de *reflexão*, de avaliação da capacidade de tais providências em serem apropriadas e suficientes.

O ciclo das mudanças "comuns" tende a repetir-se muitas vezes. Contudo, com o tempo pode conduzir a uma percepção nítida de que estão em jogo mudanças de uma ordem mais fundamental. No exemplo das questões ambientais, as pessoas vão cada vez percebendo melhor que apenas um conjunto de medidas legais não solucionará o problema; uma mudança de nível mais profundo, uma mudança "transformadora" é o que cabe.

É com este segundo tipo de mudança que nos preocupamos mais. Se, de fato, a sociedade moderna ocidentalizada está encontrando desafios fundamentais aos seus supostos metafísicos centrais, as características da mudança "transformadora" são particularmente pertinentes.

Movimentos sociais como força de mudança. Os movimentos sociais são muitas vezes um fator significativo no desencadear das mudanças "comuns" e, quase sempre, representam o principal elemento das mudanças "transformadoras". Têm um papel típico na intensificação da percepção das desigualdades, ou das condições indesejáveis, e na inserção da necessidade de uma mudança na agenda política de debates. Os movimentos sociais oferecem um acesso à participação e podem constituir-se em veículos para uma ação ética. Além disso, compõem uma comunidade que cria alternativas e avalia o progresso.

Ao longo dc toda a história, os movimentos sociais não-violentos têm tido grande importância na modificação de condições e políticas sociais, na maior parte dos casos contra a vontade de governos poderosos e até mesmo opressores. Têm sido o principal meio pelo qual as pessoas vivenciam e expressam a sua força para a concretização de uma mudança social positiva. As últimas décadas têm presenciado a influência de muitos movimentos deste teor – pelos direitos civis; contra a Guerra do Vietnã; em defesa da mulher; os antinucleares; os movimentos pela paz e pela democracia em várias partes do mundo, nas Filipinas, na África do Sul, no leste europeu.

Os movimentos sociais mais bem-sucedidos são aqueles processos em que o grande público está alerta, é instruído, e encontra-se mobilizado para participar de forma direta da resolução de problemas sociais e a fazer corresponder as condições vigentes com valores e princípios humanos amplamente consagrados, apesar dos vários graus de oposição por parte dos detentores do poder institucional. Esses movimentos sociais contribuem simultaneamente para uma mudança social desejável, para promover a democracia participativa e para ajudar no resgate de valores e sensibilidades centrais aos processos e instituições sociais relativos às tomadas de decisão.

Embora os movimentos e os agitadores sociais sejam catalisadores de primeira importância, não são a verdadeira força que detona as mudanças. Essa força é a população em geral. A mudança social acontece quando o público em geral reage com veemência a problemas específicos ou a um comprometimento mais geral do sistema. O elemento realmente constitutivo dos movimentos sociais é, então, não o grupo oficial de detentores do poder mas a população em geral. Em toda a história das democracias na América do Norte e na Europa, em especial, os movimentos sociais têm se comportado como a estratégia principal pela qual as pessoas têm conseguido contrapor-se às influências das poderosas elites e facções de interesses especiais.

A percepção da legitimidade. Um conceito central é o da *legitimidade* das instituições e comportamentos institucionais. O poder político e a instituição da política pública requerem, em última análise, o consentimento do público, ou seja, que o público perceba a sua legitimidade. Em qualquer sociedade, os detentores oficiais do poder têm tanto poder quanto o que lhes é outorgado como legítimo pelos guardiães dos valores e crenças morais básicos daquela sociedade. (Isso porém não invalida que um governo possa existir pela imposição compulsória de sua força, durante períodos de tempo que, em sentido histórico, são passageiros.)

A população em geral costuma concordar com os detentores do poder e com as instituições da sociedade, desde que estes pareçam cuidar dos interesses de toda a sociedade segundo um consenso justo e ético. Em outras palavras, o papel legitimado dos detentores do poder consiste em fazer prevalecer a vontade geral das pessoas e em monitorar o bem-estar geral de toda a sociedade. Espera-se que não se beneficiem pessoalmente com privilégios especiais, nem que favoreçam outras pessoas ou grupos. Esse entendimento do que é o papel dos detentores do poder constitui um *compacto* com o povo. Enquanto este acreditar que o pacto está sendo honrado, obedecerá em geral à liderança e às instituições controladas pelos detentores do poder.

A nosso ver, o poder do povo em legitimar a autoridade e em retirar a legitimidade outorgada constitui, ao longo da história, a mais poderosa das forças desencadeadoras de uma mudança social transformadora. (Houve uma recente demonstração disso, no leste europeu; o dramaturgo Vaclav Havel, herói da transformação checoslovaca de 1989, descreveu-a como "o poder dos impotentes".) Numa democracia, em que o envolvimento dos cidadãos é enaltecido e previsto, este ciclo da concordância pública e da retirada dessa concordância faz parte do processo político normal. A política pública é influenciada por uma ampla variedade de ações civis que incluem os movimentos sociais não-violentos, a defesa de grupos com interesses especiais, os sindicatos, os grupos comunitários de auto-ajuda e os partidos políticos tradicionais. Em outras formas de governo, este processo pode ser muito mais caótico; em situações gravemente opressoras pode até chegar à estratégia de uma revolução pela violência.

As respostas verificadas na China e no leste europeu, em 1989, às crescentes demandas por democracia e liberdade servem como uma comparação fascinante nesse contexto. Desde a revolução de 1949, a China avançou a largos e notáveis passos com relação a alguns problemas sociais, como por exemplo o da escassez de alimentos. Contudo, persistem muitas outras dificuldades. O repetido fracasso de certas políticas isoladas ou em grupo sugere que uma espécie de mudança sistêmica geral será necessária para tornar solucionáveis os problemas. A mudança sistêmica integral quase nunca acontece de cima para baixo; há interesses demais investidos na manutenção do *status quo*. Em vez disso, a força para uma mudança radical vem tipicamente de um grupo médio de pessoas, cujo foco de interesses não se concentra apenas nas necessidades pura e simples da sobrevivência, e que tampouco estão por demais envolvidos com a manutenção do sistema vigente. Nas sociedades modernas, pode tratar-se de um grupo com nível razoável de instrução, altamente competente (como é o caso dos estudantes chineses). O verdadeiro desafio imposto à liderança é permitir que a mudança sistêmica necessária aconteça de maneira não-violenta e sem causar conturbação social, desafio que a liderança chinesa não conseguiu cumprir a contento na primavera de 1989. No leste europeu, por outro lado, houve uma valorização adequada da inevitabilidade da mudança radical que a liderança, em grande e ampla medida, transformou em uma resposta mais construtiva.

O Problema da Mudança Social numa Democracia

É importante apreender o quanto esta questão da mudança social transformadora interage de forma básica com os conceitos de democracia e livre iniciativa. No curso das suas atividades, os diversos setores da sociedade – os indivíduos, os grupos, as corporações, as instituições do governo – tomam aquilo que denominamos de *microdecisões* (por exemplo, comprar um certo produto, empregar uma pessoa para a execução de um determinado serviço, desenvolver e comercializar um novo produto, elaborar um projeto de lei). Essas microdecisões interagem umas com as outras e conduzem a *macrodecisões* que afetam a sociedade como um todo e o mundo (por exemplo, níveis de preços e salários, uma taxa anual de crescimento de 3% em termos do uso da energia, o débito público e privado que excede a 10 trilhões de dólares, a deterioração das metrópoles, a poluição do meio ambiente, o esgotamento dos recursos não-renováveis). *O problema em nossos dias é que as microdecisões perfeitamente razoáveis segundo todos os critérios vigentes no passado vêm se transformando em macrodecisões indesejáveis. Em seu mais amplo sentido, isso constitui o dilema fundamental da sociedade contemporânea. Reconhecer este quadro é interromper a busca de alguém a quem culpar e começar a busca dos tipos de mudanças que fariam o processo tornar-se de novo exeqüível.*

Adam Smith, em seu *The Wealth of Nations* [A riqueza das nações], justificou o capitalismo alegando que, quando o empreendedor "pretende apenas seu próprio ganho... ele é... conduzido por uma mão invisível a promover o aparecimento de um certo resultado que de forma alguma fazia parte das suas intenções originais... Ao perseguir seus próprios interesses ele muitas vezes faz avançar a sociedade de uma forma mais eficaz do que, na realidade, pretendia". Neste momento, contudo, sabemos que *o inverso também pode ser verdadeiro*. Na ausência de um consenso a respeito dos valores e metas de mais longo alcance que também norteiam as microdecisões, as pessoas e as organizações costumam fazer suas escolhas com base em seus próprios interesses mais imediatos e em geral imprudentes; as macrodecisões daí resultantes podem ensejar resultados que ninguém deseja.

A impressão é que a mão invisível precisa atualmente de uma certa ajuda. Uma modalidade de ajuda nesse sentido tem sido praticada como controle do governo na forma de leis antitruste como regulamentações comerciais, como manipulações keynesianas do suprimento monetário e das taxas de juros, como incentivos à redução da poluição do ar e outras medidas correlatas. Apesar disso, o dilema piora.

O problema fundamental não é simplesmente uma questão de permutas lucrativas – a questão é que elas parecem tornar-se cada vez mais intoleráveis. Nos dizeres de uma tira humorística num jornal de alguns anos atrás: "Tudo tem uma etiqueta com o preço. Se você vai atrás de um alto padrão de consumo, saiba que terá uma baixa qualidade de vida."

Uma solução evidente parece ser a escolha de macrodecisões desejáveis das quais derivar microdecisões. A lógica dessa seqüência é de fato atraente. Pode parecer possível escolher metas nacionais e planetárias de acordo com o melhor conhecimento disponível a respeito da satisfação das necessidades humanas, determinando a seguir os tipos de microdecisões necessárias à implementação de tais objetivos.

Porém, há aí uma armadilha. Os *meios* utilizados para implantar as ações individuais teriam de ser compatíveis com os fins. Numa sociedade democrática não se podem ditar metas, nem mesmo as desejáveis. Não há um único conjunto de objetivos primordiais que, depois de escolhidos, orientariam sem mais ambigüidades as ações da sociedade. Pelo contrário, existem conjuntos de objetivos, em geral mutuamente inconsistentes ou parcialmente conflitantes (por exemplo, as tomadas locais de decisão, a autosuficiência energética, a proteção ambiental, o crescimento econômico, incentivos positivos exeqüíveis, ações no setor privado preferíveis às ações do setor público, quando cabível). A macrodecisão que delineia a prioridade atribuída a cada meta varia com a época histórica e é uma questão do que acaba saindo vencedor dos debates políticos; não existe um conjunto atemporal de prioridades. As microdecisões necessárias à atualização das metas escolhidas devem ser essencialmente guiadas pelo entendimento dos vínculos que as unem umas às outras. Impor microdecisões corretas através de decretos coercitivos ou da manipulação de comportamentos é evidentemente uma postura incompatível com os princípios democráticos mais elementares.

Neste momento da história, para que haja macrodecisões adequadas é preciso um *redirecionamento coletivo voluntário de toda a sociedade*. Tais objetivos de longo prazo devem ser escolhidos segundo processos políticos democráticos. A implementação bem-sucedida de um novo conjunto de macrodecisões exige a reeducação de toda a sociedade, para que os seus membros compreendam as implicações das mesmas e possam tomar suas próprias microdecisões individuais conforme exigido. É preciso também que se efetivem mudanças institucionais para se contar com o emprego efetivo da participação extensa de todas as pessoas nos níveis locais, regionais, nacionais e global. Nada menos que essa categoria de mudança cultural e institucional poderá resolver o dilema da administração de uma sociedade cada vez mais complexa, sem sacrificar-lhe a liberdade.

Um Exemplo de Mudança Social Segundo uma "Grande Teoria"

Uma "grande teoria" da mudança social, suficientemente pertinente à atual situação do planeta para merecer um destaque especial, é a de Pitirim Sorokin.

Sorokin fundou o Departamento de Sociologia da Universidade de Harvard em 1930. Sua experiência direta e pessoal das calamidades da guerra, da revolução e do totalitarismo russo levou-o a pesquisar os padrões mais profundos que estão na base de tais acontecimentos. Estudou uma ampla gama de indicadores sociais e culturais, desde os seus primeiros registros na história ocidental e também em boa parte das demais culturas. De uma gigantesca síntese de todos esses fios dispersos, ele elaborou uma teoria que prevê um declínio razoavelmente iminente da influência daquilo que ele denominou de "cultura sensorial ocidental pós-medieval", o que implica uma profunda crise de significados e valores. Sorokin dizia que a sociedade ocidental ficaria frente a frente com a escolha entre passar por uma "transformação" de sua estrutura básica de valores e significados, ou avançar no sentido de alguma espécie de degeneração e autodestruição. Tinha a convicção de que o caminho da transformação poderia ser percorrido de forma bem-sucedida, mas advertia que de modo algum tratava-se de algo líquido e certo (Sorokin, 1941).

Em última instância, a análise de Sorokin expunha o fato de a maior parte da história repetir o padrão de uma ascensão e um declínio dos dois sistemas básicos de valores que havia denominado de "ideacional" (orientado por valores espirituais ou religiosos) e "sensorial" (orientado pelo materialismo). O sistema ideacional de valores considera que a verdadeira realidade está além do mundo material, perceptível pelos sentidos físicos. Ela está situada na dimensão espiritual e só pode ser conhecida através da revelação pessoal ou de outras modalidades de experiência interior. Esse sistema de valores pauta-se por padrões absolutos de ordem legal ou ética, e por noções de verdade e beleza que decorrem do âmbito supra-racional. Os valores ideacionais predominaram na sociedade ocidental aproximadamente entre os séculos V e XX e, em outras culturas, períodos comparáveis podem ser encontrados no hinduísmo, na sociedade helênica, e no budismo.

A cultura sensorial, por outro lado, baseia-se na crença de que só o que pode ser percebido através dos sentidos, ou seja, a matéria-energia em suas múltiplas formas, tem realidade. Todas as leis e valores éticos são relativos e se fundamentam em considerações utilitárias e empíricas. Esse sistema de valores tende a ser filosófica e artisticamente pobre, mas rico em elementos e conquistas positivistas, científicas e tecnológicas. No Ocidente, os valores sensoriais têm estado em ascensão desde a época da Revolução Francesa. Encontramos os seus paralelos no final da civilização egípcia e nos últimos séculos da civilização helênica, antes de 500 a.C.

Um terceiro sistema de valores, chamado "integral", manifestou-se de forma relativamente breve em determinados períodos históricos; representa a mescla harmoniosa dos valores espirituais e sensoriais, e descreve mais ou menos o mais refinado estágio de qualquer evolução cultural. No Ocidente, esse período ocupou os anos de 1500 a 1800 e inclui o período que na história européia convencionou-se chamar de "Iluminismo".

A análise de Sorokin (escrita há mais de meio século) indica, ademais, que o período sensorial chegaria em breve ao fim e seria então acompanhado pelo colapso da cultura industrial. Não se tratava de uma previsão essencialmente pessimista; Sorokin via uma grande probabilidade de, a partir da desintegração da cultura sensorial, emergir uma nova visão transcendental de mundo que poderia servir de fundamento para um novo sistema integral de valores. Segundo as suas considerações, a atividade mais construtiva que uma sociedade poderia empreender era o estudo e a aplicação de "técnicas de transformação altruísta", ou seja, aumentar o suprimento mundial de amor criativo e desapegado.

Foi muito fácil para os intelectuais sofisticados menosprezarem Sorokin, não só porque o fim da cultura industrial era um desfecho por demais ameaçador para ser contemplado, mas porque o "altruísmo criativo" parecia um conceito por demais "molenga". Apesar de tudo isso, mais de meio século após a publicação do seu livro (*Dynamics*), o trabalho de Sorokin parece-nos cada vez mais pertinente.

O Verdadeiro Desafio

Podemos resumir agora a nossa discussão. As razões para levar a sério o contexto no qual o mundo industrializado se encontra, ou seja, em pleno período transicional rumo a uma cultura "transindustrial", são as seguintes: 1) os problemas globais parecem insolúveis à visão referencial da ordem industrial; 2) múltiplos movimentos sociais vêm impelindo a sociedade na direção de uma nova visão; 3) está ficando progressivamente mais claro que o novo rumo é, em essência, a direção necessária para que os problemas passem a ser solucionáveis; 4) as pessoas vêm se libertando de antigos impedimentos ao reconhecerem tanto o seu poder externo como capacidade para mudar as instituições dada a sua prerrogativa de definir a legitimidade, quanto seu poder interno, no sentido de se valerem de recursos pessoais até agora não reconhecidos nem acionados.

Não temos nenhum indício histórico a nos apontar que essa transição possa ser tranqüila; pelo contrário, é mais provável que ela seja marcada por conturbações sociais e políticas e pela disseminação de imensos bolsões de miséria e de sofrimento. No entanto, o que está por trás da conturbação social e da miséria humana é o medo. Talvez esses aspectos da mudança possam ser mitigados – e até em grande parte eliminados – se os níveis de medo e ansiedade puderem ser amenizados e rebaixados na mesma proporção em que aumenta o nível de compreensão da necessidade dessa transição no atual momento histórico.

Em resumo, se a nossa análise estiver correta, e a sociedade industrializada estiver passando por um período de transição fundamental, há muito pouco a ser feito para mudar o quadro. O impulso está ganhando força e, qualquer que seja a transformação vindoura, ela se processará. O que *não* se sabe é o quanto a passagem poderá ser trabalhosa. É aí que localizamos o nosso principal desafio. Haverá a possibilidade de que um entendimento preciso da transição necessária seja divulgado por todos os patamares sociais, para que as pessoas fiquem entusiasmadas diante das oportunidades que se abrem, em vez de assustadas pelas brechas de incerteza? É nesse sentido que os negócios podem representar uma contribuição máxima, tendo em vista sua posição predominante em nossa sociedade.

Capítulo 6

O Novo Papel Criativo dos Negócios

A serventia máxima do que se compreende está em capacitar a pessoa a agir. Retomemos portanto a pergunta que já fizemos antes: *E agora?* Suponhamos que eu, como empresário executivo, esteja convencido de que o quadro aqui esboçado é razoavelmente preciso; nesse caso, o que devo fazer? A resposta mais telegráfica é: 1) sobreviver; 2) prosperar; e 3) contribuir.

Um pouco menos sucintamente:

1. Compreender o período que estamos atravessando para que as providências favoreçam a sobreviência. Em fases de mudança rápida, as coisas que contribuem para a possibilidade de sobrevivência de uma organização são muito diferentes dos comportamentos que deram certo numa situação mais estável. Também é importante que, em momentos de elevação da tensão, sejam praticadas atividades que contribuam para a saudável sobrevivência da pessoa nos âmbitos físico, psicológico e espiritual.

2. Prosperar, no sentido que o dicionário lhe atribui: ter êxito num empreendimento, ser forte e expandir-se, não como um fim em si mas como pré-requisito da sua possibilidade de contribuir como cidadão. Para prosperar num meio altamente competitivo como o que temos pela frente, a corporação precisará atrair e manter os profissionais mais competentes e criativos. Essas pessoas

não se importam mais com os mesmos tipos de sedutores benefícios "adicionais", eficientes há apenas uma ou duas décadas. Elas cobram um tipo muito diferente de ambiente de trabalho, em que tenham a garantia de liberdade e incentivos "para serem tudo o que podem ser".

3. As melhores pessoas estão exigindo dos empregadores uma cidadania planetária muito mais responsável. Uma vez que o mundo está em apuros, isso implica contribuir para a resolução dos problemas globais, não como uma instituição de caridade, nem mediante um envolvimento profundo em atividades não-comerciais, *mas pela condução de negócios segundo regras diferentes*. Além disso, quando os líderes empresariais comunicam seu entendimento da necessidade de uma transformação criativa, como detentores de uma posição influente na sociedade estão contribuindo para diminuir o nível da ansiedade e assim aumentam a probabilidade de uma transição mais suave.

Compreender e Sobreviver

Thriving on Chaos [Florescendo no caos] é o título escolhido por Tom Peters (1987) para seu livro, que trata de algo por ele denominado de "revolução da administração". Embora a "revolução" que ele descreve seja só um rebuliço, em comparação com a mudança oceânica por nós aqui mencionada, a expressão que ele adotou serve bem para descrever o desafio que nos espera. Sobreviver e prosperar num ambiente caótico é precisamente o nome do jogo no qual estamos entrando, e no qual permaneceremos nas próximas duas décadas. Durante esse período de transição será fundamental a percepção das oportunidades e dos ritmos. A situação pode lembrar um pouco o que acontece numa prancha de surfe. Se você cair atrás da onda da mudança, ou não avaliar exatamente o tamanho da mesma, estará em sérios apuros; por outro lado, se perceber a direção da mudança e tentar sair na frente da onda, poderá estar indo de encontro a outro tipo de desastre.

Falhas do paradigma atual. Fazendo a síntese de uma parte do que já apresentamos, observamos que a versão capitalista do paradigma ocidental industrial alcançou enorme sucesso. Contudo, no final, *parece que ele é incapaz de encontrar uma resolução satisfatória a essas três deficiências fundamentais:*

- Não cumpre a exigência básica segundo a qual todo cidadão tem a oportunidade de ser um participante pleno e valorizado, sentindo-se útil e parte do todo.
- Não favorece a sinergia entre as microdecisões individuais e organizacionais (por exemplo, que eletrodomésticos adquirir, que produtos comercializar), de tal sorte que as macrodecisões sociais resultantes (como a extensão em que será grave o "efeito estufa" subseqüente) sejam satisfatórias até mesmo para os que tomaram as decisões em jogo.
- Não faz com que, a longo prazo, haja uma distribuição satisfatoriamente eqüitativa do poder e das riquezas.

A versão socialista do paradigma propôs-se como corretivo da primeira e da terceira deficiências; a sociedade planejada, da segunda. Hoje sabemos com clareza que essas versões alternativas simplesmente modificam a proporção dos problemas mas os mantêm em pleno vigor.

O que talvez seja ainda mais sério é que *todas as versões do paradigma moderno deixam de transmitir ao homem contemporâneo a sensação de ser um membro útil e necessário de uma sociedade completa que, por sua vez, está voltada para o planejamento significativo de uma existência conduzida no seio da totalidade de uma ordem cósmica ou divina.*

Contudo, independentemente do quanto sejam reais os problemas do mundo e os fracassos do passado, uma maneira obcecadamente negativa de encarar os problemas não é com certeza a melhor atitude para tomarmos decisões e agirmos. Os maiores feitos da indústria e da tecnologia, da empresa privada e da democracia não aconteceram por uma concentração do foco da atenção nos aspectos negativos dos quais as pessoas estavam tentando escapar mas, ao contrário, por uma resposta empresarial à visão e ao desafio de criar uma situação melhor. Da mesma forma, a melhor razão para comprometer-se com as questões do desenvolvimento global é o desafio positivo de se criar um mundo melhor do que aquele que conhecemos.

Rumo a uma "sociedade de aprendizagem" transindustrial. O desafio positivo a que estamos nos referindo é o da sociedade moderna em transição para alguma espécie de "sociedade de aprendizagem" transindustrial. Entre as características dessa sociedade estariam as seguintes:

- O trabalho como uma atividade que oferece enriquecimento e realização existencial; transcende o conceito que o considera um bem de consumo comercializável nos mercados profissionais.

- A administração da corporação deriva seu poder da autoridade que lhe é conferida pelo consentimento de todos os funcionários e outros indivíduos cujas vidas sejam afetadas pela atividade daquela empresa, em particular aqueles que investem suas vidas e/ou dinheiro numa proporção significativa, com menos subserviência às metas ditadas por investidores financeiros ausentes.
- Várias economias informais alternativas, em franca prosperidade – pensar global, agir local e global –, com boa margem dos intercâmbios acontecendo fora do fluxo da economia principal, enquanto as grandes corporações continuam aumentando suas dimensões globais.
- Cooperação mundial com vistas a um desenvolvimento global pautado por metas claras, ao mesmo tempo que encoraja uma ampla diversidade de rumos alternativos de desenvolvimento para as diferentes sociedades; um papel muito maior cabe à iniciativa individual popular, em comparação com a especialização técnica e as políticas das instituições financeiras.
- Promove a integridade, a criatividade, a confiança e a cooperação, ultrapassando o cerco do círculo vicioso que envolve a competição, a pressão, a manipulação e a prática do logro.
- Redução da burocracia nas grandes organizações, superando o conceito segundo o qual "confiar é bom, controlar é melhor".
- Reconhece os importantes papéis desempenhados pelas organizações voluntárias e sem fins lucrativos, assim como pelos pequenos negócios, deixando de lado conceitos como "os grandes negócios podem fazer e os governos, consertar".
- Valores e incentivos que promovam uma preocupação para com a situação da Terra, seus processos de sustentação das formas de vida, seus recursos, sua natureza selvagem, sua beleza, abandonando o conceito segundo o qual a Terra é subserviente aos desejos humanos.
- Consenso mundial e ação cooperativa rumo à estipulação do Direito da Lei, que assegura o cumprimento dos direitos esboçados na Declaração Universal dos Direitos do Homem, no mundo todo; o egocentrismo e o despotismo nacionais seriam superados.

- Apreciação dos e respeito pelos alicerces da sociedade de mães, filhos, famílias – sem os quais todo o resto perde completamente seu sentido.

No entanto, mesmo que as coisas pudessem se modificar de maneira considerável em todos esses sentidos – ou quase todos – o setor comercial e a sociedade não se transformariam no sentido que descrevemos. Principalmente numa época em que a expressão "novo paradigma" está sendo aplicada de modo informal às organizações comerciais e aos seminários de estudo, é fundamental distinguir entre melhorias nos sistemas existentes, embora extensas, e mudanças radicais do paradigma. *A marca distintiva destas últimas é uma troca nos pressupostos metafísicos básicos relativos à natureza de todos os seres humanos e do universo.*

Compreendendo a visão transformada do que é a realidade. Ambas as formas, capitalista e socialista, da moderna sociedade ocidental decorrem essencialmente da mesma visão de realidade: aquela que foi formulada pela ciência européia do século XIX e dominada pelos homens (que, por sua vez, tem raízes muito mais antigas no cristianismo medieval). Segundo essa visão de mundo, as separações e coisificações são enfatizadas e as explicações são apresentadas em termos de fenômenos elementares (como a colisão de partículas fundamentais, a estrutura química do DNA, as mutações aleatórias do material genético).

O fato de esta visão estar sendo atualmente desafiada aponta como é verdade que esteja se processando uma transmutação efetivamente profunda. Neste final de século, ficou patente para um grupo já grande e cada vez maior de pessoas que, apesar dos êxitos alcançados pela ciência em suas tentativas de prever e controlar o mundo físico (e, até certo ponto, o biológico), têm havido de sua parte efeitos negativos sérios em nossa compreensão dos valores, pois ela menosprezou a base religiosa comum e a substituiu por uma modalidade de relativismo moral. No vácuo assim gerado instalaram-se "pseudovalores", como os atributos econômicos e técnicos de progresso material, e a eficiência da produtividade. Decisões que têm alcance para afetar a vida de muitas e muitas pessoas em todo o globo, por gerações a fio, começaram a ser tomadas com base apenas em considerações econômicas imediatistas. O "imperativo tecnológico" para desenvolver e aplicar qualquer tecnologia capaz de dar lucro ou destruir um inimigo começou a pôr em sério risco tanto os sistemas de sustentação da vida no planeta como a própria civilização humana.

Agora, tudo isso está evidenciando sinais de mudança. A sociedade parece estar se reestruturando, à base de uma imagem diferente da realidade. Nada pode ser mais importante do que a mais profunda compreensão possível dos novos alicerces da realidade e de suas implicações.

Em particular ao longo dos últimos trinta anos, tem aumentado cada vez mais o interesse pelas filosofias religiosas do Oriente, pela progressiva conscientização das dimensões iluminadas do ser e pela "perene sabedoria" que se diz estar no cerne de todas as tradições espirituais da Terra. "Tornar-se consciente de si mesmo" pode não parecer muito interessante ao empresário atraído pela ação no plano material, mas isso é porque não enxergamos o que é verdadeiramente importante. Não há no conceito de "iluminação" nada que se oponha a uma vida ativa; ele faz apenas a seguinte colocação: "Com que finalidade você é ativo?"

A sabedoria interior ou "tradição primordial" (Rossner, 1989) não é encontrada apenas nas tradições esotéricas ocidentais ou nas religiões orientais; apresenta-se também nas tradições espirituais dos povos indígenas, embora, nesse caso, como uma ênfase discretamente diversa. O interesse cada vez maior pela sabedoria ancestral de povos nativos como os índios da América do Norte é muito pertinente à definição do paradigma emergente. Enquanto as tradições do Oriente insistem para que a pessoa mergulhe em seu próprio interior a fim de descobrir o universo, as tradições dos povos aborígines ensinam o mergulho na natureza como caminho para a autodescoberta. Junto com a inclinação ocidental para a adoção de um conhecimento com utilidade pragmática, essas três perspectivas formam uma espécie de tripé de apoio. Qualquer uma delas, isoladamente, está propensa a extremos e abusos; juntas, podem de fato ser suficientes para nos orientar no caminho de uma existência harmônica, na face de um pequeno planeta.

Nos últimos anos, assistimos ao surgimento de uma "nova heresia". Como aconteceu com a "heresia científica" de alguns séculos atrás, o processo contemporâneo é em sua essência um aumento no contingente de pessoas que estão percebendo que sua realidade vivenciada não é o que ficou estipulado pelas autoridades até agora. Tanto na sociedade em geral (no interesse por várias disciplinas de meditação, abordagens corporais dos problemas psicológicos, estudos esotéricos e filosofias religiosas) como na comunidade científica, existem indicações de que os pressupostos metafísicos tácitos e consagrados há gerações, dentro da sociedade ocidental moderna, estão passando por um profundo questionamento. A sabedoria natural dos nativos, aliada ao conhecimento místico direto da experiência do viver, típica dos orientais, fazem com que se sobressaiam determinados tipos de conhecimentos e aspectos da experiência humana que a ciência ocidental ou ignora ou deturpa.

O pressuposto metafísico vigente da ciência moderna é ainda que a substância básica do universo compõe-se de matéria-energia, passível de ser encontrada em elementos discretos de *quanta* e partículas elementares. A mente, ou consciência, brotou da matéria no final de um longo processo evolutivo. Tudo que se pode saber sobre a consciência deve, em última análise, reconciliar-se com a espécie de conhecimento que obtemos a partir do estudo dos processos físicos do cérebro.

Em contraste com esse eixo de referência, o suposto metafísico básico da "tradição primordial" é que o universo está interligado como um todo. Sua substância fundamental é a consciência. A mente ou consciência é o dado primário e a matéria-energia brota dessa mente universal. Embora as coisas do mundo possam parecer suficientemente separadas entre si, num nível mais profundo estão todas inter-relacionadas. As mentes individuais não são separadas (embora os cérebros possam parecer sê-lo); num nível inacessível à percepção consciente ordinária estão todas interligadas. Em última análise, a realidade é acessada, não pelas ciências físicas, mas pela intuição profunda. A consciência não é o produto final da evolução material; é, ao contrário, sua causa original. Em virtude da maneira como as nossas crenças inconscientes influem em nossas percepções, é menos exato dizer "Vou acreditar quando vir", do que observar "Vou ver quando acreditar".

Pode parecer um absurdo total sugerir que a sociedade seja capaz de uma mudança tão radical. Decerto, nem a ciência oficial nem a economia principal sentem-se à vontade hoje diante desses novos pressupostos. Claro que não estamos dizendo que estes serão os novos pilares metafísicos da nossa cultura; afirmamos, tão-somente, que existem indícios apontando nessa direção. A força cada vez maior das igrejas do "Novo Paradigma de Pensamento", como a Igreja da Ciência e da União Religiosa, é apenas um desses indícios; essa e outras religiões têm, em seu cerne, as suposições recém-delineadas. Ademais, o fato de tais suposições não serem incompatíveis com a reformulação científica proposta a título de hipótese no Capítulo 4 contribui para aumentar ainda mais a sua probabilidade. Se acontecer de algo como os supostos da "tradição primordial" acabarem vigorando, o impacto que isso terá sobre todas as instituições da sociedade e, claro, sobre a história, será tão grande quanto foram os efeitos da revolução científica.

Independentemente de ser ou não possível identificar com nitidez neste momento a nova metafísica, alguma transformação fundamental da sociedade moderna está sem dúvida prestes a acontecer. A comprovada inadequação da atual visão científica do mundo produziu um imperativo: *é impossível criar uma sociedade que funcione bem com base numa visão da realidade fundamentalmente inadequada, gravemente incompleta e equivocada em suas suposições fundamentais. Ainda assim, é justamente isso que o mundo moderno vem tentando fazer.*

De modo mais direto diremos que, se algum dia a "perene sabedoria" for vista como complementar à ciência ocidental e como depositária de vivências humanas universais de suma importância, a totalidade da sociedade moderna sofrerá, como decorrência, uma reestruturação de alto a baixo. ***Se o fato mais fundamental a nosso respeito é que somos seres espirituais imersos num universo espiritual, e que a moderna negação deste fato é um total equívoco, então qualquer estrutura social erguida com base nesse alicerce mostrar-se-á, no fim, uma organização insatisfatória.***

Se estas premissas estiverem corretas e as suposições metafísicas implícitas na sociedade moderna estiverem se transformando num nível muito profundo, tal como se deu na época da Revolução Científica, então a sociedade "transmoderna" do século XXI tem chances de ser tão diferente da sociedade moderna quanto esta o foi da cultura medieval que a precedeu. Antecipar a forma que a administração e a liderança executivas terão no século XXI é análogo a ter previsto o formato que a moderna organização empresarial viria a ter hoje, segundo a prespectiva do século XVII.

Apesar disso, podemos estar cientes da transição contemporânea com uma clareza impossível aos nossos antepassados europeus do século XVII. Podemos investigar as mudanças precursoras que já se fazem notar e antecipar os tipos de sociedades transformadoras que poderão emergir caso tais valores e perspectivas terminem vigorando.

A tendência evolutiva de longo prazo. Os conceitos de Novo Mundo dos séculos XIX e XX serviram de inspiração para os povos de toda parte da Terra. A visão evolutiva de longo prazo indicada em tais metas pode ser adequadamente resumida em três componentes:

1. *Conscientização e domínio da vida, sempre maiores*, praticados através de uma postura científica de investigação aberta, de aplicação da tecnologia para melhorar a qualidade do viver, e de busca livre de crenças e valores adequados para servirem como eixo de orientação.

2. *Liberação*, exemplificada em liberdade pessoal e de ideais políticos, dentro de uma ordem legítima, em um ideal econômico de iniciativa privada, e no ideal cultural da individuação.

3. *Democratização*, exemplificada pelos ideais sociais de educação gratuita e divulgação popular do conhecimento científico, pelo ideal econômico da igual oportunidade e pelo ideal político da democracia participativa.

Nas últimas décadas, os Estados Unidos, assim como praticamente todo o mundo industrializado, afastaram-se consideravelmente desta visão evolutiva. A conscientização e o domínio viram-se reduzidos a uma ciência utilitária, a serviço da tecnologia, e a uma tecnologia a serviço de implacável crescimento econômico e de um militarismo inevitável. A liberação ficou muito aquém da libertação econômica e social dos cidadãos do Terceiro Mundo que já estavam politicamente libertos. (Até recentemente, inclusive, não incluía as mulheres.) A eficiência dos processos democráticos e o número de governos democráticos funcionais no mundo declinou num certo período, embora essa tendência possa ter-se invertido nos últimos anos.

Essas três metas evolutivas de longo alcance ainda são capazes de inspirar o moral, como já o fizeram no passado. Uma imagem do futuro na qual sejam plenamente atingidas é mais atraente do que o insensato modelo de consumo e crescimento que vigora atualmente nos setores executivos da nossa sociedade, e menos ameaçadora do que o conceito de uma "transformação" a sugerir uma aventura em meio a um futuro inteiramente ignorado. É isso que faz deste contexto de uma transfiguração relativamente suave e contínua, em termos das condições vigentes, um processo mais plausível do que poderia de outra forma parecer.

Em resumo, o fator mais importante para a sobrevivência nos anos vindouros, dentre todos os que são relevantes, parece ser uma interpretação exata do que está acontecendo, capaz de ser continuamente reexaminada à luz de novos acontecimentos e informações. Pode-se dizer o mesmo para a prosperidade.

Como Ter um Excelente Desempenho num Ambiente Altamente Competitivo

Há poucas dúvidas de que o setor empresarial no futuro próximo deixará de se mostrar incerto para tornar-se altamente competitivo. Embora os dilemas globais permaneçam sem solução, um alto padrão de vida tornar-se-á um bem para privilegiados; tanto as pessoas como os países entrarão numa acirrada competição. Os negócios enfrentarão competição não apenas da parte de outros negócios nacionais, mas também, e em escala crescente, de negócios estrangeiros. Pela primeira vez na história existe um mercado de trabalho internacional; os empregos deslocam-se com tanta liberdade quanto costumava acontecer com as fontes de recursos naturais.

Não obstante, parece que, ao mesmo tempo, estamos nos deslocando na direção da totalidade mais do que na da separação, no rumo da cooperação mais do que no da competição, valorizando mais os relacionamentos que as coisas. No plano internacional, os países que competem melhor caracterizam-se por um alto teor de cooperação doméstica. As corporações que melhor competem têm altos índices de cooperação interna. Embora não estejamos louvando as virtudes da competição num mercado livre, nem por isso deixa de estar claro que o futuro pertence aos que puderem preservar essas mesmas qualidades enquanto criam, em suas organizações e em sua sociedade, uma atmosfera propícia à cooperação, ao respeito afetuoso, à riqueza de significados e à qualidade dos relacionamentos.

Como atrair e conservar os melhores profissionais. A competição será entusiasticamente abraçada, no geral, pelas pessoas mais criativas e flexíveis. Para atrair e conservar os profissionais mais competentes dentro de um mercado competitivo, a companhia precisará oferecer-lhes o que eles quiserem.

O quadro traçado por Michael Maccoby (1988), atualizado e decorrente de minuciosas pesquisas, vale a pena ser citado:

> O mercado global exige que as companhias produzam produtos e serviços de qualidade mais elevada... (A sociedade) precisa de melhores e mais produtivos serviços de saúde, educação, oferta de bem-estar e proteção policial. Para alcançar tais objetivos, os empreendimentos e as burocracias devem eliminar os níveis administrativos dispendiosos e equilibrar controle com autogerenciamento. Os funcionários não apenas precisam trabalhar muito como atentar para o corte nos custos e para a satisfação dos clientes. As

novas relações profissionais exigem a partilha de conhecimentos e uma aprendizagem contínua. Na medida em que as organizações forem se achatando, haverá menos oportunidade para promoções. Os tradicionais incentivos da hierarquia, do dinheiro, do *status* e do poder estarão em falta dentro em breve.

(Há um grupo cada vez maior de pessoas) que é compatível com essas exigências... Trata-se de homens e mulheres cujo principal objetivo de trabalho é o autodesenvolvimento. Desde a infância vêm demonstrando habilidades intelectuais e sociais de alto nível que lhes permite ter êxito profissional e pessoal nas relações. Esses indivíduos capazes de cuidar de seu próprio desenvolvimento são motivados a resolver problemas de forma cooperativa com os colegas de trabalho, com os clientes, com os fornecedores. Estão prontos a aprender e preparados para sair-se bem nos novos ambientes de trabalho, que cobram a demonstração de um novo arranjo entre conhecimentos técnicos e atuação em equipe.

Esses profissionais, no entanto, sentem-se frustrados nas organizações burocráticas e sob líderes que não têm os mesmos valores, e se afastam deles. Ressentem-se de atividades e locais de trabalho onde não tenham a possibilidade de aperfeiçoar ainda mais suas habilidades e conservar seu potencial profissional em alta, para a competição entre especialistas. Querem ter liberdade para uma reação individual diante de clientes e fornecedores, querem ser empreendedores em vez de especialistas de horizontes estreitos. Querem ser tratados como pessoas completas, não como papéis sociais em ação. Ao mesmo tempo, preocupam-se em não serem devorados pelo trabalho. Motivados a uma vida familiar bem-sucedida e a um avanço profissional constante, a equilibrar o trabalho e o lazer, questionam continuamente quanto investir de suas pessoas no trabalho.

Uma significativa porcentagem do setor empresarial ainda está orientada por teorias obsoletas de motivação segundo as quais as pessoas importam-se com dinheiro, poder, *status* e hierarquia de necessidades como fatores motivacionais. Para se sentirem completas enquanto trabalham, as pessoas devem ter a capacidade de interferir de forma significativa nas condições que as afetam. Serem proprietárias não é necessariamente a solução. Os operários iugoslavos que "possuem" as companhias nas quais trabalham e que elegem o diretor administrativo, ainda assim sentem-se alienados e desinteressados por um trabalho monótono e tedioso.

O que a nova visão implica. O autor Roger Harrison (1983) soube valer-se de uma rara combinação entre sua rica experiência profissional como consultor administrativo e uma sensibilidade especial para perceber as profundas mudanças no sistema de crenças vigentes, atualmente em andamento; com base nisso, aconselha aos empresários que adotem uma perspectiva sistêmica e considerem os negócios em sua totalidade:

De um ponto de vista global, a organização existe apenas como parte de uma realidade maior, e recebe apoio e sustento do sistema maior do qual depende: a nação, sua cultura, muitos grupos de interesse, o sistema político

> e econômico mundial, e o próprio planeta físico e biológico... Desse ponto de vista, o propósito de uma organização não é simplesmente decidido por seus membros mas é, em grande medida, "dado" por sua pertinência ao sistema maior...
>
> Ao adotar uma tal perspectiva, faz-se necessária uma mudança fundamental na orientação que estipula metas e avalia sucessos e fracassos em relação aos planos... (As pessoas que) lutam por se sobressair... vivenciam um alto grau de estresse, o que se pode deduzir da progressiva popularidade do álcool, das drogas e dos cursos de redução e controle do estresse... Uma grande parte desse estresse decorre de uma perspectiva segundo a qual nós e as nossas organizações somos entidades autônomas. Negamos o quanto dependemos do sistema e dos acontecimentos mais amplos e depois nos culpamos quando as nossas ações dessintonizadas não nos conduzem à consecução das nossas metas... No entanto, podemos adotar outra perspectiva segundo a qual a nossa organização possa ocupar um lugar específico dentro do sistema maior, e a nossa tarefa como administradores e líderes seja sintonizar a organização ao meio em que se insere, para descobrirmos qual é o nosso papel e então desempenhá-lo. As dificuldades que sentimos são interpretadas, então, como signos e sinais emitidos pelo meio, para dizer que, de algum modo, estamos fora de sintonia com o nosso verdadeiro papel... De acordo com este ponto de vista, não deve ser mais difícil para uma organização sobreviver e prosperar do que é para o corpo saudável trabalhar com afinco para sobreviver. Quando o organismo faz sua parte, recebe a nutrição que merece. Do ponto de vista sistêmico, então, o pensamento estratégico é aquele que busca o significado e não tanto a vantagem material.

Dificilmente poder-se-ia encontrar um exemplo melhor de conselho sensato, diante do paradigma emergente, mas é possível que dê a impressão de um perigoso salto no absurdo, se analisado pelos conceitos antigos.

Enfatizamos a importância de atrair e conservar os melhores profissionais, numa época de incertezas e competitividade galopante. Segundo as pessoas criativas, um dos aspectos mais desejados para o ambiente de trabalho é a sensação de fazer parte de uma organização envolvida com uma atividade significativa e socialmente benéfica. Essas pessoas, em especial, questionam da atividade empresarial se ela tem noção de qual é seu novo papel no planeta.

O Novo Papel dos Negócios

Durante o Império Romano, quando a Igreja era a instituição dominante em toda a Europa ocidental, ela assumia uma responsabilidade completa. Hoje, a instituição dominante no planeta são os negócios: será que cabe a eles assumir uma responsabilidade semelhante? Caso caiba, o que isso representa para os objetivos empresariais? Estas são questões que suscitam o questionamento mais profundo possível acerca da natureza essencial dos negócios.

Se devemos em conjunto nos preocupar com a corporação individual tanto quanto com o sistema empresarial como um todo, além de com todo o planeta, o mais sério dos dilemas torna-se parte do negócio dos negócios. A questão é de alta prioridade: como um empreendimento pode garantir que está contribuindo para as soluções globais em vez de para os problemas globais?

Não devemos alimentar a expectativa de conseguirmos identificar exemplos taxativos de empresas que adotem o "novo paradigma". Diante do estágio atual da transição, é muito cedo para isso. Se uma companhia tentar antecipar em todos os aspectos o rumo da mudança, ela estará se adiantando tanto ao ritmo das circunstâncias ambientais que talvez não sobreviva. Apesar disso, pode ser útil darmos alguns exemplos de empresas que provavelmente estejam ilustrando determinados ângulos do novo paradigma.

A Scott-Bader, uma companhia inglesa, emprega mais ou menos quinhentas pessoas em sua indústria de produtos químicos e plásticos. É de propriedade da Scott-Bader Commonwealth, uma organização formada com o objetivo de efetivar um conglomerado comum. A maioria dos operários da companhia está ligada à Commonwealth e participa da elaboração de sua política, o que porém não é de forma alguma compulsório. A companhia tem uma estrutura administrativa normal, que é responsável pela Commonwealth, mas os objetivos da empresa são muito mais amplos que os da maioria das outras companhias do setor. Encontramos um resumo dos mesmos no Preâmbulo à Constituição da Commonwealth:

> A Commonwealth tem responsabilidades perante a comunidade nacional e também perante a internacional, e pretende incumbir-se delas promovendo um movimento orientado no sentido de uma nova ordem industrial e social pacífica. Para que essa nova ordem possa de fato constituir-se em alternativa ao capitalismo de consumo e ao comunismo com seu controle estatal absoluto, ela precisa ser não-violenta no sentido de promover o amor e a justiça, pois onde o amor se detém começa o poder e seguem-se-lhe a intimidação e a violência. Um dos requisitos indispensáveis a uma ordem social pacífica é, sem sombra de dúvida, uma organização de trabalho fundada numa... partilha dos frutos de todos os nossos esforços com os menos afortunados, em vez de trabalharmos apenas em prol da nossa segurança particular... Devemos nos empenhar em promover a manifestação do que há de melhor nas pessoas, dentro de uma comunidade livre, para que possam viver segundo o nível mais elevado de que são capazes e reconheçam a interdependência de meios e fins, em nossa incessante construção de uma nova e melhor sociedade.

Emprego. Mais do que na América, na Europa os negócios dividem com o governo a responsabilidade pela manutenção de altos níveis de emprego. Tanto no setor empresarial quanto no da administração central, a questão assume a forma típica de índices saudáveis de crescimento econômico que, ao serem mantidos, se traduzem num nível crescente de consumo de bens e serviços monetarizados. Vimos, no Capítulo 4, que essa estratégia não resolve o problema e que, aliás, a questão como um todo precisa ser reformulada.

Ouve-se muita coisa a respeito de o conhecimento estar se tornando o recurso principal da nossa sociedade. Embora sem dúvida tal alegação seja em parte razoável, não implica que a maior parte da força-trabalho atual termine tornando-se um "operariado do conhecimento". Em vez disso, estamos vendo a nós mesmos cada vez mais como uma sociedade de duplo alinhamento: de um lado o grupo formado pelos praticantes da nova "sociedade do conhecimento"; do outro, o grupo que simplesmente não consegue entrar. A longo prazo, essa é uma sociedade politicamente instável.

A pequena iniciativa privada é, sem dúvida, uma das soluções mais importantes para que a transição se efetue sem conturbações. Nas décadas que se seguiram às crises do petróleo, em 1973, as quinhentas primeiras companhias da Fortune eliminaram dos seus quadros um total de 6 milhões de empregos. No mesmo período, cerca de 24 milhões de novos empregos foram criados por empresários nos Estados Unidos, em negócios que empregavam menos de cem funcionários.

Desenvolvimento. Todos os países estão em desenvolvimento. A pergunta a respeito do que é a meta desse desenvolvimento torna-se relevante para os países ricos e industrializados na mesma medida em que para a mais pobre das nações em desenvolvimento, mesmo que o conjunto de opções e obstáculos seja diferente nos dois casos.

Diante da interligação de todos os elementos que compõem o mundo moderno, as dúvidas relativas ao desenvolvimento só podem ser respondidas no contexto de uma imagem viável para o futuro global. Nessa imagem, os caminhos para o desenvolvimento das nações mais ricas e mais poderosas têm um papel central. Como já assinalamos, é improvável que o desenvolvimento seja uma questão de manter o crescimento exponencial do PIB; o mais provável é um afastamento nítido justamente desse caminho.

No entanto, os negócios constituem um fator crucial do desenvolvimento e algumas companhias já estão assumindo a sério essa responsabilidade. A firma de Anita Roddick, The Body Shop International, produz e distribui cosméticos e produtos para o cuidado com a saúde física. Está fortemente comprometida com o estabelecimento de transações comerciais com o Terceiro Mundo. Não só faz questão de usar ingredientes plantados e manufaturados no Terceiro Mundo como também ajuda os fornecedores em sua iniciativa de criarem o próprio empreendimento. Aldeias inteiras na Índia, na África, e na América do Sul vêm sendo subsidiadas pelos lucros dessa iniciativa. Não se trata de caridade; trata-se de um comércio com outra perspectiva.

Meio ambiente. A degradação ambiental é produzida pelo sistema. É inerente ao sistema que um consumo maior (com seus inevitáveis correlatos de impactos ambientais e dispêndio de energia) contribua para a economia; já os cuidados com o meio ambiente pertencem ao setor público e representam um escoadouro para a economia. Por isso se faz necessária uma mudança básica. Muitas companhias, atualmente, vêm se comprometendo a observar uma ética ambiental, mas isso, em si, não será suficiente se suas ações construtivas forem neutralizadas pelas conseqüências de um sistema maligno de incentivos.

Segurança. Apesar de toda a contestação contemporânea em favor da paz e do desarmamento nuclear, os países poderosos do mundo ainda não se deram conta do fato óbvio: desde o desenvolvimento – durante a Segunda Guerra Mundial – de métodos de destruição em massa e extermínio simultâneo de centenas de milhares de pessoas, *não é mais possível garantir a segurança nacional através de poderio militar.* Sendo assim, o mundo deve passar para a próxima questão: *como então garantir segurança nacional e global?*

A resposta é bem conhecida por analogia com o caso intranacional. Chama-se o Direito da Lei.

Basicamente, o Direito da Lei afirma que a supremacia da lei opõe-se à do poder arbitrário. Além disso, esta não é uma definição trivial. Não deve, a propósito, ser entendida como uma simples "lei e ordem" impostas pelo governo, na medida em que não presume que todas as leis impostas por governos sejam legítimas. Exige uma igualdade de todas as pessoas e classes, inclusive o governo e seus representantes, perante a lei. Exige a existência de uma classe judiciária e leal independente. Exige da sociedade uma atitude e um espírito de legalidade.

O primeiro-ministro da Índia, Jawaharal Nehru, afirmou que o Direito da Lei é o "sinônimo da manutenção de uma existência civilizada". A Declaração Universal dos Direitos do Homem, da Organização das Nações Unidas, datada de 1948, afirma: "É essencial que os direitos humanos sejam protegidos pelo Direito da Lei, caso o indivíduo desprovido de todos os demais recursos veja-se, como última alternativa, movido a revoltar-se contra a tirania e a opressão por meio de atos de rebeldia." O Preâmbulo à Constituição do Canadá, de 1982, diz em suas primeiras palavras que "Sendo o Canadá fundado em princípios que reconhecem a supremacia de Deus e do Direito da Lei..."

Os Estados Unidos têm um justificado orgulho de sua tradição como Estado que observa o Direito da Lei. Apesar disso, nem os Estados Unidos nem qualquer outro país poderoso agem como se acreditasse no Direito da Lei, em termos mundiais. (A aceitação internacional do Direito da Lei não implica qualquer tipo de Governo Mundial centralizado, possibilidade que aliás causa arrepios em todos.)

Os negócios internacionais, como companhias de aviação e telecomunicações, não poderiam funcionar caso não obedecessem em parte a um direito da lei. Seria razoável esperar que os negócios promovessem a aceitação do Direito da Lei simplesmente porque há vantagens em se negociar num contexto comercial estável.

Os empresários, no entanto, têm se mostrado ambivalentes, em parte por falta de confiança ou medo, e em parte porque a economia terminou tornando-se dependente do comprometimento nacional com a abordagem militarizada das questões sociais. É nesse contexto que os negócios têm uma clara oportunidade para exibir seu potencial de liderança.

A Nova Forma de Fazer Negócios

O moderno sistema econômico e suas partes componentes, como a corporação, baseia-se numa imagem de realidade que enfatiza a separação entre as coisas e o empenho competitivo pela existência. Apesar disso, como já vimos, a cultura parece estar em trânsito, deslocando-se na direção de uma imagem que enfatiza a totalidade e o relacionamento. O tipo de organização em que as pessoas querem estar, compatível com a visão holística, é aquele que dá importância ao autodesenvolvimento, à qualidade dos relacionamentos, às atividades significativas e ao esforço cooperativo. Terry Mollner (1990) escreveu sobre este aspecto denominando-o de "o Terceiro Caminho... após o capitalismo e o socialismo". Coaduna-se com a "era dos relacionamentos" na qual a qualidade dos vínculos adquiriu um elevado valor, quando comparado ao controle, à posse, e à distribuição de objetos. O "Terceiro Caminho", alega Mollner, será uma solução melhor do que a apresentada pelo capitalismo para os problemas da pobreza e da injustiça econômica, e servirá melhor que o socialismo para pôr um fim à mediocridade.

É provável que o melhor exemplo nesse sentido seja dado pelas cooperativas Mondragon, ao norte da Espanha (na Polônia funciona a União Central, que tem uma atividade similar, embora de maior vulto). Basicamente, a Mondragon é uma associação de várias centenas de empreendimentos industriais, estabelecimentos comerciais, escolas, fazendas, e um banco, todos havidos e administrados por mais de 20.000 proprietários que também são os únicos funcionários da rede. Os proprietários-operários estão com empregos garantidos por toda a vida, rendas plenamente adequadas ao suprimento das suas necessidades domésticas, uma participação quase igual nos lucros e perdas das empresas, participação igual no controle democrático das empresas e programas amplos e adequados de seguro-saúde, seguro-desemprego e aposentadorias. A produtividade por trabalhador está entre as mais elevadas de toda a Europa.

A Mondragon baseia-se voluntariamente numa imagem de realidade que é diferente da esboçada pelo capitalismo e pelo socialismo. Nela, enquadram-se conceitos como os de totalidade, união, cooperação, que uma vitória para ser verdadeira *não* implica um lado perdedor, e a importância dos relacionamentos familiares. As pessoas decidem produzir bens e serviços de alta qualidade porque sentem prazer em fazê-lo, em equipes de conhecidos de longa data, e porque consideram sua atividade uma prestação de serviço à humanidade e não uma iniciativa voltada primariamente para o lucro pessoal. É muito interessante constatar que o complexo Mondragon aproxima-se do "reino unido cooperativo", que foi o objetivo da América rural no século XIX antes de este sonho ter sido esfacelado pelas migrações urbanas. O conceito básico de um empreendimento cooperativo também tem uma longa tradição na Europa. O padrão em questão parece ter possibilidades de desempenhar um papel importante no futuro porque está em íntima sintonia com os valores emergentes.

É possível antecipar o surgimento de uma ampla variedade de formas organizacionais experimentais, à medida que a sociedade for atravessando esta fase de transição; mas é improvável que haja muitas capazes de copiar o modelo Mondragon. Ainda assim, sem dúvida dois traços deste padrão empresarial repetir-se-ão com grande freqüência, a saber, a ênfase prioritária nos *relacionamentos* e a participação administrativa ou acionária dos funcionários.

A Promon Internacional, do Brasil, é uma organização de prestação de serviços que atua nos setores da engenharia, da geofísica e da eletrônica. É inteiramente repartida entre os seus 3.000 funcionários-proprietários. Ninguém pode ter mais que 5% do capital e as ações não são transferíveis. No caso de morte, aposentadoria ou demissão, as ações são adquiridas pela companhia. Contudo, como diz seu presidente, Tamas Makray, a participação no capital da companhia não teria sentido a menos que fosse acompanhada pela participação na vida da organização, "uma comunidade criativa, energética, dinâmica. O objetivo da Promon é criar condições para que as pessoas possam realizar-se e satisfazer-se particular e profissionalmente".

As Novas Metas dos Negócios

Há vinte anos, a Rouse Company era praticamente a única em termos dos objetivos que adotava e praticava. Eles podem ser resumidos nos seguintes: criar na empresa um ambiente de trabalho capaz de incentivar as pessoas a buscar a execução de serviços gratificantes, capazes de promover seu desenvolvimento pessoal e profissional; conduzir atividades cujo fruto fosse útil e significativo para a sociedade, neste caso, através do desenvolvimento agrícola (a Rouse Company foi responsável pela cidade-modelo de Columbia, em Maryland); atingir tão bem os dois primeiros objetivos de maneira que o lucro fosse uma conseqüência automática. Portanto, em primeiro lugar, as pessoas; o lucro sem dúvida fazia parte do quadro, mas principalmente com um indicador.

Esses objetivos da Rouse Company, praticamente desconhecidos há duas décadas, são um bom modelo de como é possível coadunar metas empresariais numa sociedade de aprendizagem.

As Indústrias Villares S.A., uma corporação brasileira pertencente a pessoas de uma mesma família, opera com o processamento e a produção de aço. É um exemplo de empresa que leva a sério a relevância do desenvolvimento pessoal dos funcionários. O Instituto de Educação da empresa, que valoriza muito os trabalhos realizados com o intuito de ajudar os funcionários a removerem os bloqueios à sua criatividade e à sua intuição, pode atender a todos os 20.000 empregados. O vice-presidente, Luiz D. Villares, tem a empresa como a instituição predominante do mundo atual, em suas transformações, e a considera em transição, "atravessando um processo que está nos conduzindo de papéis específicos e posições distintas para um contexto em que as responsabilidades são divididas; de um comportamento competitivo e dependente da hierarquia para uma atitude interdependente e cooperativa; o trabalho deixa de ser visto como um meio de ganhar a vida ou acumular riquezas, e passa a ser encarado como um instrumento de auto-realização e crescimento pessoal; deixa-se de administrar os funcionários como recursos e passa-se a tratá-los como seres em evolução constante e como co-criadores de bem-estar e riquezas; abandona-se a tradição e a experimentação como parâmetros principais do comportamento empresarial e considera-se a visão a principal influência sobre as decisões e ações empresariais" (citado em "Atitudes e percepções das práticas administrativas", de Mario Kamenetzky, manuscrito inédito).

A Nova Liderança

Max DePree, presidente e ex-diretor executivo da Herman Miller, Inc., é um dos líderes industriais mais admirados da América. Em seu recente *Leadership is an Art* [A liderança é uma arte], ele faz a relação das características que o "líder do futuro" deve apresentar. O primeiro item de sua lista é "uma integridade consistente e confiável". Integridade sempre foi uma qualidade importante. Em virtude das mudanças nos valores e nas motivações, atualmente passou a ser um fator crucial.

A liderança, contudo, não é apenas uma função da pessoa que está "por cima". Segundo a perspectiva sistêmica, e considerando as tarefas que se tornarão centrais, fica claro que a liderança pode ser praticada a partir de qualquer ponto do sistema.

Por exemplo, a Semco, uma companhia brasileira de nível médio de tecnologia, representa uma forma bastante radical de autogerenciamento e divisão de responsabilidades. Baseia-se em três valores: democracia, participação nos lucros e informação. Os oitocentos empregados da empresa são tratados, como diz seu presidente, Ricardo Semler, "como adultos responsáveis" – e colocados na difícil posição de usarem seu próprio discernimento e senso de responsabilidade. Não há relógios de ponto; os empregados entram e saem de acordo com suas próprias agendas. Não há vestuário uniformizado, não há regras a respeito de despesas com viagens, não se fazem vistorias de segurança, nem há cadeados. Os gerentes são avaliados pelos subordinados. As decisões importantes são tomadas com ampla participação de toda a companhia. Os empregados têm pleno acesso às estatísticas vitais da empresa, relativas a custos, despesas gerais, vendas, tributos que incidem sobre as folhas de pagamento, lucros.

Há alguns anos, Perry Pascarella, editor executivo de *Industry Week*, já assinalava o advento dos novos tempos. Num livro intitulado *The New Achievers* [Os novos realizadores], de 1984, ele diz o seguinte:

> Está ocorrendo uma revolução silenciosa... nas corporações e nas empresas... Embora tenhamos conhecimento de mais e mais esforços empresariais destinados a recursos humanos e seu desenvolvimento, ainda não conseguimos captar a verdade essencial acerca do que está acontecendo: as pessoas vêm despertando para a possibilidade de investirem em seu crescimento individual, prestando atenção nas opções que o favorecem. O espírito de equipe do qual tanto se fala é secundário ao desenvolvimento pessoal... O gerenciamento e a administração estão se encaminhando para uma nova mentalidade, para uma nova percepção do papel do indivíduo e do da organização. Aos poucos está deixando de empenhar-se em seu fortalecimento para privilegiar o fortalecimento dos outros; em vez de controlar, prefere favorecer o despertar da criatividade nas pessoas... Quando os gerentes e administradores efetuarem uma radical modificação em seus valores... a corporação (passará) por uma reorientação radical a favor de uma mais ampla visão do mundo.

As atividades econômicas do sistema mundial de negócios têm servido de fator de peso para o acúmulo dos problemas globais que hoje desafiam o mundo inteiro. Pela mesma razão, o mundo dos negócios pode ser um fator crucial em sua resolução final. Não, porém, sem uma transformação praticamente total do significado de negócio.

Os negócios cruzam fronteiras nacionais com muito mais facilidade que as instituições políticas. A corporação empresarial é uma organização muito mais flexível e adaptável que as estruturas burocráticas dos governos e que as instituições internacionais do setor público. Os líderes empresariais são os verdadeiros pioneiros na prática da cidadania planetária: têm acessos e responsabilidades mundiais, e seus domínios transcendem os limites nacionais. Suas decisões afetam não apenas as economias mas também as sociedades; não apenas as preocupações diretas e atinentes aos seus negócios, mas ainda os problemas mundiais da pobreza, do meio ambiente e da segurança.

Apesar disso, até o momento, este vasto sistema empresarial de amplitude planetária tem estado sujeito a uma ética não adequada. Embora esses executivos e suas organizações abranjam uma rede econômica mundial, esta não tem se pautado e nem institucionalizado por uma filosofia capaz de orientar com sabedoria as suas forças modeladoras. A legitimidade dos negócios conduzidos nessas condições tem sido, por isso, justificadamente questionada.

Desafios para o Indivíduo e para a Organização

É inerente a este quadro de uma sociedade em processo de transformação um conjunto de sérios desafios, que as pessoas precisam enfrentar. Se todos os encararmos, poderemos nos dar força uns aos outros. Uma forma que esse apoio adota é o desenvolvimento de uma disponibilidade para mudar, para crescer, para abrir mão do que é familiar e bem-conhecido para se poder atravessar esta fase de transição sem um estresse excessivo. Outro desafio é o desenvolvimento de um senso interior de segurança, pois haverá momentos em que o ambiente externo será tudo menos estável e confiável. O indivíduo, o grupo e a humanidade estão todos envolvidos na ação; paradoxalmente, devemos assumir a responsabilidade por nossas próprias vidas e também reconhecer a necessidade de receber apoio e orientação dos outros. "Pense global, aja local" é outra maneira de dizer a mesma coisa. Precisamos agir onde estamos, mas à luz de uma visão do todo.

Esta transição implica uma mudança extensa e radical de toda a mentalidade – uma *metanóia*. Projetando-a no futuro, essa tarefa parece de uma dificuldade intransponível porque a mudança na mentalidade ainda não ocorreu e não há manuais de instrução dizendo como proceder para desencadeá-la. Vendo-a sob um ângulo retrospectivo, ela sem dúvida parece algo simples e nos perguntamos como foi que demoramos tanto para perceber a sua necessidade.

Talvez com alguns diagramas o quadro fique mais claro. As pessoas e as organizações estão em mudança. Podemos resumir boa parte do que foi dito a respeito dessa transformação concentrando-nos, por um instante, (a) nos níveis da percepção individual e (b) nos estágios de evolução da organização.

Níveis da percepção individual. Tanto os indivíduos como as organizações estão passando por uma fase de evolução. No cerne deste processo está um certo conjunto de pressupostos ou crenças básicas a respeito da natureza do indivíduo humano, dos outros, do universo. Esses pressupostos interiorizados, que atuam num plano praticamente todo inconsciente, moldam o modo como percebemos o nosso meio ambiente. Mas, por sua vez, as percepções exercem também um impacto sobre as crenças interiorizadas.

Muitas são as pessoas que atualmente estão passando por uma mudança em sua percepção (na tabela seguinte as incluímos no nível 4). Por que isso está acontecendo? Não existe uma resposta que obtenha um consenso geral, da mesma forma como não existe uma resposta para outra pergunta semelhante, relativa às mudanças sociais descritas no Capítulo 3. Apesar disso, à medida que grandes contingentes de pessoas vão se modificando, mudam as organizações que elas criam. Estas podem ser, em parte, entendidas em termos de nossos níveis de percepção. Os níveis ou modalidades de percepção afetam a qualidade de vida da pessoa e, coletivamente, afetam como uma organização ou sociedade enfrenta os problemas que a atormentam.

As pessoas situadas no nível 1 em função das suas crenças e valores internos costumam sentir que não têm escolha para agir, nenhuma margem de opção para determinarem a própria vida. Sentem-se vítimas do seu meio ambiente. São pessoas que apenas reagem e que abriram mão da integridade e da responsabilidade pelo próprio ser. Apegam-se a estereótipos de segurança; contentam-se em sobreviver. Se a vida fosse um filme, tais pessoas estariam desempenhando uma parcela muito pequena do papel das suas próprias vidas.

Talvez a maioria das pessoas que vivem em sociedades industrializadas pertençam ao nível 2 (segundo o diagrama que vem a seguir). O meio ambiente e as possíveis estratégias para abordá-lo são percebidos através de um conjunto relativamente fixo de valores e crenças. Permitem-se ser condicionadas pela sociedade e adotam o personagem consagrado cujas características são: um único vetor para todos os pensamentos, sempre sem tempo, dominado pelas circunstâncias e buscando a perfeição. O ambiente é um recurso a ser explorado, tratado como bem comercializável, transformado em posses e lucros. As emoções são racionalizadas. As dualidades desempenham um papel central na vida dessa pessoa; esses dinamismos de oposições (bom–mau, masculino–feminino, razão–intuição) resultam em competitividade e necessidade de controle. O indivíduo do nível 2 é o ator principal no filme de sua vida.

No nível 3, está a pessoa que abre sua percepção o suficiente para aceitar-se por completo, admitindo toda a gama do espectro das suas possibilidades intelectuais, emocionais e espirituais. Faz extenso uso da intuição para aprimorar o conhecimento aprendido e a mente racional. O pensamento que emite julgamentos é substituído pela mente discriminadora, capaz de aceitar as ambigüidades e valorizar as diferenças, a diversidade, reduzindo assim a necessidade de praticar controles. Esse abandono permite que mais porções da variada realidade façam parte de sua vida, o que assegura uma mais ampla margem de vivências e a tranqüilidade diante das incertezas. As dualidades parecem não requerer decisões do tipo "isso ou aquilo", pois complementam-se umas às outras e, assim, abrem um leque muito maior de oportunidades e escolhas. Há menos necessidade de alterar o meio ambiente para que ele se enquadre num conjunto interiorizado de opções e imagens fixas do que deve ser e acontecer. Em vez disso, os conceitos podem ser modificados. É confortável alimentar uma visão ecológica do ambiente como um todo. A pessoa do nível 3 é a estrela da sua vida, interpretando-a e sendo ao mesmo tempo o diretor do filme.

O nível 4 trata do raro ser humano em quem se tenham integrado num todo as emoções, o corpo, a mente e o espírito, criando um organismo unificado que ecoa e se harmoniza com o ambiente, permitindo assim o surgimento de respostas criativas espontâneas, de um desempenho de alto nível, de uma sensação de completo conforto e total familiaridade com o próprio corpo e o planeta. Essa pessoa é a estrela, o diretor e o roteirista do filme de sua vida.

Em termos desses níveis de percepção, a presente transformação de grandes números de pessoas nas sociedades industrializadas pode ser concebida como um deslocamento do nível 2 para o nível 3, ao lado de um aumento no número dos que estão se endereçando para o nível 4. As organizações vêm prestigiando mais o nível 3 que o 2. Ainda mais importante, o sistema implícito de crenças coletivas está se transformando para reconhecer a possibilidade e a validade do nível 4 de percepção. Tais mudanças se refletem numa maior participação dos funcionários e em sua identificação com a empresa; em mais flexibilidade e criatividade; num maior índice de confiança e em maior integridade; em melhor simetria entre acionistas, administradores e gerentes, funcionários, clientes e a comunidade. Todos esses vetores contribuirão para fazer da economia uma parte orgânica da ecologia, e, nessa medida, facilitarão a resolução dos nossos mais complexos dilemas. Há uma necessidade crítica de ir além das soluções convencionais. E as mudanças acima descritas tornarão tal passo mais do que provável.

Estágios de evolução da organização. O outro diagrama sugere o tipo de desenvolvimento evolutivo em andamento nas corporações e em outras organizações, à medida que abrigam e encontram, dentro e fora de sua estrutura, mais e mais pessoas cuja percepção está entre os níveis 3 e 4.

QUATRO NÍVEIS DE PERCEPÇÃO

Modo de percepção	*Características*	*Estilo de vida*	*Relacionamentos principais*
4. Percepção consciente discriminadora	Integridade, sabedoria, compaixão	Espontaneamente criativo, à vontade com o próprio corpo e com o planeta	Suprapessoais
3. Intuição	Auto-aceitação, *insight*	Mais utilização de seus plenos poderes e potencialidades espirituais	Transpessoais
2. Intelecto razão	Intenção	Condicionado, pressionado pelo tempo, necessita controlar, competitivo	Pessoais
1. Instinto	Segurança, sobrevivência	Reativo, se vê como vítima, abre mão da própria integridade	Subpessoais

A EVOLUÇÃO DAS ORGANIZAÇÕES*

Referência de tempo	1. *Reativa* Passado	2. *Sensível* Presente	3. *Pro-ativa* Futuro	4. *Novo Paradigm* Fluir
Foco	Difuso	Ênfase na produção	Ênfase nos resultados	Qualidade; crescim to pessoal
Planejamento	Justificativas; pouco planejamento	Planos para situações previstas	Estratégico	Evolução guiada pe intuição
Modalidade de mudança	Punitiva	Adaptativa	Planejada	Programada
Administração	Decisões implantadas de cima para baixo; punições previstas	Através de coordenação	Por alinhamento	Oferece visão e lider ça
Estrutura	Fragmentada	Hierárquica	Organização-matriz	Redes autodirigidas
Perspectiva individual	Autocentrada; pessoal	Desempenho em equipe	Eficiência da organização	Cultura, nação, mu
Motivação presumida	Evitar dor; recompensas imediatas	Recompensas de *status* e econômicas	Contribuição e reconhecimento	Auto-realização pes
Desenvolvimento através de	Contínua sobrevivência	Coesão	Sintonia com o bem-estar do todo	Contínua transform ção
Comunicação	Ordens e incentivos de cima para baixo	De cima, alerta a retornos de baixo	Livre fluxo entre níveis superior e inferior	Comunicação por e patia através de tod rede
Liderança	Compulsória	Por exortação	Pela estipulação de um propósito coletivo	Pelo fortalecimento todos

* Adaptado de *High Performance Programming: A Framework for Transforming Organizations* (Programando o máximo desempenho: guia para organizações em transformação). Tyler (Linda) Nelson e Frank Burns, in John D. Adams (1984).

Talvez na sociedade transmoderna se torne realmente verdadeiro que as corporações e as outras organizações sejam, em sua essência, os contextos para a interação humana, nos quais as pessoas se reúnam para aprender a prestar uma atenção afetuosa no outro e a se importar com ele, a trabalhar juntas, a deixar que a criatividade flua e cresça, a encontrar significado para suas vidas e para o amor.

Resumo

O mundo industrializado está passando por uma modificação profunda que envolve a reavaliação dos pressupostos básicos implícitos na estruturação da sociedade ocidental, em seus alicerces tecnológicos e no mundo da economia. Entre os aspectos mais fundamentais dessa transição está o papel do trabalho, tanto na vida da pessoa como na da sociedade.

Temos a capacidade típica de minimizar a extensão do dilema que diz respeito ao trabalho na sociedade moderna. Por um lado, presume-se que o destino de praticamente todo indivíduo seja ter um emprego dentro da corrente da economia oficial (ou pelo menos estar casado com alguém nessas condições). Por outro lado, o trabalho vem recebendo uma definição em que está implícita a sua natureza de algo a ser evitado, e delegado, cada vez mais, à automática operação dos maquinários. Dessa forma, a produtividade do trabalho está sendo continuamente intensificada e, para que todos possam ter um emprego, *o produto econômico precisa crescer mais rápido que o aumento da força-trabalho.* O resultado líquido desse processo é uma tremenda pressão para o crescimento do produto econômico, através de mais consumo, de uma militarização planetária e de efeitos artificiais subliminares. Essa pressão vem, atualmente, conhecendo uma contrapressão emitida pela devastação do planeta e por outras limitações da nossa Terra-mãe. É assim que se nos depara um dilema inevitável: não parece haver como evitar a piora na situação da permuta entre o desemprego e a progressiva deterioração ambiental, e outras conseqüências negativas do consumo desenfreado.

O dilema do trabalho é apenas um aspecto de uma situação caleidoscópica que só pode encontrar sua solução satisfatória em meio a uma mudança sistêmica radical. *Em razão de três fatores convergentes é plausível conceber essa alteração.*

O primeiro fator é o número crescente e a proporção dos problemas (deterioração ambiental de todo o globo; a possibilidade de modificações climáticas irreversíveis, atribuíveis à ação do ser humano; a extinção de espécies de plantas e animais numa velocidade alarmante; a extinção de florestas e o processo de desertificação do solo; a progressiva escassez de água potável; o acúmulo de produtos químicos tóxicos; a pobreza crônica e a fome que assolam extensas regiões do planeta; problemas sociais persistentes, como o crime, o terrorismo, o vício em drogas; a instabilidade de uma economia cronicamente endividada; e, evidentemente, a perene ameaça de um conflito internacional em que se faça uso do armamento nuclear. A relação parece interminável e todos estes são problemas inter-relacionados. Sendo assim, quaisquer providências para atenuar um deles enviará reverberações por todo o sistema.

Uma ampla variedade de movimentos sociais e políticos abrange a segunda dimensão do contexto: movimentos pela democracia, pela liberdade, pela consciência ecológica, pela conscientização da mulher, pela paz mundial, pela justiça social.

Em terceiro lugar, num nível mais profundo da estrutura social podemos encontrar indícios de uma modificação revolucionária nos pressupostos básicos a respeito da natureza da realidade, pressupostos estes que alicerçam a sociedade moderna e todas as suas instituições. A mudança nesse sentido encaminha-se para longe do materialismo inerente a uma ciência reducionista e se aproxima de uma imagem de realidade que, reconhecendo suas lacunas e equívocos, deve passar a admitir de forma explícita a extensão e a magnificência das potencialidades do espírito humano.

Os principais pesquisadores deste estudo vêm observando esses processos, tão intimamente interligados, já há alguns anos e têm sido assiduamente levados à necessidade de reavaliar o papel do trabalho, atividade que parece tão central à resolução final dos nossos dilemas e que quase nunca é levantado como tópico de debates. A possibilidade de que a economia mundial não seja futuramente capaz de proporcionar o pleno emprego, na acepção quc este termo vem tendo, é uma idéia tão ameaçadora que chega quase a ser tabu. Os inúmeros relatos da alienação de muitos operários na economia moderna que acham seu trabalho sem sentido também têm conseqüências perigosas. Além disso, os que discutem a economia do trabalho raramente abordam de forma adequada a questão do significado, e os que se preocupam com o modo como as pessoas buscam descobrir o significado da vida poucas vezes demonstram competência para lidar com a economia do trabalho.

Se tem havido uma certa relutância para enfrentar sem rodeios determinados aspectos da questão do trabalho, isso sem dúvida é determinado em parte pela impressão de estar diante de um dilema insolúvel. Que de fato o é, se se assume *a priori* que sua resolução precisa forçosamente ser apresentada por atitudes do governo ou dos escalões superiores da administração central. Muitas iniciativas foram empreendidas e as decepções acabaram sendo muito maiores! (como programas para criação de empregos e treinamento vocacional e mudanças mais extensas e amplas como as instituídas por Estados comunistas com seu planejamento e execução centralizados de programas de bem-estar social).

Apesar disso, existe ainda outra possibilidade que, quando analisada à luz de recentes acontecimentos havidos no leste europeu e na China, bem como em outras partes do mundo, parece muito mais plausível do que pensaríamos há não mais que uma década. Existe a possibilidade de os dilemas serem solucionados mediante uma transformação ainda mais radical da sociedade industrial moderna, que seria desencadeada não por uma administração hábil de alguma nação poderosa ou de uma instituição transnacional, mas pela efervescência de novos objetivos, valores, compromissos e conceitos provenientes de uma vasta "faixa média de pessoas" criativas que apreendem a chegada de uma nova visão de mundo e não se contentarão com nada menos que sua efetiva e completa concretização.

De uma forma que lembra o que aconteceu no leste europeu, no final dos anos 80, quando as pessoas despertaram para o seu poder de implantar pela reivindicação mais liberdade e mais democracia, também pode ser – e as nossas pesquisas indicam essa possibilidade – que outro despertar esteja em andamento nos países do Ocidente. Trata-se de um despertar para o poder de criar uma sociedade em que conceitos tais como desemprego e trabalho "sem sentido" se tornem obsoletos; nessa sociedade, todos terão a oportunidade de se envolver em trabalhos dignificantes e satisfatórios. Esse despertar não vem sendo mobilizado por líderes carismáticos, na política ou fora dela. Está, ao contrário, brotando de uma maneira que parece espontânea, do seio de uma reserva coletiva de valores e profundas introvisões registradas por milhares e milhares de habitantes do planeta. Essa nova consciência pode ser interpretada como evidência de que a sociedade moderna encontra-se em meio ao processo de curar a si mesma.

Embora não haja dúvida de que a capacidade de negação da verdadeira profundidade e seriedade dos atuais problemas sociais e globais é imensa, parece, ao mesmo tempo, haver muitos indícios de uma resposta espontânea e criativa. Entre tais indícios podemos apontar os movimentos sociais aos quais já nos referimos, e muitas outras experiências inovadoras por parte de organizações sem fins lucrativos, de comunidades intencionais, de economias alternativas, de programas alternativos de saúde, de novas formas de empreendimentos comerciais, de iniciativas particulares no sentido de ajudar novos empreendimentos e programas comunitários de desenvolvimento em países do Terceiro Mundo, além de muitos outros.

Neste trabalho, investigamos a hipótese otimista de que uma grande parcela do que hoje podemos constatar seja passível de uma interpretação como impulsos de autocura, cuja orientação é em parte inconsciente. Queremos deixar claro que, a nosso ver, os movimentos pela transformação pessoal e social que, ao longo dos últimos trinta anos, vêm se manifestando de forma espontânea contêm em seu bojo os elementos indispensáveis à bem-sucedida resolução da maioria dos nossos dilemas mais exasperantes.

Todo esse contexto é de máxima relevância particularmente para o setor dos negócios. Em primeiro lugar, tomar boas decisões empresariais depende de modo crítico de uma avaliação precisa tanto das circunstâncias externas como do ambiente interno. Além disso, e ainda mais importante, a liderança empresarial encontra-se numa posição única para prestar uma construtiva contribuição a esta transformação pacífica.

Posfácio

Negócios em Transformação

por Stanford M. Janger e Amy C. Edmondson

O diretor-executivo estava certo quanto à aquisição da empresa. Os números estavam certos, o produto estava certo, o preço estava certo. Depois de fazer uma recomendação favorável à compra, ele apresentou sua proposta aos empregados que então deveriam submetê-la a votação. Foram espalhadas urnas de votação por toda a empresa.

Os funcionários não concordaram com a compra. Não eram o grupo de acionistas majoritários – longe disso – mas aquela companhia acreditava em "democracia na prática". O diretor-executivo explicou mais tarde que "aquela empresa, eu ainda estou certo, deveria ter sido comprada. Mas eles acharam que ainda não estavam prontos para absorvê-la e eu perdi meu voto. Num caso como esse, está em jogo a credibilidade da minha administração. O envolvimento dos funcionários deve ser real, mesmo quando coloca em risco a administração. De qualquer modo, qual é o futuro de uma aquisição se as pessoas que irão operá-la não acreditam que seja funcional?"[1]

O que está acontecendo aqui? Numa época em que os jornais divulgam relatos assustadores de exóticos investigadores dentro das companhias, de vendas de sociedades de operações comerciais para "lavagem do dinheiro", de demissões em massa, de objetivos empresariais imediatistas, será aquele o relato de alguma fantasia, de alguma espécie de utopia para locais ideais de trabalho? Ou, em vez disso, trata-se de um exemplo vivo de um novo paradigma, precursor do modo como as companhias irão de fato "fazer seus negócios", à medida que nos encaminhamos para o terceiro milênio?

A Administração sem Administradores

O processo acima descrito transcorreu na Semco, uma fábrica brasileira que representa um exemplo verdadeiramente marcante da nova expressão "transformação da corporação". O que há para ser aprendido com esse meio ambiente profissional de aparência idílica? Vamos considerar mais de perto de que forma essa companhia "negocia" hoje. A Semco "trata seus oitocentos funcionários como adultos responsáveis", segundo o presidente da empresa, Ricardo Semler. "A maioria deles, inclusive os operários da linha de montagem, estipula seus próprios turnos de trabalho. Todos têm acesso aos documentos da empresa. A grande maioria pode votar a respeito das decisões mais importantes que afetam a empresa. Todos são remunerados mensalmente, independentemente da descrição da atividade, e mais de 150 dos nossos gerentes estipulam seus próprios salários e benefícios adicionais."[2]

As cinco fábricas da Semco produzem vários itens, incluindo rastreadores digitais, motores submarinos, lavadoras industriais, filtros para caminhão, equipamentos misturadores. Essa é uma companhia com uma visão ímpar de administração – não só no Brasil, mas também quando comparada às empresas americanas e européias mais progressistas. A administração da Semco baseia-se em três valores fundamentais: democracia, participação nos lucros e divulgação das informações.

Democracia Trabalhista

A democracia, ou a participação dos funcionários, envolve a criação de um ambiente de trabalho no qual os trabalhadores se importem com a produtividade e com a lucratividade da empresa. A Semco verificou que a mais eficiente unidade de produção compõe-se de 150 pessoas, mais ou menos. (É muito interessante o fato de Bill Gore, da W. L. Gore & Associates, ter identificado o mesmo número ideal para grupos de trabalho. Será que existe algo especial numa dinâmica de 150 pessoas alinhadas em torno de uma atividade?) Semler acredita que, para promover a prática da democracia, o tamanho das unidades de produção deve ser pequeno o suficiente para que os funcionários tenham contato direto uns com os outros, o que lhes permite coordenar suas atividades de trabalho.

Nesta companhia existem três camadas administrativas e quatro títulos. Em geral, os funcionários têm salários maiores que os supervisores. As pessoas não são contratadas nem promovidas enquanto não forem entrevistadas por todos os futuros subordinados e aceitas por eles. Os gerentes são avaliados duas vezes por ano pelos subordinados. Duas vezes por ano, todo funcionário preenche um questionário, e permanece anônimo em suas respostas, analisando a competência da administração central e a credibilidade da companhia. Inclusas estão questões como o que o faria pedir demissão ou entrar em greve.

As decisões importantes costumam ser tomadas por um voto geral de toda a empresa, como está descrito acima, e isso é uma verificação do compromisso que ela pratica na sua administração participativa. Diante da necessidade de escolher uma área para a instalação da divisão marítima da Semco, os funcionários localizaram um edifício e venceram a administração central na votação: a companhia adquiriu o edifício e instalou-se ali. O projeto de um sistema flexível de fabricação foi elaborado pelos funcionários e eles contrataram um dos mais renomados artistas locais para pintar todo o edifício, inclusive o maquinário. Semler diz: "Aquela fábrica realmente pertence aos empregados. Toda vez que entro lá sinto-me como um convidado."[3]

A credibilidade da empresa e o conceito de democracia são um processo perpétuo, segundo Semler. O axioma básico da filosofia administrativa da Semco é dar aos empregados controle sobre suas próprias vidas. A companhia aboliu normais, manuais, regras e regulamentos. "O bom senso" substituiu o decálogo. Diz Semler: "O bom senso é uma tática mais arriscada porque requer responsabilidade pessoal." Exige também "um certo sabor de desobediência civil toda vez que alguém chama a atenção para uma coisa que não está funcionando. Em resumo, tivemos que libertar os Thoreaus e os Tom Paines dentro da fábrica, e chegar a um acordo com o fato de que a desobediência civil não era um sinal precursor de revolução mas, sim, uma clara indicação de que havia bom senso em funcionamento". Os empregados são colocados na exigente situação de usar seu próprio discernimento. Não há uniformes, nem regras a respeito de despesas com viagens, nem investigações de segurança, nem cadeados.

Adultos em Casa e no Trabalho

"Em suma," diz Semler, "contratamos adultos e depois os tratamos como adultos. Pense nisso. Fora da fábrica os operários são homens e mulheres que elegem governos, prestam serviço militar, lideram projetos comunitários, criam e educam filhos, tomam decisões todos os dias a respeito do futuro. Os amigos pedem seus conselhos. Os vendedores os cortejam. Os filhos e netos vão em busca de sua sabedoria e experiência. Mas, no momento em que entram na fábrica, a companhia os transforma em adolescentes. Têm que usar emblemas e crachás, chegar num certo horário, ficar na fila para marcar o cartão de ponto ou almoçar, obter permissão para ir ao banheiro, dar extensas explicações cada vez que se atrasam cinco minutos e seguir instruções sem fazer perguntas."[4]

A Semco também eliminou os relógios de ponto, pondo assim em prática o conceito de confiança. Os funcionários entram e saem segundo seus próprios esquemas inclusive no setor da fábrica. O sistema celular de produção torna isso possível. Cada "célula" cria uma produto – uma balança, um fatiador, um misturador, etc. Cada célula é autocontida e, com isso, os produtos e os problemas são segregados. Os funcionários de cada célula estipulam seus programas de produção e as cotas mensais de produtos. Há vários anos, quando se introduziu o conceito de horários flexíveis, ficou decidido que eles manteriam encontros regulares de fiscalização, para acompanhar a evolução de possíveis problemas e abordar abusos ou a interrupção da produção. Até agora não realizaram nem a primeira reunião.

A Semco tem um planejamento liberal de divisão de lucros, endossado pelo modo como as informações são divulgadas pela empresa. Apresentamos os dois aspectos abaixo.

"Para que esse processo dê certo", diz Semler, "a companhia é rigorosa a respeito dos indicadores numéricos."

> Nós os queremos no quarto dia do mês para podermos devolvê-los no quinto. E por sermos tão rígidos quanto aos controles financeiros, podemos ser extremamente descontraídos a respeito de tudo o mais. Os empregados podem pintar as paredes da cor que quiserem. Podem vir ao trabalho quando decidirem. Podem vestir o que os faz sentir conforto. Podem fazer o que lhes

aprouver. É a eles que cabe enxergar a ligação existente entre a produtividade e o lucro, e, então, agir em função disso.

E é só. A participação dá às pessoas a possibilidade de controlarem o próprio trabalho; a participação nos lucros oferece-lhes uma razão para trabalharem melhor e as informações dizem a eles o que está dando certo e o que não está.[5]

Uma Transformação Empresarial Concretizada

O que Semler descreveu acima pode justificadamente ser considerado um paraíso de trabalho, uma maneira verdadeiramente humanitária de dirigir uma empresa. Se acreditarmos em Semler e em inúmeros outros defensores da transformação empresarial, é também uma excelente forma de auferir lucros certos. A Semco estava próxima do desastre financeiro em 1980, antes de iniciar seu audacioso projeto de transformação. Hoje, é uma das companhias brasileiras de mais rápido crescimento, com uma margem de lucro, em 1988, de 10% do volume total de vendas, avaliado em 37 milhões de dólares. Parece que agir bem, fazer o bem, dá lucros.

Um recente indicador da extensão em que a mudança está acontecendo é o que podemos ler no livro *Corporate Transformation* [A transformação da corporação], do respeitado editor de trabalhos sobre administração, Jossey-Bass; nele constam artigos assinados por consultores, eruditos e executivos de todas as partes dos Estados Unidos. Para a compilação deste volume, milhares de sociedades e corporações profissionais foram convidadas a remeter artigos; um comitê de especialistas foi criado para a seleção final dos trabalhos. As contribuições baseiam-se em anos de experiência nos setores executivo e de consultoria para mudanças organizacionais. Segundo os editores Ralph Kilmann e Teresa Covin, "a transformação empresarial é um novo fenômeno. Nunca antes na história do mundo tantas organizações tiveram que questionar suas metas, estratégias, estruturas e cultura, como agora, nos anos 80. Nenhum diretor-executivo de nenhuma organização, hoje, poderia sequer divergir da constatação de que uma das suas incumbências centrais é a revitalização das suas organizações para a permanência num mundo competitivo".[6]

A *mudança transformadora* descreve as alterações que ocorrem às margens de uma organização, e que são tanto abrangentes em seu alcance como fundamentais em sua natureza. "A transformação da empresa é um processo por meio do qual as organizações examinam o que foram, o que são, o que precisarão ser e como efetuar as mudanças necessárias. A implantação dessas mudanças afeta tanto os aspectos psicológicos como os estratégicos da organização. O termo corporação é usado para transmitir o esforço geral necessário, em contraste com o esforço individualizado ou particularizado a uma seção. A transformação indica a natureza fundamental da mudança, em contraposição com a mera extrapolação linear com base no passado. A transformação empresarial é uma mudança séria e extensa, que exige novas formas de perceber, pensar e comportar-se, de todos os membros da organização."[7]

Transformação - Seus Elementos Críticos

Se hoje uma revolução subterrânea está ocorrendo no mundo dos negócios, em que exatamente consiste essa "transformação"? Após uma extensa revisão da literatura atual sobre negócios, ao lado de entrevistas que conduzimos com alguns dos principais consultores americanos sobre administração, constata-se um razoável consenso acerca de quais são os elementos cruciais dessa transformação empresarial.

O elemento que primeiro se destaca é um forte senso de propósito. O trabalho precisa ser significativo; as pessoas precisam sentir que, de alguma forma, estão contribuindo para as suas vidas individuais e para a existência da sociedade. Em segundo lugar, um clima de abertura invade todas as companhias; as pessoas sentem-se livres para manifestar as suas opiniões e têm confiança no fato de serem notificadas a respeito de informações cruciais a suas vidas e empregos. Em terceiro lugar, uma forte corrente de compensação democrática e justa é evidente em todos os exemplos prontamente disponíveis de empresas em transformação. Da mesma maneira, a expressão "as pessoas são o nosso mais importante recurso" não é apenas um chavão vazio. As companhias em transformação valorizam genuinamente os funcionários, e, como resultado disso, a confiança e o respeito transitam em ambas as direções. Por fim, uma sede inextinguível pela excelência caracteriza essas organizações; seu pessoal é energético e ambicioso. Esforçam-se para ser os melhores em suas indústrias.

Nas páginas a seguir apresentaremos alguns dos que estudam este fenômeno; examinaremos o conceito de transformação empresarial e analisaremos mais detalhadamente as suas cinco características. Apontaremos então quatro dimensões a respeito das quais existem divergências. Os consultores e os autores discordam quanto ao tamanho que as companhias devem ter, se grande ou pequeno, e quanto à possibilidade de a transformação incidir também nas primeiras cem companhias da Terra relacionadas na revista *Fortune*. Em segundo lugar, há ausência de consenso quanto à transformação pessoal em ampla escala ser um pré-requisito indispensável à transformação organizacional. Existem também desacordos quanto ao papel da "cultura corporativa" em transformação. Por fim, existe uma certa dúvida quanto ao processo de transformação: deve ele ocorrer de cima para baixo (dirigido pelo executivo-chefe ou pelos escalões superiores da administração), de baixo para cima (do escalão médio da administração ou até dos operários), ou de alguma mistura orgânica dos dois níveis?

O Trabalho Dotado de Propósito

A busca de significado e propósito vem se tornando o foco principal de muitas e muitas pessoas, à medida que este século se aproxima do seu término. Um cliente diz para o consultor: "Acabei percebendo que o modo como passo o meu dia de trabalho acaba sendo, com o tempo, o modo como vivo em geral."[8] O local de trabalho tornou-se a principal instituição da sociedade, substituindo em grande extensão a família, o local de devoção e a comunidade. A empresa (ou o empregador) é aquele que em geral ocupa a melhor posição para tornar-se a "fonte de inspiração e propósito" na vida do trabalhador. Está se tornando cada vez mais importante para as organizações chegarem a um acordo sobre esta necessidade inerente ao operário moderno. A grande maioria dos entrevistados nesta pesquisa considerou este enfoque sobre o propósito como o mais importante divisor de águas entre as empresas "potencialmente grandes" e as tradicionais ou ultrapassadas.

Um número cada vez maior de pessoas está convicto de que não basta mais "ter um emprego" ou mesmo "uma carreira". Essas pessoas estão em busca de um significado mais profundo para as suas vidas. As medidas passadas de sucesso, tais como ganhos materiais, status, ou posição, não mais satisfazem a necessidade de realização e preenchimento, vivenciada por um contingente cada vez maior de indivíduos. Estes interessam-se em escala progressiva por algo que Sabina Spencer, consultora na área, define como "uma noção mais profunda de propósito de vida". Ela explica o seguinte:

Eles falam em fazer diferença, em criar um trabalho significativo, em se sentirem plenamente vivos, em viverem com integridade, em desenvolverem a dimensão sagrada nos seus relacionamentos, e em transformarem o ambiente da organização numa comunidade em que todos podem "aprender e crescer"... Não é mais suficiente cumprir as metas básicas e certificar-se de que "os números" estão corretos. Estamos constatando uma atenção cada vez maior às perspectivas das pessoas e da organização, à qualidade de vida, ao fortalecimento pessoal, à noção de uma comunidade dentro da organização, e a um desejo cada vez maior de influir sobre o futuro do nosso planeta-lar, a Terra, cuidando da sua saúde e bem-estar.[9]

Tornando a Vida uma Totalidade

A necessidade de ir em busca de um propósito é percebida tanto no plano da vida pessoal como no da profissional. Essa necessidade de ter um propósito é uma força poderosa, capaz de unir num todo homogêneo essas dimensões geralmente distintas da existência. Quando os propósitos da organização em que trabalhamos combinam ou sintonizam com as nossas metas pessoais, vivenciamos uma sensação maior de realização pessoal.

Para muitas pessoas, o crescimento pessoal é um aspecto significativo do seu propósito. Num artigo intitulado "The Actualized Worker" (O operário realizado), Marsha Sinetar descreve a importância do crescimento pessoal.

Um dos elementos centrais à administração, no ano 2000, será a necessidade cada vez maior dos empregados em realizar-se como pessoas. Com o termo realização tenho em mente uma personalidade saudável, completa, um ser em pleno funcionamento, o "complemento" psicológico. A pessoa interiormente realizada é criativa, independente, auto-suficiente. Seus objetivos centrais são metas pessoais, valores internos, e a criação de um estilo de vida distinto.[10]

Sinetar esclarece ainda mais o que compõe a natureza dessa busca individual, progressivamente mais difundida:

Dois valores centrais à realização têm imensas ramificações econômicas e culturais em termos do futuro ambiente de trabalho e não há dúvida de que a sua importância aumentou nas duas últimas décadas para os empregados em geral. São, exatamente, a transcendência social e a autotranscendência. Com transcendência social quero dizer um indivíduo que chegou à independência emocional das influências sociais, entre elas as das figuras de autoridade, família, colegas de trabalho, e outras fontes até então importantes. A pessoa emocionalmente desapegada de um modo de vida conhecido e confortável, disposta a embarcar numa viagem sem mapas por terras desconhecidas, é "socialmente transcendente" e está ao mesmo tempo trilhando o caminho da realização pessoal.

Além disso, Sinetar acredita que este tipo de viagem interior individual será um trunfo inestimável para os futuros empreendimentos comerciais:

> Este é, então, o funcionário de primeira linha do futuro: uma pessoa confiante, independente e criativa, que busca mesclar sua verdade e seus valores com a realidade externa, na esperança de corporificar – na vida diária assim como no trabalho – a luz, os ideais e o talento único que existem em seu íntimo. Este funcionário não irá estruturar sua vida em torno de um "emprego" qualquer, mas fará o esforço de incorporar todo trabalho que lhe for oferecido a um contexto existencial significativo e realizador, recompensador internamente e criativo externamente.[11]

O fenômeno da concentração sobre a importância do propósito da atividade pode ser descrito também como uma busca de significado. O trabalho pode ser o modo como as pessoas encontram sentido para as suas vidas. Em geral, definimos a nossa identidade por nossa atividade – "sou uma secretária", "sou pedreiro", "sou advogado". No entanto, como dissemos acima, o simples fato de estar empregado não significa forçosamente que o trabalho seja significativo. Quando a pessoa *não* percebe que é capaz de fazer uma diferença, de surtir um efeito positivo no mundo, ela costuma sentir que o seu trabalho é vazio ou insignificante. O operário realizado sente que seu trabalho tem "significado", e costuma expressar tal percepção dizendo que tem "mais do que um emprego". Isso em geral quer dizer que ele enxerga o efeito que está causando no "contexto geral". Talvez o trabalho alcance seu significado máximo quando a pessoa sentir que está fazendo uma valiosa contribuição para a sociedade.[12]

Lucros Advindos de "Propósitos"

A Patagonia, empresa californiana mais conhecida pela alta qualidade das suas roupas esportivas – confortáveis e de cores atraentes – tem como meta um lucro que seja algo mais que um fim em si mesmo. O lucro é importante, porém, porque, como diz seu fundador Yvon Chouinard, "quanto mais lucro tivermos mais poderemos distribuir. Hoje, o único lucro que extraímos da empresa, 10% antes dos impostos, vai para causas ambientais". O lucro auferido antes do pagamento dos impostos, em 1988, foi da ordem de 6,5 milhões de dólares, numa receita geral de 76 milhões de dólares. Há vários anos, Chouinard planejou vender a companhia pois, como refletiu depois, "nunca antes tinha pensado em equiparar negócios com fazer algum bem". Ele resolveu ficar para dirigir a empresa como força positiva para a solução de problemas ambientais. A Patagonia dá dinheiro a cerca de 250 organizações. Tem como meta reciclar 70% de todo o lixo produzido pela companhia e também pelas casas dos seus empregados, e está trabalhando no sentido de fazer com que outras companhias participem desse esforço. Chouinard acredita que a empresa atrai funcionários que "não teriam vindo trabalhar conosco se não distribuíssemos o dinheiro. Nosso diretor-executivo veio do Instituto Yosemite e não teria vindo para a Patagonia se a nossa filosofia não fosse esta".[13]

Em síntese, uma noção de propósito está em geral expressa em atitudes externas positivas. Por exemplo, a Fel-Pro Company, que fabrica juntas para vedação de motores e está situada em Skokie, Illinois, subsidia um "Fundo Para uma Melhor Vizinhança". Os funcionários que participam de organizações comunitárias podem pedir donativos em nome do seu grupo. Os pedidos são analisados por um comitê e a Fel-Pro costuma fazer donativos generosos. "Este programa tem proporcionado um incrível senso de orgulho aos funcionários que participam de programas de caridade", afirma o gerente de relações industriais, Bob O'Keefe. "E eles adoram o fato de a companhia prezá-los o suficiente para fazer isso."[14]

O autor e empresário Paul Hawken resume o papel que os negócios podem desempenhar na demonstração de valores globais importantes: "Os negócios, em todas as suas manifestações, oferecem-nos ricas e importantes oportunidades para nos aperfeiçoarmos e melhorarmos o mundo que nos rodeia, como qualquer instituição. Entramos no setor dos negócios não só para ficarmos ricos mas para nos tornarmos quem somos. Não estamos apenas tentando fazer dinheiro mas, sim, realizar uma tarefa muito mais importante: refazer o mundo."[15]

"The Body Shop" - Uma Cultura do Propósito

The Body Shop International pode ser o exemplo cabal de uma empresa que "vai bem por fazer o bem". Essa companhia inglesa, que produz e comercializa cosméticos e produtos de higiene pessoal, cresceu até tornar-se um empreendimento de 125 milhões de dólares com 320 pontos de representação, desde o Ártico até a Austrália. As primeiras duas lojas americanas, uma em Manhattan outra em Nova Jersey, foram inauguradas em 1988. Um dos aspectos mais notáveis dessa companhia é que se compõe de uma cadeia de lojas, a maioria em sistema de franquia, não faz propaganda, e lota suas prateleiras com frascos contendo sabonetes, perfumes, loções e xampus que não prometem beleza nem juventude, mas que só afirmam serem capazes de "limpar, dar brilho e proteger a pele e o cabelo".

Sua fundadora, Anita Roddick, explica: "O que nos distingue dos competidores é que a nossa diretriz é uma noção de valores, não a necessidade de conquistarmos mercado. Sempre trabalhamos com os mesmos princípios: não fazemos experiências com animais, usamos ingredientes tão frescos quanto possível, não exageramos, não fazemos propaganda, usamos o mínimo de embalagem possível. Em resumo, respeitamos as pessoas e o meio ambiente."[16]

Talvez o elemento mais notório do apaixonado respeito de Roddick pela comunidade e pelo ambiente seja como esse seu interesse faz parte central da "cultura" que norteia a organização The Body Shop. Todos os empregados, desde balconistas até os escalões administrativos, são incentivados a participar de projetos comunitários, usando para isso *o tempo em que estão na empresa*. As equipes de algumas lojas trabalham com grupos de jovens ou portadores de AIDS; outras visitam pacientes com câncer em hospitais locais. Os candidatos a futuras franquias (e há uma lista de 5.000 pretendentes, só na Inglaterra) devem demonstrar um genuíno interesse por questões ambientais.

A empresa fundou a Cidade dos Meninos e um centro de treinamento para crianças indigentes, no sul da Índia, além de uma fábrica de papel no Nepal, onde as mulheres produzem revestimento de gaveta perfumado, a partir de folhas de bananeira e aguapé. A empresa compra esses produtos do Terceiro Mundo, pagando preços de Primeiro. A organização mantém ligações estreitas com organizações ecológicas como *Greenpeace* e *Friends of the Earth* e, há pouco tempo, destinou 1 milhão de dólares para a fundação de um hospital que desenvolve pele artificial para vítimas de queimaduras.[17]

Ao lado de providências assim caritativas, o aprendizado contínuo é um importante elemento da cultura que prevalece na The

Body Shop International. "Nós educamos, educamos o tempo todo", diz Roddick. "Há um treinamento nas lojas, há escolas de treinamento em Londres, uma em Nova York, mas não para treino em vendas. Temos cursos sobre cuidados com o corpo mas também sobre questões como drogas e sobrevivência urbana. Para cursos sobre geriatria trazemos antropólogos e mulheres idosas. Temos pacientes com AIDS que aparecem para conversar. Temos uma companhia de vídeo e enviamos a todos os funcionários uma fita mensal, inclusive para os empregados nas lojas franquiadas, mostrando os projetos comunitários dos quais estamos participando. Quando você quer franquia junto à nossa organização está implícito que você deve estar envolvido em algum projeto comunitário, como proteção para mulheres espancadas, programas de combate à AIDS, qualquer coisa, e que sua equipe de funcionários vai participar do mesmo durante as horas de expediente."[18]

Como se sai essa empresa "fazendo o bem"? Em 1987, quando a Confederação da Indústria Britânica premiou The Body Shop como a Companhia do Ano, sua receita estava 64% maior, em torno de 53 milhões de dólares, os lucros antes do pagamento de impostos era 74% maior, ou seja, 11 milhões de dólares e Roddick recebeu a Ordem do Império Britânico.

O Papel do Objetivo Empresarial

Perry Pascarella e Mark A. Frohman em seu *The Purpose-Driven Organization* [A organização dedicada a um propósito], discutem a importância de se definir e desenvolver um propósito empresarial, a fim de estipular uma referência para a tomada de decisões capaz de fazer deslanchar o potencial daquela companhia para atitudes criativas, dotadas de iniciativa própria e inovadoras, permitindo assim à companhia deslocar-se com clareza e bom senso na direção de um futuro incerto.[19]

Em seu artigo intitulado "Strategies for a New Age" [Estratégias para uma nova era], Roger Harrison escreve que, para a transformação de uma organização, o propósito é mais importante do que o planejamento. "O objetivo e a intenção são muito mais poderosos do que os planos. Nunca, em todo o tempo em que atuo como consultor, vi uma organização mudar numa dimensão fundamental como decorrência de planejamento racional. Os líderes que constatei exercerem a mais penetrante influência no caráter e no destino das suas organizações sempre defenderam objetivos e se sentiam impelidos pela visão ideal de um futuro melhor. Comunicavam suas intenções verbalmente a quem podia partilhar de suas visões e comunicavam-na diariamente aos demais através de atos e decisões de caráter prático, no presente real da companhia. No tempo certo, um número suficiente de pessoas já partilhava das mesmas visões e intenções, atingindo assim a 'massa crítica' necessária para tornar o sonho realidade.'"[20]

No livro *Vanguard Management* [Administração de vanguarda], o professor de administração da Universidade do Sul da Califórnia, James O'Toole, escreve a respeito das companhias "de vanguarda", nas quais existe o "compromisso verbal e atuante de se pautar por um propósito mais elevado: essas empresas existem para oferecer à sociedade os bens e serviços de que ela necessita, para fornecer empregos e criar um excedente de riqueza (lucro) com o qual melhorar a condição do padrão geral de vida da nação e sua qualidade de vida. Dentro dessa visão, o lucro é o meio e não o fim da atividade empresarial".[21]

Até mesmo o Walmart, um indiscutível símbolo consumista, pronunciou-se recentemente a favor da questão ambiental. Uma história que aparece na capa de *Advertising Age* cita Sam Walton dizendo que, conforme a revolução "Verde" vai varrendo os Estados Unidos, ele pretende introduzir nos produtos melhorias que ajudem a prevenir problemas ambientais duradouros, uma vez que está convicto de que isso pode fazer diferença.[22]

A desconfiança com que os Grandes Negócios são vistos hoje na América do Norte é um sentimento profundo nesta que é uma cultura favorável à independência. Há décadas, a nossa literatura vem se fartando de exemplos de magnatas corruptos, desde *Babbitt* de Sinclair Lewis até histórias verídicas e mais recentes, como *Reckoning* [Admitindo], de David Halberstam, que denuncia a mediocridade e a corrupção na Ford. Pelos mesmos motivos, em pesquisas consecutivas efetuadas nos anos 80, embora ainda fervorosos adeptos do sistema de livre iniciativa, os americanos passaram a manifestar em escala progressiva sua desconfiança do setor empresarial nos Estados Unidos. A crença que têm certa é a de que as corporações funcionam quase que exclusivamente em benefício dos gerentes, administradores e acionistas. Quando indagados sobre *a quem* a companhia *deveria* servir, praticamente todos os americanos entrevistados disseram que os negócios deveriam agir *também* em benefício dos empregados, clientes e da sociedade em geral.

De que modo a desconfiança pública pode ser abordada por uma companhia que está lutando para mudar a forma como as organizações têm tradicionalmente "feito negócios"? Segundo Walter Haas, diretor-executivo da Levi Strauss & Co., ela deve fazê-lo "*modificando o comportamento que gera a desconfiança*". Haas "propõe que o setor empresarial 'faça alianças com muitos setores da vida pública' e que 'lide de forma ética e aberta' com seus empregados, acionistas, clientes e ainda o público em geral. A responsabilidade social dos negócios exige que se estipulem padrões de excelência em todas as fases da operação, entre elas publicidade verdadeira, qualidade do produto, exatidão de informação nos rótulos, prestação íntegra de contas, conteúdo das tarefas, condições de trabalho e capacidade de ascensão para mulheres e grupos minoritários".[23]

Haas defende as corporações que assumem uma postura pública a respeito de questões e causas significativas: "A empresa deve pôr-se consistentemente ao lado de algo que valha a pena o esforço dos seus muitos clientes. Uma das funções mais importantes da administração central é expressar com consistência e clareza sua idéia central, capaz de convocar as aspirações humanas mais nobres e elevadas. Na realidade, as grandes corporações devem ser guiadas por grandes idéias."[24]

A Organização Aberta

Uma nova qualidade de abertura faz-se presente nas companhias em transformação. Os empregados sentem-se relativamente livres para dar voz a suas opiniões, preocupações e necessidades; as informações empresariais sobre planejamento e situação financeira, antes secretas e confiadas apenas aos mais altos setores da administração, são agora livremente partilhadas por todos os escalões da empresa. Esta qualidade de abertura aplica-se ainda à mentalidade que acolhe novas idéias e novas formas de fazer as coisas. O'Toole assinala que "no geral, os gerentes da Vanguarda estão constantemente lendo e relendo, questionando, pensando, repensando, revendo, reexaminando. Estão dispostos a repensar inclusive seus pressupostos mais básicos; dispostos, em suma, a desaprender as coisas que fizeram sucesso no passado e que, provavelmente, tornar-se-ão anacrônicas no futuro. Na realidade, se eu fosse obrigado a escolher apenas uma característica que distingue a Vanguarda da Velha Guarda, essa seria *a abertura para aprender*".[25]

Partilhando Informações

A mais importante manifestação da abertura é o acesso a informações críticas por parte de todos os empregados. O programa liberal e extenso de participação nos lucros adotado pela Semco funciona porque os empregados sabem exatamente como a companhia está se saindo. Ricardo Semler é inabalável: "Transparência absoluta. Sem truques, sem fraudes, sem simplificações." Todos os funcionários da Semco vão à escola para se alfabetizarem e o curso é ministrado por um operário sindicalizado. Todo mês os empregados recebem uma folha de balanço, uma análise de lucros e perdas e um relatório do fluxo de caixa, para sua divisão analisar e guardar. Semler explica como a informação aberta é importante para toda a companhia: "Os relatórios trimestrais, com seus 70 itens, informam-nos como dirigir a companhia, dizem aos gerentes o quanto conhecem bem suas unidades e dizem aos empregados qual será a margem de lucro. Todos trabalham com base nas mesmas informações e todos aguardam sua emissão com uma atitude que denominaria de curiosidade efervescente."[26]

De forma semelhante, W. L. Gore & Associates, produtores de Gore-Tex, um tecido sofisticado que revolucionou o vestuário para climas inóspitos e equipamentos de acampar, desenvolveu uma abordagem eficiente e bem-sucedida, de ordem não-autoritária, para a prática de sua administração. A companhia autodenomina-se uma "organização em treliça". Diferentemente de uma estrutura piramidal tradicional, com suas camadas hierárquicas de administração, o funcionário da Gore pode interagir diretamente com qualquer outro empregado. Na realidade, não há hierarquia nem cadeia de comando. Em sua maior parte, não existem títulos. Todos os empregados são chamados "associados" e, quando contratados, são instruídos a "olhar o que está acontecendo e escolher algo para fazer". Essa atitude incentiva os novos empregados a pensarem de forma inventiva e a trabalharem para promover cada vez mais um clima de iniciativa na empresa.[27]

A Motorola, cujo escritório central fica em Schaumburg, Illinois, destaca-se como tranqüilizadora ilustração de que a Grande Empresa também pode praticar a abertura de comunicação. A companhia vangloria-se de adotar um complexo mas eficiente processo de comunicação. Todos os seus empregados atuam em equipes, das quais um membro pertence a um comitê diretivo, no nível imediatamente superior de sua área. Tais comitês permitem e incentivam a troca ascendente de informações, a troca descendente e também lateral, e ainda favorecem que questões do térreo alcancem os andares mais altos da administração, depois de terem percorrido apenas quatro níveis intermediários (uma organização extremamente "horizontal", para uma companhia que emprega 95.000 pessoas).

O sistema é patrocinado pelo plano de "Recomendações" da Motorola, segundo o qual todo setor da companhia conta com um mural onde os funcionários podem expor suas dúvidas ou sugestões, que tanto podem vir assinadas como ser anônimas. De qualquer modo, o supervisor responsável pela área é solicitado a enviar uma resposta em no máximo 72 horas.[28]

Essa abertura tende a assumir a forma de um "jogo". Jack Stack, presidente da Springfield Remanufacturing Corporation, de Springfield, Missouri, dirige sua companhia valendo-se de um sistema administrativo único, que ele denominou de O Grande Jogo dos Negócios. Este se baseia na crença de que todos devem conhecer os números. O jogo, nessa empresa, não seria honesto se os empregados desconhecessem os números, que são as regras do jogo em si. Todos aprendem as regras e entram no Jogo, desde o operário da linha de montagem do motor, até a recepcionista. Todos os departamentos dessa empresa funcionam como um pequeno negócio, no qual os gerentes e os supervisores estipulam orçamentos após consultarem os empregados daquele departamento. Fazem uma revisão semanal dos relatórios financeiros e reagem de acordo, concentrando-se em suas metas anuais. Os empregados dessa companhia analisam relatórios financeiros e fluxo do caixa, controles de almoxarifado, fluxo de materiais e conhecem contabilidade básica.

Stack acredita que uma das suas primeiras responsabilidades é *ensinar as pessoas a fazer dinheiro*. "Quando alguém vem trabalhar aqui dizemos-lhe que 70% do trabalho é desmontagem ou seja lá o que for, e que 30% é aprendizagem. O que aprendem é como fazer dinheiro, como tirar lucro. A pessoa não precisa entrar no jogo, mas precisa aprendê-lo. Nós ensinamos o que é lucro pós-impostos, dividendos retidos, eqüidade, fluxo de caixa, tudo. Nós ensinamos como ler um relatório financeiro e um demonstrativo de balanço. Dizemos que ele toma a decisão de querer ou não trabalhar aqui e que essas são as regras básicas pelas quais nos pautamos."[29]

Antes de serem instruídos a respeito desses dados de contabilidade, poucos empregados sabem sequer o mínimo a respeito de dividendos retidos e de lucros antes dos impostos. Depois do curso, entendem a contabilidade que está por trás desses números e esse entendimento contribui para aumentar a margem de lucro.[30] Todas as semanas, os supervisores distribuem relatórios atualizados de dados financeiros, mostrando a quantas anda a situação em relação às metas anuais. Abonos trimestrais estão vinculados a essas metas. "Então os números estão simplesmente à solta, quanto mais as pessoas os entenderem, mais quererão ver os resultados. Querem saber como vai indo seu desempenho, se estão de fato contribuindo. Há uma competição interna e a pressão dos outros colegas, e eles são absorvidos por isso. É um jogo – O Grande Jogo dos Negócios, como o chamamos. Trata-se de um mecanismo para fazer as pessoas virem todo dia para o trabalho gostando disso."[31]

Compensação - Repartindo as Recompensas

As companhias em transformação dão duro para projetar sistemas de gratificação que sejam tanto eqüitativos como motivadores. Uma ampla variedade de sistemas de remuneração foi criada e, em geral, repletos de incentivos pela produtividade e pela inovação. Encontram-se benefícios incomuns em alguns deles, junto com abonos generosos para equipes ou grupos, além de prêmios especiais de compensação.

As empresas mais progressistas vêm experimentando a implantação de pacotes compensatórios criativos, destinados a atrair, conservar e motivar os funcionários. Tandem Computer Inc., por exemplo, oferece aos empregados um ano de licença remunerada a cada quatro anos, como forma de ajudá-los a satisfazer suas necessidades de renovação pessoal.[32]

Na SRC, sob o comando de Jack Stack, os lucros são repartidos e vinculados ao desempenho. Os lucros da empresa determinam o tamanho dos abonos trimestrais pagos aos funcionários, bem como o valor de suas ações. A companhia instituiu um Plano de Compra de Ações para funcionários (ESOP)* que faz parte integral de uma sociedade como a International Harvester. Hoje, 400 mil ações de um total de 3 milhões estão investidas no ESOP.

Na década de 70, a Motorola criou um Programa de Participação na Administração, o PMP.** Para viabilizar sua coordenação,

---

* Do Inglês, Employee Stock Ownership Plan (NT).

** Do inglês, Participative Management Program (NT).

a Motorola emprega seus funcionários em equipes de 50 a 250 pessoas. Cada funcionário entra numa coletiva de abonos junto com todos os outros elementos de sua equipe. A intenção é fazer com que as pessoas de cada coletiva sejam responsáveis por seu próprio desempenho, avaliado pelos custos de produção e materiais em uso, diretamente controláveis pela equipe. Quando uma idéia proposta por alguém daquela equipe leva a uma redução nos custos ou a uma produção que supere as metas estabelecidas, todos os membros daquela equipe participam dos ganhos através de abonos que podem chegar a 41% do salário-base (em média, entre 8 e 12%).[33] Segundo O'Toole, a GM, a ITT e outras grandes companhias vêm consistentemente alegando que é impossível traduzir práticas de participação e motivação dos empregados de empresas menores e bem-sucedidas, no contexto das mega-companhias. Mas a Motorola, com o maior plano mundial de participação de funcionários, está demonstrando que, neste caso, o segredo do sucesso dos pequenos negócios pode ser absorvido pelos grandes negócios.

Desde a implantação do PMP, a Motorola alega uma significativa melhoria em sua produtividade, maior cooperação, menor rotatividade de pessoal, e impressionantes reduções nos custos operacionais. Tudo isso resultou em melhor comunicação entre todos os níveis da empresa, o que incentiva todos os empregados a trabalhar em conjunto para a consecução dos objetivos comuns.

A Companhia Olga: Participação nos Lucros numa Indústria Improvável

Sediada em Van Nuys, Califórnia, a companhia Olga produz roupas íntimas para mulheres e, num contexto industrial consagrado pela exploração da mão-de-obra, oferece-se como um extraordinário exemplo do tratamento dispensado aos funcionários como investidores. "A maioria das empresas concorrentes da Olga, sediada na Califórnia, são pouca coisa melhor que abatedouros, onde mulheres vindas da Ásia e da América Latina labutam em condições trabalhistas da pior qualidade por salários de fome. Por outro lado, a companhia Olga não só oferece salários maiores que os recomendados pelo sindicato como os empregados são donos de ações da empresa e participam dos lucros. Além disso, são oferecidas garantias confiáveis contra o risco de dispensas repentinas."[34]

A participação nos lucros é um traço distintivo do corpo de valores administrativos defendidos pela Olga. "O plano da Olga:

- inclui todos os elementos que trabalham na empresa;
- seu fundo recebe a contribuição de 25% dos lucros antes dos impostos (o que é um índice exigente), depois de 15% já terem sido destinados à equiparação dos acionistas;
- prevê a participação nos lucros e no controle acionário; um quinto da contribuição anual é usado para a aquisição de ações da Olga para todos os participantes do programa;
- inclui um programa de 'participação nos lucros através de atenção aos lucros', cujo objetivo é aumentar a margem de ganho com engenhosidade, imaginação e participação de todos os gerentes e funcionários da linha de montagem."[35]

Mais uma vez podemos citar a Semco como exemplo a ser seguido de como implantar medidas de compensação. Duas vezes por ano, a Semco calcula 23% do lucro já livre de impostos no relatório financeiro de cada divisão e dá um cheque aos três funcionários escolhidos pelos colegas, em cada divisão. Esse dinheiro é investido pelos três até que a divisão se reúna e decida por maioria simples o que fazer com a soma. Em geral a decisão tem contemplado a opção da distribuição igualitária, de modo que se uma divisão tem 150 empregados, o total é dividido entre os 150 e distribuído igualmente entre eles. Em resumo, "o faxineiro recebe tanto quanto o membro de uma divisão". Semler diz que a experiência da empresa "tem-me convencido de que a participação nos lucros tem uma chance excelente de dar certo quanto é o ponto alto de um programa extenso de participação dos funcionários, quando os critérios de participação nos lucros são tão claros e simples que mesmo os menos dotados podem entendê-los, e quando (talvez o dado mais importante) os empregados têm acesso livre às estatísticas vitais da empresa – custos, despesas gerais, vendas, lucros, folhas de pagamentos".[36]

A Fel-Pro concentra os benefícios dos seus empregados a fim de incentivar a lealdade dos mesmos. Nos 48 anos de existência da empresa, ela nunca passou por uma paralisação em suas atividades e recebe dez candidatos por vaga, geralmente indicada para amigos e familiares dos seus próprios funcionários (10% dos 1.700 operários são marido e mulher). Ao lado de excelentes benefícios "de praxe", a Fel-Pro oferece um plano ativo de participação nos lucros (a companhia contribui com aproximadamente 15% dos salários dos funcionários); seguro em grupo de veículos; uma bolsa de 2.200 dólares pagos pela empresa para cada filho dos funcionários destinada aos custos com educação universitária (até um total de 8.000 dólares em quatro anos); um seguro de 1.000 dólares para cada novo filho dos empregados (ou 1.000 dólares pelas despesas legais no caso de adoção); um dia extra de pagamento por aniversários de nascimento ou casamento, férias pagas pela empresa, e ainda outros benefícios. A companhia patrocina fóruns mensais de seus empregados para dar-lhes uma oportunidade de expor suas críticas, manifestar opiniões e dar sugestões.

A Fel-Pro tem uma creche que funciona ao lado da fábrica, onde as crianças de 2 a 5 anos podem brincar e estudar por um custo de 60 dólares por semana, cerca de 1/3 da despesa real. Oferece também um programa de jardim de infância reconhecido oficialmente e renomado. A empresa ainda "faz o melhor" para permitir aos pais almoçarem com os filhos nas instalações da fábrica.[37]

Valorizando as Pessoas

Como preencher as vagas de sua companhia com bons funcionários? Segundo Paul Hawken, "a melhor fonte de novos empregados são empregados satisfeitos. Crie um negócio que oferece conforto e bem-estar em suas condições de trabalho e você estará cercado de pretendentes que são amigos, sócios e parentes do funcionário que já trabalha com você. Este é o seu melhor serviço de recrutamento e seleção".[38] James O'Toole concorda, observando que "para a maioria dos americanos, ser tratado como adulto é preferível ao paternalismo mais generoso", o que destaca a principal razão pela qual funcionam as políticas renovadoras de fortalecimento das pessoas e de atenção às condições do trabalho.[39]

Segundo Robert Levering, co-autor de *The 100 Best Companies to Work For in America* (As 100 melhores empresas onde trabalhar na América),

> Os empregados que têm "bons locais de trabalho" costumam observar que a empresa destina-lhes muitas responsabilidades. Os que trabalharam em outros lugares muitas vezes sugerem que a maior oportunidade que tiveram foi um nível mais alto de incumbências... Responsabilidade implica controle. A questão do controle atinge o cerne mesmo do que distingue bons e maus lugares para se trabalhar... Quando as pessoas dizem que têm responsabilidade e controle sobre seu trabalho, querem dizer com isso que

> têm algum poder... um papel na definição dos seus próprios serviços, na determinação de prioridades e prazos, na escolha de ações empreendidas por terceiros (inclusive seus supervisores e gerentes gerais), sem medo de sofrerem represálias.[40]

Um indício da mudança que está se processando nos círculos empresariais é o conceito cada vez mais difundido de uso do termo *stakeholders* (investidores; os que correm o risco de investir). A premissa é que não são apenas os acionistas que importam, mas todos os que têm algo investido na companhia: os funcionários, os clientes, os fornecedores, o governo, a comunidade, todos que sejam afetados direta ou indiretamente pelas ações da companhia. A NCR é uma das que vêm defendendo publicamente essa visão, com anúncios de página inteira em publicações como o *Wall Street Journal* e o *Business Week*, nos quais divulga seu compromisso com vários grupos de investidores. Em junho de 1988, a NCR patrocinou o Primeiro Simpósio Internacional de Investidores, convidando líderes empresariais a examinar questões como esta, que citamos na íntegra: "Será possível à alegação marxista de 'contradições internas ao capitalismo' ser rebatida por uma abordagem administrativa que considere todos os grupos de investidores envolvidos na empresa?" Ou esta: "A boa vontade de todos os investidores é ou não um componente fundamental ao êxito da empresa?"[41]

Mais uma vez, a Olga é um exemplo excelente de valorização do pessoal num contexto industrial notoriamente instável. É raro no setor de roupas femininas, com seus ciclos de expansão e declínio de empresas muito rápido, que haja segurança de emprego. Mas não na Olga. Desde a fundação da companhia, há quarenta anos ou mais, atravessando épocas de recessão e depressão econômicas, a Olga nunca praticou demissões em massa. Nos períodos mais difíceis, quando as empresas concorrentes estavam falindo, a Olga nunca desempregou seus quadros e sim criou por um certo tempo semanas mais curtas de trabalho.

Nessa companhia, os funcionários são chamados de "associados". O fundador, já falecido, Jan Erteszek, costumava afirmar: "As pessoas que trabalham para nós não são mãos contratadas. Elas investem seu tempo, esforço e, em certos casos, a vida toda, da mesma forma que acionistas investem capital ou administradores investem conhecimentos. Todos os três grupos são investidores. Todos os três, portanto, têm direito a participar das riquezas produzidas pela companhia."[42] Quando indagado por que acreditava que cada um dos seus empregados era um "associado" com direito a participar dos lucros da companhia e das ações, Erteszek replicou: "Porque isso é a coisa moralmente certa a ser feita."[43]

O Envolvimento do Funcionário no Processo de Gerenciamento e Administração

A Olga funciona como se os investidores, os gerentes, os administradores e os empregados estivessem envolvidos num "empreendimento de risco comum", no qual cada um tem direitos e obrigações recíprocos. Nas "reuniões criativas", os empregados são obrigados a dar idéias para novos produtos. "Os projetistas da Olga – muitos dos quais vêm da classe operária que mora em San Fernando Valley – reagem com esboços originais que muitas vezes equiparam-se ou até superam os desenhistas de alta costura de Nova York. Parece que, independentemente da competição – interna ou internacional – a companhia Olga continua crescendo, mantém uma saudável margem de lucros e continua gerando empregos para mulheres de minorias desprivilegiadas."[44]

Na The Body Shop, os empregados são incentivados a manifestar sua criatividade e iniciativa. Cartazes espalhados pelas lojas incentivam as equipes a "Quebrarem as Regras" e a "Pensarem em Coisas Frívolas"; pagam-se abonos por sugestões inovadoras. De forma semelhante, a administração da Rochester Products, de Coopersville, Michigan, que fabrica injetores de combustível para a GM, pede de seus funcionários que ajudem a avaliar possíveis fornecedores. Quando é o momento de escolher quem deve ser promovido a supervisor, a companhia solicita o conselho dos operários.

Respondendo a um ambicioso esforço no sentido de criar "transformação" em larga escala, no início dos anos 80, a General Motors investiu 5 bilhões de dólares na criação da Saturn Corporation. Na qualidade de maior "principiante" de todos os tempos, a Saturn deveria ser administrada segundo um modelo inteiramente diferente. E, no aguardo de seu primeiro automóvel, projetado para 1990, o júri ainda está observando o "experimento" da Saturn. Sua meta de criar uma organização "não-hierárquica" desde a prancheta – removendo o poder e a autoridade na medida em que não existem chefes, colocando as decisões operacionais nas mãos dos operários que trabalham em equipes, e criando condições que levam a uma cooperação – não tem tido uma implantação fácil. Afinal de contas, é muito provável que os executivos que trabalham neste novo empreendimento tenham realizado o projeto com o mesmo tipo de mentalidade da antiga estrutura.

A administração da Springfield Remanufacturing Company demonstrou como valoriza as pessoas ao propor reuniões com os seus empregados para lhes colocar uma questão simples mas decisiva: "Em que tipo de empresa você quer trabalhar e viver?"[45] Paul Hawken descreve o tipo de funcionário que procura para sua notavelmente bem-sucedida empresa de catálogos de instrumentos para jardinagem: "Na Smith & Hawken, a qualidade que mais nos interessa é o 'coração' da pessoa. É uma boa pessoa? Gosta dos outros, quer trabalhar com eles no escritório e ajudá-los e atendê-los quando forem clientes? Seu trabalho expressa essas qualidades?"[46]

Por volta de 1950 a Motorola jogou fora seu último relógio de ponto e colocou todos os empregados num sistema de méritos. Mais ou menos na mesma época, a empresa criou um comitê consultivo de funcionários que tinha uma relação direta com a junta de diretores e incumbências distintas a serem realizadas por seus funcionários, como por exemplo rever a questão dos benefícios em bases constantes. Os empregados da Motorola estão entre os primeiros de uma corporação americana a conquistarem estabilidade no emprego: uma decisão dos diretores executivos foi – e ainda é – necessária para que se concretize a demissão de qualquer trabalhador com dez ou mais anos de casa.

Como Valorizar as Pessoas com um Sistema de Retorno de Dados de Avaliação

Inventado pela Patagonia, de Yvon Chouinard, o relatório 5-15 tem esse nome porque não pede mais do que 15 minutos para ser preenchido, ou 5 minutos para ser lido. Entregue toda sexta-feira aos empregados da companhia, é extremamente eficiente para mantê-los todos em contato com a administração e a direção da companhia.

O relatório é dividido em três partes. A primeira é uma descrição simples do que a pessoa fez na semana. Segundos os empregados, descrevendo no final da semana o que fizeram em seu trabalho, conseguem perceber com mais clareza e detalhes o que está se passando. Se os relatórios começam a ficar repetitivos e tediosos, isso pode indicar algum problema: o serviço precisa ser renovado, arejado, ou transformado em algo mais desafiador, ou então é o empregado que precisa de uma "transfusão". A segunda parte do relatório é uma descrição sucinta do moral do funcionário, e uma avaliação do estado de ânimo do seu departamento. A terceira parte pede que seja apresentada alguma idéia capaz de melhorar a companhia, o departamento ou o serviço imediato, uma idéia por semana, cinqüenta e duas idéias por ano.[47]

Valorizando as Pessoas com a Democracia

James Renier, presidente da Honeywell, uma das companhias de Vanguarda de O'Toole, descreve outra forma de valorizar as pessoas:

> Quando digo Democracia no Local de Trabalho, não estou querendo dizer votar em quem será o novo chefe, ou em que produtos fabricar. Quero simplesmente dizer criar um clima e regras de trabalho que respeitem a dignidade e a capacitação que se supõe pertencer a todas as pessoas, segundo os princípios democráticos que os americanos alegam ter como sagrados... Temos toda uma história de defesa desses princípios. Fizemos com que dessem certo em nosso país. Eles nos trouxeram respeito e, em alguns casos, a inveja de outros países. Mas com excessiva freqüência, aqui mesmo em nosso país, os princípios democráticos detiveram-se nos portões da fábrica e não participam das atividades.[48]

Apoio Além do Local de Trabalho

Esta qualidade de valorizar as pessoas às vezes assume a forma de benefícios adicionais incomuns. A Fel-Pro, por exemplo, possui um terreno de 200 acres em Cary, Illinois, com opção de lago para pescar, uma piscina olímpica e instalações para piqueniques. Os empregados podem levar até nove convidados e enviar os filhos para um acampamento barato (10 dólares por semana), seja qual for o número de crianças. A companhia também oferece serviços de psicólogos e conselheiros, contadores que preparam o imposto de renda e advogados que dão conselhos profissionais gratuitos aos empregados. Embora estes advogados não os representem, a companhia diz que 85% dos funcionários que usam os serviços legais solicitam apenas as informações necessárias à resolução de problemas. A Fel-Pro paga uma parte dos custos com a educação e o teste vocacional dos filhos dos funcionários que tenham problemas de aprendizagem. Também subsidia um trabalho de aconselhamento com estudantes em vias de cursarem uma faculdade, para ajudá-los a fazer a escolha certa.

Talvez a mais importante indicação da genuína valorização dos empregados seja que a Fel-Pro, embora intensamente dependente da indústria automobilística com seus tempos de vacas magras e demissões cíclicas de grandes contingentes de trabalhadores, jamais tenha feito uma dispensa coletiva. Em vez disso, a companhia consolida seus levantamentos de dados nos tempos difíceis, coloca os empregados em serviços que pagam menos mas não lhes diminui o salário e, quando as coisas pioram ainda mais, adota a semana de trabalho de quatro dias úteis.[49]

A Busca da Excelência

Uma razão não pouco importante – e até característica – da transformação empresarial é a busca do desempenho máximo. Em 1984, ao escrever *Vanguard Management* (A administração de vanguarda), James O'Toole escolheu seu próprio grupo das mais bem administradas entre as *grandes* corporações americanas. Ele as descreveu como empresas "de vanguarda" na esperança de que pudessem servir de futuros modelos para todas as corporações públicas de grandes proporções. Eram companhias altamente lucrativas *e* socialmente responsáveis. Saíam-se bem praticando o bem. Entre as empresas escolhidas figuravam Atlantic Richfield, Control Data, Dayton-Hudson, John Deere, Honeywell, Levi Strauss, Motorola e Weyerhaeuser. Todas elas estão em condições de serem escolhidas como as melhores em seus ramos. Esforçam-se em atingir o máximo desempenho possível em todos os aspectos de suas atividades. Não aceitam o segundo lugar. Embora outras corporações se contentem em ser as maiores ou as melhores num determinado setor, as empresas de Vanguarda estão comprometidas em ser as melhores – em tudo.[50]

Apesar disso, como descobriu Tom Peters depois de escrever *In Search of Excellence* (Em busca da excelência), a escolha de uma companhia como a "melhor administrada" ou "com excelente desempenho" costuma ser algo parecido com aparecer na capa de

Sports Illustrated antes do "grande jogo". Uma vez que todas as companhias conhecem dificuldades de tempos em tempos, talvez o melhor teste para avaliar a grandeza de uma companhia seja observar como seus administradores se comportam em tempos de crise.

Os critérios de O'Toole para as companhias de vanguarda centram-se na crença de que as corporações põem em prática os graus de liberdade e igualdade que todos vivemos e que influem profundamente em nossas vidas, em termos de seu padrão e qualidade. Por conseguinte, ele acha que é importante fazer experiências contínuas e implantar novas formas de administrar as organizações capazes de favorecer a justiça social. Seus padrões são rigorosos. Os administradores de vanguarda são firmes em seus valores, até mesmo diante de dificuldades. Demonstram coragem moral. Resistem a atitudes imediatistas e arriscam-se a tornar-se figuras impopulares a fim de defender seus propósitos mais elevados.

Motorola: Como se Valer das Mudanças para Promover o Desempenho Máximo

É provável que a Motorola tenha feito o melhor trabalho de institucionalização da mudança em comparação com as demais grandes empresas americanas. A companhia introduziu em sua cultura vigente as coisas que tornam as empresas de alta tecnologia do Silicon Valley locais extremamente agradáveis para se trabalhar. Oferecendo empregos seguros além da vantagem adicional de ser uma corporação sólida, comprovadamente capaz de adaptar-se a mercados e tecnologias em contínua reformulação, a Motorola tem-se mostrado habilitada para sobreviver às adversidades enquanto mantém intactos os seus princípios.

Antes de 1970, era uma empresa de índice relativamente modesto de tecnologia, com mais ou menos 25% de suas atividades envolvendo produtos eletrônicos para uso doméstico como televisões Quasar e rádios para carros. A companhia vinha registrando um crescimento constante, mas nada espetacular, de cerca de 15% ao ano em suas vendas. No final dos anos 60, Robert Galvin, seu diretor-executivo, decidiu que o futuro tecnológico não seria nem rádios para veículos, nem televisores coloridos, mas sim produtos de alta tecnologia, como semicondutores e microprocessadores. Enquanto a Intel e a Texas Instruments, além de outras concorrentes, pareciam ter dado um grande salto tecnológico adiante da Motorola – dando a impressão de terem se adiantado numa distância intransponível em termos de sofisticação de seus engenheiros e cientistas – Galvin decidiu "apostar a companhia" e tentar transformar a Motorola no número 1 em termos de semicondutores, assim como já o era no setor das comunicações intertransmissores.[51]

Galvin estabeleceu um plano de dez anos para a transformação da Motorola. Nele, fez uma coisa até certo ponto incomum para um executivo americano: antecipou a necessidade futura de mudança, embora a empresa não estivesse passando por nenhum tipo de dificuldade. Galvin percebeu que o seu plano só poderia ser concretizado com o apoio ativo de todos os funcionários da empresa. A administração deu-se conta de que, para competir com os japoneses, eram necessários altos padrões de qualidade, produtividade, controle de custos e materiais, serviços de clientes e entrega. A meta era nada menos do que a perfeição: *zero de falhas*. À medida que o plano foi sendo elaborado, tornou-se claro à administração central que uma estrutura empresarial centralizada e altamente diretiva não produziria o tipo de comprometimento, esforço e inovação necessário ao sucesso. A companhia foi, portanto, radicalmente descentralizada, criou muitos novos "presidentes", cada um incumbido de uma pequena empresa que deveria gerir do modo que melhor lhe aprouvesse (consistente com o impulso deslanchado pelo plano geral). Um sistema de incentivos foi criado para os gerentes, incluindo uma coletiva generosa de abonos que recompensaria atitudes inovadoras, audaciosas e o desempenho de alta qualidade.

O que é uma companhia de desempenho máximo? De que modo ela chega lá? Tom Peters diz: "As companhias excelentes não acreditam em excelência, só em aperfeiçoamento e mudanças constantes."[52] Na Olga Company, a administração acredita antes de mais nada que o propósito da empresa é oferecer aos seus clientes os produtos da mais alta qualidade possível, e os empregos mais estáveis e significativos para os seus funcionários. A partir disso, tudo o mais decorre – a comercialização, a manufatura, o projeto do produto, a motivação dos empregados, a participação nos lucros, tudo deriva da premissa inicial de qual é o propósito daquele empreendimento.[53]

Na Springfield Remanufacturing Corporation, num exemplo dramático do que é melhorar aprendendo com os erros, os empregados responsáveis pelos maiores erros são enviados de avião aos locais onde está a falha que devem corrigir.

Aprendem com a experiência e contam para os outros colegas o que ficaram sabendo; o cliente fica muito impressionado com esse tipo de serviço que ele dificilmente poderia esperar receber.[54]

Incertezas do Processo

Embora haja um acordo geral a respeito da importância do propósito, da valorização dos empregados, de uma compensação financeira justa e generosa, da abertura no local de trabalho, da necessidade de se buscar o máximo desempenho possível, o consenso não é tão geral quando se trata 1) do tamanho que a organização deve ter para passar por uma transformação genuína; 2) do relacionamento entre as mudanças organizacionais e pessoais para os empregados em si; 3) do papel da cultura da organização em todo o processo; e 4) de como exatamente conseguir que essa transformação aconteça.

A Busca do Tamanho Certo: Será que Menor é Melhor?

Há pouco tempo, Tom Peters descreveu o tipo de negócio que irá prosperar no presente e no futuro, num mundo em mudança contínua, dizendo que as pequenas companhias representam o modelo de sucesso para o futuro. "Não se engane: nossa economia está em transformação. Está acontecendo rápido o suficiente? Honestamente, não sei. De todo modo, sei que o futuro não pertence às empresas com que cresci, os elefantes que costumavam comandar o mundo, a que eu costumava obedecer e servir. Esse novos e selvagens tempos pedem uma nova espécie de concorrente: rápido, ágil, capaz de beneficiar-se com as mudanças. Estou com eles."[55] Peters sustenta que maior não é mais o melhor. As economias que por suas grandes proporções propeliram a Revolução Industrial são hoje de menor importância do que as vantagens oferecidas pelo pequeno tamanho, em termos de flexibilidade e capacidade de reação.

Que tipo de organização dominará a economia à medida que nos aproximamos do terceiro milênio? Paul Hawken concorda com

Peters: "Desde 1973, as 500 maiores companhias arroladas na *Fortune* perderam cerca de 6.000 vagas, que desapareceram em nome da necessidade de "enxugar" o tamanho, de reduzir proporções, de se reestruturarem, de aumentar sua competitividade, e esses termos não querem dizer nada para os homens e mulheres afetados pelas medidas de contenção. No mesmo período, no entanto, 23 milhões de novos empregos foram criados nos Estados Unidos sendo 98% dos mesmos oferecidos por empresas com 100 funcionários ou menos."[56]

David Birch, autor de *Job Creation in América* [A geração de empregos na América], observa: "...não existe essa coisa de uma economia americana, não pelo menos do jeito que o termo em geral implica. Pelo contrário, existem cerca de 7 milhões de companhias, e perto de 90% delas empregam menos que 20 operários. Em conjunto, estas pequenas empresas criam mais empregos do que as 500 da *Fortune*, crescem com mais rapidez, têm mais chance de naufragar e mostram maior adaptabilidade".[57]

Paul Hawken prossegue, acrescentando mais elementos de apoio ao argumento que afirma serem limitadas as possibilidades de transformação de grandes organizações: "A nossa sociedade e a nossa economia estão mudando muito depressa, principalmente nos últimos quinze anos. Assim que uma empresa cresce, não pode se transformar na décima parte daquilo. Na realidade, sua virtude é ser estável, consistente e sólida. Torna-se um petroleiro e exige todo cuidado e atenção para ser operada. Mas quando o ritmo da mudança social supera a capacidade natural às grandes empresas de adaptarem-se, acontece a explosão empresarial que estamos presenciando, simplesmente porque os pequenos negócios respondem com mais velocidade às mudanças que vêm se processando em mim e em você. Estamos inventando novas formas de viver, novos padrões de convivência, novos valores e novas idéias."[58]

Pela mesma razão, há quem destaque o fato de as grandes organizações jamais se vangloriarem da vitalidade ou do entusiasmo que marcam uma pequena companhia. David Birch, por exemplo, escreve: "É a diferença entre operários de uma organização que trabalham das nove às cinco e as pessoas agressivas e ambiciosas que estão nas lojas nos finais de semana e trabalham por baixo salário pela chance de fazerem parte da ação."[59]

Há outros, porém, como Jack Welch da GE, que afirma não ser o tamanho mas a *simplicidade* o fator que importa. "Para que uma grande organização seja eficiente, e preciso que seja simples.

Para isso, seus funcionários devem ser autoconfiantes e intelectualmente seguros... As pessoas sempre exageram quando avaliam a complexidade de uma empresa. Não é ciência espacial; escolhemos uma das profissões mais simples do mundo. A maioria dos negócios globais tem três ou quatro concorrentes críticos e sabe-se quem são. E não há muito que se possa fazer com uma empresa. Não é como se você estivesse tendo que escolher entre 2.000 opções."[60]

No mesmo sentido, o finado W. L. Gore acreditava que o sistema "em treliça" de organização de funcionários dá certo porque a companhia nunca permite que as fábricas aumentem para mais que 200 empregados (150 por unidade é considerado o número ideal, crença endossada também por Ricardo Semler). Sempre que a fábrica chega a esse número crítico, é construída uma outra. O tamanho reduzido garante uma grande margem de interações diretas envolvendo as pessoas dos trabalhadores. Gore chamava esse sistema de "in-administração".

São muitos os que acreditam que fazer um pequeno negócio "crescer" não é simplesmente um indicador de providências tomadas por empresários individuais, mas o reflexo de uma nação cuja economia está crescendo. Os pequenos negócios são formados para resolver problemas que não poderiam ser solucionados apenas com dinheiro, e surgem para mudar a nossa cultura em si.[61]

Entretanto, inúmeros consultores e administradores estão trabalhando para transformar uma parte das imensas corporações mundiais e há relatos de êxito em certos casos. A Motorola, acima descrita, é um exemplo claramente visível de uma transformação de âmbito geral da empresa, coroada de êxito, tal como também o são as outras duas, Xerox e Milliken, ambas premiadas com o Prêmio Malcolm Baldrige de Qualidade Nacional do Produto. A Ford Motor Company é outro exemplo muitas vezes citado de mudança significativa e bem-sucedida de uma organização de grande porte; seu Projeto Taurus marca uma nova era em termos de trabalho em equipe e de qualidade do produto dentro do contexto desse antigo gigante do setor automobilístico. O'Toole escolheu para sua "Vanguarda" os precursores da grande organização do futuro, criando um modelo que combina de modo certeiro proporções gigantescas e flexibilidade. Deixando de lado posições teóricas antagônicas, é seguro dizer que ainda é muito cedo para decidir a questão do tamanho, na medida em que um número incontável de grandes organizações está em meio à implantação de ambiciosos programas de mudanças.

O Papel do Indivíduo nas Mudanças Organizacionais

Se transformar uma organização significa que os empregados precisarão pensar, reagir ou comportar-se de modos fundamentalmente diferentes, isso sugere que tais indivíduos devem também se submeter a uma transformação radical.

A questão de a mudança pessoal funcionar como pré-requisito para a mudança organizacional é ainda uma controvérsia. Para muitos empregados, fazer parte de uma organização num processo de modificação pode representar a experiência de uma crise pessoal. Executivos que passaram anos aprendendo como "ganhar a dianteira" podem ser solicitados a transformar as próprias modalidades de pensamento que fizeram deles um sucesso no passado. Esses executivos podem passar por sérias dificuldades, até mesmo pânico, quando tornar-se necessário que examinem as bases mesmas de sua auto-estima e de seu senso de competência. Transformar uma organização pode desencadear o surgimento de traumas profundos, criar confusão e disputas pessoais entre os empregados, no transcorrer do processo de mudança.

Muitos casos de empregados protestando contra programas de amplas modificações empresariais – como o famoso protesto dos operários da Pacific Bell há alguns anos, que se revoltaram contra um programa de treinamento baseado no trabalho de Gurdjieff promovido pelo estudioso do assunto, Charles Kron – tornaram este tópico uma controvérsia cujas complexidades continuarão dificultando a concretização desses esforços no futuro. O foco da controvérsia é o receio típico de uma "lavagem cerebral" e da aceitação forçada de novas idéias capazes de entrar em conflito com as crenças religiosas dos empregados. Esse frágil relacionamento entre a individualidade e a necessidade de um alinhamento organizacional em torno de questões estratégicas será um tema crítico de debates nesse campo.

Apesar dessas possíveis preocupações, existem muitos defensores da indispensabilidade da mudança pessoal. Herman B. Maynard Jr., executivo da E.I. du Pont de Nemours & Co., e figura de proa na "transformação planejada" da divisão de fios e cabos daquela empresa, acredita que "não existe de fato aquilo que se diz ser a transformação da empresa; só existe a transformação das pessoas. E para a mudança não há receitas. Os consultores podem ajudar a facilitar o processo durante, digamos, seis meses. Depois disso, você está por sua própria conta".[62]

O professor e autor Peter Vaill expressa uma crença semelhante: "(Essa transformação) ocorrerá nos níveis pessoais tanto quanto organizacionais e institucionais. É difícil predizer com o que se parecerá. Penso que um número muito grande de pessoas importantes está completamente cansado de sua qualidade de vida, em particular das tensões e estresses nos quais vivem o tempo todo, afetando as questões de sua saúde, de sua família, de sua situação financeira, de sua qualidade geral de vida."[63]

Pode-se ademais argumentar que ambientes democráticos de trabalho – como o criado por Ricardo Semler na Semco – exigem um grau considerável de confiabilidade e de participação responsável da parte de todos os empregados, os quais atacam a importância essencial que tem a mudança ou o crescimento pessoal.

Seja qual for a última moda para o público, não há dúvida de que, à medida que a "mudança" continua sendo um elemento significativo da vida empresarial, será cada vez mais importante aprender a responder à mudança e recuperar-se de modificações fundamentais, tanto no plano da organização como no plano pessoal. Ao compreenderem a dinâmica do processo de mudança, as pessoas e os "empregados terão mais disposição para atentarem às oportunidades de crescimento que a mudança oferece, em vez de alimentarem a resistência que é sempre engendrada pela incerteza".[64]

Harry Woodward e Steve Buchholz, autores de *Aftershock – Helping People Through Corporate Change* [Depois do choque: ajudando as pessoas a atravessar mudanças na empresa], insistem em dizer que a mudança veio para ficar. "A mudança é uma das mais importantes questões, se não a mais importante, no círculo dos negócios da atualidade. Começando aproximadamente com a publicação de Alvin Toffler, *Future Shock* [Choque futuro], em 1970, a 'Mudança', com M maiúsculo ingressou no léxico empresarial como termo que descreve uma bênção ambígua. Por um lado, representa crescimento, oportunidade e inovação; por outro, ameaça, desorientação e abalos profundos. Queiramos ou não, a mudança tornou-se a norma. O crescimento econômico relativamente estável e previsível que marcou o período pós-Segunda Guerra Mundial deu margem a rápidos aumentos na competitividade, à limitação dos recursos naturais e a mudanças de atitude que dizem respeito ao trabalho, aos papéis dos homens e mulheres, e à administração."[65]

O Papel que Tem a Cultura da Empresa

A cultura da corporação pode ser descrita como "aquele conjunto complexo e inter-relacionado de comportamentos institucionalizados, padronizados e habituais que caracterizam aquela empresa e somente ela". Segundo James O'Toole, numerosos esforços de mudança empresarial nas últimas décadas não deram certo "porque só abordaram os níveis superficiais da cultura corporativa e trataram apenas dos artefatos culturais (como o logotipo da empresa ou o estilo administrativo); às vezes, descem um andar e tentam mudar valores culturais (as normas e os ideais de organização). Por sua vez, o processo que a Vanguarda desencadeia atinge as raízes da própria estrutura porque não opera somente nesses dois níveis, na medida em que atinge o dos próprios pressupostos filosóficos daquela corporação".[66]

De modo semelhante, Herman Maynard sugere que se deve estar consciente do "sistema imunológico da empresa" que "tenta matar tudo aquilo que lhe parece estranho". A cultura é uma força poderosa de manutenção do *status quo*.

Pascarella e Frohman acentuam a importância de se dar atenção ao propósito central da empresa de afetar a cultura da organização. "Algumas culturas corporativas têm mudado de forma não-intencional à medida que novas técnicas vão sendo adotadas. Apesar da falta de consenso acerca da natureza da cultura empresarial, alguns executivos estão tentando alterá-la de forma deliberada confrontando conceitos como trabalho em equipe, valores, visão e missão." Os autores, no entanto, acreditam que "não tem muito sentido construir um trabalho de equipe... a menos que a equipe saiba rumo a quê está trabalhando, para onde está indo a organização como um todo. Pronunciamentos sobre a missão também têm pouco valor na ausência de um programa de administração plenamente concebido como apoio à missão empresarial, em todos os aspectos da atividade daquela companhia, e que suscite comprometimento dos que lá estão".[67]

Em resumo, a cultura é uma força poderosa mas esquiva, quando se trata de implantar uma mudança de natureza transformativa. O papel da cultura como influência sobre o comportamento não pode ser ignorado; no entanto, não está claro ainda se a mudança de cultura é a causa ou o efeito de algumas mudanças mais amplas, que já descrevemos neste trabalho.

Processo de Transformação: Como Funciona?

Uma variedade de modelos, estratégias e princípios vem sendo desenvolvida e abordada em trabalhos escritos por vários administradores, consultores e professores. O autor James O'Toole relaciona cinco "princípios de excelência" das Companhias de Vanguarda: simetria de todos os investidores; dedicação a um propósito elevado; aprendizagem contínua; metas superiores e coragem moral. Peter Senge, da Escola Sloan de Administração, do MIT, defende um "novo estilo administrativo" para apoiar a implantação de quatro elementos críticos: unidades empresariais autônomas (e relativamente pequenas); poucos níveis de administração; participação nos lucros e controle acionário dos empregados; estruturas de governança, como parcerias empresariais e juntas internas. O consultor Bill Veltrop concentra-se em quatro "tecnologias" de transformação: aprendendo como aprender, criar visões das quais outros participem, projetar a organização e planejar e liderar. Rosabeth Kanter, da Escola de Administração de Harvard, destaca uma "abordagem sociológica" que implica "estruturas paralelas" de equipes empreendedoras e "atividades arrasadoras". O consultor Roger Harrison fala de "sintonização" e "amor". São muitos os que defendem uma transformação "de baixo para cima"; outros, "de cima para baixo", e um terceiro grupo destaca a vantagem de esforços de mudança empreendidos simultaneamente nos dois sentidos.

Existe um acordo geral a respeito da atual inexistência de uma organização completamente transformada. Nossas informações a respeito estão em pleno andamento. Os editores Kilmann e Covin abrem seu impressionante trabalho com a seguinte nota de advertência: "As fronteiras do conhecimento neste campo são levadas um pouco mais adiante cada vez que alguma forma significativa e qualitativamente diferente de organização é revitalizada. Essa situação significa também que as organizações carentes de uma transformação não podem esperar até que a base de conhecimentos esteja firme e seja previsível. Questões como 'você consegue demonstrar que esse processo dá certo?' não podem ser respondidas na afirmativa."[68]

Empreendimentos de todo tamanho e produtos de toda parte do globo estão sendo submetidos a experiências, contratando consultores, indicando "especialistas em aperfeiçoamentos" e editando livros sobre novos conceitos de administração, mudanças na cultura corporativa e na qualidade do negócio. O campo está inundado de recomendações propostas por pensadores como Crosby (quatorze passos), Deming (quatorze passos) e Feigenbaum (quarenta passos!).[69] "Na realidade, qualquer organização que planeje aguardar pela comprovada eficiência dos métodos de transformação antes de arriscar-se está provavelmente escrevendo seu próprio epitáfio."[70]

Uma das dificuldades em "ordenar" uma mudança fundamental em todos os patamares de uma organização tem sido a incapacidade administrativa para ver a justa extensão que esse processo precisa ter. Os líderes empresariais podem estar familiarizados com o vocabulário da mudança e assumir uma postura "que parece de vanguarda", o que inclusive pode comprometer um imenso investimento de capital. No entanto, é possível que seu envolvimento pare por aí, não por não se sentirem dispostos a se comprometerem mas porque assumem que isso é o que o compromisso quer dizer.[71]

Um dos aspectos mais controvertidos a respeito do processo de transformação diz respeito a se essa mudança fundamental pode ou não ser "ordenada" pelo escalão superior da administração. Uma das preocupações mais comentadas é a de que os principais executivos se dediquem a uma transformação "dos outros" – externa, fora dos limites dos seus escritórios – em vez de eles também se comprometerem.

O'Toole sustenta que um certo grau de descentralização, ou de participação extensa, é essencial à mudança. "Embora os mecanismos pelos quais as mudanças são alcançadas pela Vanguarda variem em seus detalhes, todos eles implicam uma ou outra forma de descentralização de pressupostos e oferta de recompensas e incentivos apropriados a todas essas atividades."[72]

O autor e consultor Harrison Owen manifesta uma opinião semelhante: "Aposto que as inovações virão não porque alguém lá de cima é realmente um gênio. Não o excluo, mas, dado o tanto de liberdade que ele tem de fato... isso é mínimo quando comparado ao que está acontecendo no resto da organização. Portanto, procuro as inovações audaciosas não no alto, mas naquelas partes da organização onde as coisas são absolutamente práticas e onde as pessoas estão pensando nas idéias erradas, no momento certo. A questão passa então a ser a seguinte: será que foi a pessoa lá de cima que criou um clima onde esse tipo de experimentação é possível?"[73]

Se a mudança imposta "de cima para baixo" é uma estratégia eficiente para a transformação de toda a orgnização, então vale a pena considerar o que a General Electric estará vivendo nos próximos anos – trata-se de uma empresa que não se tem distinguido historicamente pela defesa de "propósitos elevados", ou pela "simetria de todos os investidores". O Presidente e diretor-executivo, John F. Welch Jr., embarcou numa viagem que representa um desafio gigantesco: "construir um 'motor humano' revitalizado para vivificar o formidável 'motor empresarial' da GE". Segundo um recente depoimento de Welch: "Em dez anos queremos que as publicações falem da GE como um local de trabalho onde as pessoas têm liberdade para criar, onde elas podem dar o melhor de si. Uma companhia aberta e justa, em que as pessoas tenham a sensação de que importa muito aquilo que elas fazem, e onde a sensação de realização profissional aconteça tanto no bolso como na alma."[74]

Herman Maynard, da DuPont, discute algumas das áreas mais delicadas do processo de transformação. Ele menciona "o alinhamento de propósitos, o respeito pela pessoa, a firmeza, os incentivos, os relacionamentos, os processos de participação, a administração do estresse e a paciência", entre outros elementos cruciais à transformação. Também solicita que haja "um apoio contínuo ao crescimento pessoal" ao lado do "envolvimento do cônjuge e da família", e do "apoio da comunidade". Por fim, defende "a confiança e o uso da intuição" para complementar as habilidades empresariais. Suas conclusões, baseadas em experiências diretas, representam um significativo afastamento do nosso conceito tradicional de um cultura engendradora!

Mudança: Não Se, Mas Sim Quando e Como

A mudança radical e rápida, em todos os setores da economia, abrangendo grandes e pequenas organizações, está se tornando rapidamente um lugar-comum. "Para o primeiro livro tivemos dificuldade em localizar as 100 empresas adequadas", comenta Robert Levering, co-autor de *100 Best Companies to Work for in America* [As 100 melhores companhias para as quais trabalhar na América], um clássico de 1984, sobre empresas "iluminadas". Para a edição seguinte, de 1991, "existem tantas empresas que provavelmente precisaremos eliminar alguns bons candidatos".[75] Não é mais uma questão de se as companhias irão ou não mudar, mas sim de quando e como o farão. Numa década iniciada por acontecimentos no leste europeu que superam a mais audaciosa imaginação, será que a administração conseguirá absorver o conceito de que a transformação na empresa é um processo constante – uma nova forma de administrar – e não simplesmente um programa "para atualizar a empresa" nem um mal passageiro necessário? Além disso, questões controvertidas – como se as organizações têm ou não um papel na "transformação" dos seus empregados – terão como distorcer o inegável progresso que muitas empresas estão registrando nos últimos anos em termos de criação de ambientes de trabalho mais satisfatórios, gratificantes e pessoalmente fortalecedores? Não há dúvida de que observadores de transformação empresarial continuarão fascinados pelas forças que apóiam e inibem a mudança fundamental.

Há muitos elementos que inspiram otimismo, como as discussões abertas de "um sentido mais profundo para a vida", realizadas em locais de trabalho, e que são novas e notáveis. Apesar disso, todas essas constatações não podem ser feitas sem uma nota de saudável ceticismo. Como nos acautela o próprio James O'Toole, há aqueles que aguardam em silêncio pela oportunidade de revidar. "Na esteira da Vanguarda estão aqueles que se opõem aos princípios da Nova Administração e que usam qualquer fraqueza nos lucros, no preço das ações e na economia para a formação de cartéis destinados a trazer de volta as práticas 'duras' da Velha Guarda."[76]

É cedo demais para conclusões taxativas. No entanto, para que haja mudanças positivas e significativas no estado instável do nosso mundo tão conturbado, pode ser que os negócios e as empresas estejam estrategicamente situados para detonar e liderar tal mudança. Talvez a melhor descrição seja a de uma corrida: contra o tempo, contra a terrível destruição do nosso frágil meio ambiente, contra a desintegração de grande parte do nosso sistema educacional, contra aumentos nos índices de violência e turbulência social, evidentes nas nações de todo o mundo. O que a transformação empresarial implica em seu nível mais elementar são melhores intenções e atitudes da parte de indivíduos e companhias destinadas a criar um mundo melhor. A questão que sempre se faz ouvir é: conseguirão? A corrida tem um desfecho incerto; apesar disso, que outra escolha temos senão a de ir em frente?

Adendo

À guisa de contribuição final, gostaríamos que alguns dos autores, consultores e professores entrevistados para este estudo falassem por si mesmos. Vale a pena conhecer na íntegra suas eloqüentes e perspicazes observações.

Peter Vaill, professor de Sistemas Humanos, Universidade George Washington, autor de *Managing as a Performing Art* [A administração como arte do desempenho] - Jossey-Bass:

> Fala-se muito, escreve-se muito, fazem-se muitos cursos entusiasmados de fim de semana, e há uma quantidade razoável de experimentos interessantes em andamento nas companhias. Não conheço nenhuma empresa que tenha efetuado uma mudança cultural em escala geral, tal como a que se deduz das perspectivas defendidas pelas escolas "nova era" com seus ambientes de trabalho participativos, de alta qualidade, com uma administração humanística. Pessoalmente acho que vários exageros vêm sendo cometidos. Se você fala de mudar a cultura de uma grande empresa, você precisa pensar em termos de dez-vinte anos e ninguém tem documentos de tanto tempo assim. Por isso, embora se fale que a cultura da AT&T está mudando, ela é tão forte e profundamente arraigada na alma da maioria dos seus empregados, assim como na cultura circundante da qual é parte, que vai levar muito tempo antes de realmente mudar.

Marsha Sinetar, educadora, psicóloga organizacional e autora de *Do What You Love, The Money Will Follow* [Faça o que gosta: o dinheiro será a conseqüência] - Dell Books:

> A expressão que utilizo para criar opções é "adaptação criativa". Nos anos anteriores fomos nos ajustando a todas as expectativas externas, independentemente de quais fossem: ia-se para a escola e vivia-se como os ancestrais tinham vivido. Havia pouca necessidade de acomodação por parte do indivíduo em relação à empresa ou ao mundo externo. Em outras palavras, você não exigia que o ambiente se curvasse diante de sua pessoa. Penso que o que está acontecendo agora seja o fato de que isso não vai mais funcionar porque estamos desperdiçando muitos talentos. Os melhores e mais brilhantes parecem conseguir que as companhias se adaptem a eles. Alguns empregados parecem expressar-se melhor e conseguir com mais eficiência fazer suas coisas. Você pode constatar esse fenômeno em escala geral também, se analisar o que está acontecendo na Alemanha Oriental. O Muro que veio abaixo é um bom exemplo de uma adaptação criativa em dimensão coletiva. É uma conquista coerente, pacífica. As pessoas simplesmente não vão mais submeter-se de qualquer jeito. Por isso, as instituições e as organizações terão de se curvar um pouco às idéias das pessoas ou dos grupos.

Roger Harrison, consultor e autor:

Enxergo sinais positivos, jovens administradores aparecendo depois de se sentirem motivados pelas visões dos anos 60 e 70. Agora estão em posição de poder e em condição de espantar alguns velhos sonhos para fazer coisas novas acontecerem. Vejo, portanto, duas novas forças em andamento nas organizações. A da esperança e transformação, e também a da morte das organizações obrigadas dentro e fora a darem muito mais atenção aos prazos imediatos.

Harrison Owen, consultor, autor de *Spirit: Transformation and Development in Organizations* [Espírito: a transformação e o desenvolvimento nas organizações] - Abbot Publishing:

Meu pressuposto é que qualquer sistema está constantemente adaptando-se ao meio que o circunda. Em grande medida, o mais provável é que a adaptação e as iniciativas experimentais nesse sentido, no tocante às organizações, ocorram na periferia ou nos cantos do sistema. A maior parte das nossas organizações, em especial as empresas, envolvidas com a fabricação de qualquer produto, passam a maior parte do tempo tentando controlar em meio a limites cada vez mais estritos de tolerância. Essencialmente, o que isso significa é a eliminação da inovação. Existe um motivo para isso. É assim que se faz dinheiro, ou, pelo menos, que se fazia.

George Land, consultor e autor de *Grow Or Die* [Cresça ou morra] - John Wiley & Sons:

As organizações grandes e maduras estão em sintonia com a cultura geral. Foi difícil para elas ir em frente. Agora, a cultura mais ampla está em fase de mudança – atingiu seu ponto de colapso ou ruptura – e é agora que começamos a ver sua manifestação nas empresas.

Peter Vaill:

Nos Estados Unidos e em outras nações desenvolvidas, os anos 90 serão a década da *recuperação*, durante a qual estaremos começando a pensar em como nos recuperar dos quarenta anos de incessante obsessão pelo crescimento econômico e expansão, tão característicos da nossa cultura.

Referi-me a isso como a um *mundo de água sempre branca*, no qual estamos todos descendo velozmente um rio de corredeiras, onde ninguém consegue achar que esteja entendendo ou controlando aquilo em que está metido. É uma mentalidade nova para os americanos. Os americanos têm tido o luxo de pensar que tanto compreendem como controlam os sistemas à sua volta. É evidente que hoje em dia não acontece mais nenhuma das duas coisas. Essa situação vai se tornar progressivamente mais clara a um número crescente de pessoas, de modo que no futuro milhões de indivíduos estarão sabendo que não entender e não controlar serão fatos da vida daqui a dez ou quinze anos, o que surte um impacto profundo em praticamente tudo o que fazemos.

Marsha Sinetar:

Não se pode impor motivação. Não se pode forçar alguém a sentir prazer com o que faz. Não se pode contratar alguém de fora para estimular um grupo e motivá-lo, depois ir embora e esperar que continue motivado. Por isso, nos damos conta de que existe aí uma troca de energia. Se as empresas querem dedicação, se querem que seus empregados invistam seu tempo e energia, então é preciso pagá-los com alguma coisa mais do que dinheiro, porque apenas dinheiro não satisfaz mais. As pessoas não são escravas do dólar e não serão mais capazes de trabalhar como escravas materiais. Isso parece uma tremenda revolução na consciência.

Roger Harrison:

Uma das coisas mais otimistas que me aconteceu na vida é o que está se passando neste momento no bloco oriental. Ali encontramos revoluções que vêm acontecendo em sua maior parte, sem matanças, exceto na Romênia. Este é com certeza o elemento mais claramente inovador e indicativo de mudança social desde as revoluções americana e francesa – ambas sangrentas, a seu próprio modo. Para mim é encorajador que a mudança possa acontecer de uma forma que implica uma alteração da mentalidade sem a necessidade de violência por parte da classe dominadora, dos poderosos. Se isso pôde acontecer no bloco soviético, parece razoável que possa ocorrer também nas empresas americanas. Em nossos dias não se percebem grandes mudanças nas organizações. Em sua maioria, as pessoas estão pouco motivadas, não estão se esforçando tanto assim para efetuarem qualquer mudança. Limitam-se mais apenas a seguir em frente do jeito que podem. Os americanos são muito voltados para suas questões pessoais, de modo que não se constata um sentimento público generalizado de que está na hora de derrubar a velha ordem nas organizações. Por um lado, portanto, vejo acontecimentos no mundo que sugerem a possibilidade de uma transformação maciça, sem toda a destrutividade que historicamente tem acompanhado as transformações. Não estou certo de que as grandes organizações americanas estejam onde é mais fácil que as mesmas aconteçam. Pelo menos, não num futuro imediato. Mas, quando isso acontecer, pode ser com a mesma rapidez com que se processou no leste europeu. A subitaneidade que pegou a todos de surpresa foi de tal ordem que a única explicação razoável para o fenômeno pareceu ser a intervenção divina nos corações e mentes das pessoas. Ora, isso também pode se dar em termos dos grandes negócios.

Harrison Owen:

Não tenho a menor certeza de que alguém modifique alguém. Para dizer a verdade, tenho absoluta certeza de que isso não acontece. O ambiente do Universo está tomando muito bem conta da situação. O problema não é introduzir a mudança. É reconhecê-la – pois já está entre nós – e ajudar as pessoas a passarem por ela. Não é que não existam tecnologias de elevado teor humano e muito poderosas, mas sim que não se torna mais viável entrar e permanecer no jogo com as regras velhas. Estas dizem que devemos mandar todo mundo "se virar", fazer o que puder. As novas regras dizem que não se pode mais agir assim.

Roger Harrison:

> Tenho a esperança de que exista um janelinha de oportunidade capaz de manter-se aberta por um tempo pelo menos equivalente ao que durou o impacto exercido pelas pessoas que se transformaram durante o período de abertura dos anos 70. Embora estas pessoas estejam agora em sua fase mais produtiva, embora estejam ocupando posições de poder e responsabilidade, sinto que existe uma janelinha no tempo durante o qual a mudança transformadora tem a possibilidade de acontecer. Realmente depende das interações entre aquelas pessoas e o que se passa no mundo capaz de atrair seu idealismo e fazer dele algo que valha a pena ser investido como fator de risco pessoal necessário a fazer com que as coisas aconteçam.

Stanford Janger é co-fundador de The Close-Up Foundation, *em Washington, e atualmente trabalha como consultor autônomo em Santa Fé, Novo México. Formou-se pela Universidade de Harvard.*

Amy Edmondson é diretora de pesquisa da Pecos River Learning Centers, Inc., em Santa Fé, e autora de A Fuller Explanation: The Synergetic Geometry of R. Buckminster Fuller *[A explicação completa: a geometria sinergística de R. Buckminster Fuller] - Birkhauser, 1987. Formou-se pela Universidade de Harvard.*

Notas do Posfácio

1. Semler (1989), 79.
2. Ibid., 76.
3. Ibid., 79.
4. Ibid.
5. Ibid., 84.
6. Kilmann (1988), 1.
7. Ibid., xiii.
8. Sinetar (1987), 21.
9. Spencer (1989), 19.
10. Sinetar (1987), 21.
11. Ibid., 25.
12. Levering (1988), 49.
13. Chouinard (1989), 54.
14. Rutigliano (1986), 37.
15. Hawken (1989), 73.
16. Street (1988), 24.
17. Barnes (1988), 70.
18. Steinberg (1988), 52.
19. Pascarella (1989).
20. Harrison (1983), 216.
21. O'Toole (1985), 49.
22. Gussow (1989), 18.
23. O'Toole (1985), 342.
24. Ibid., 50.
25. Ibid., 291.
26. Semler (1989), 84.
27. Rhodes (1982), 34.
28. O'Toole (1985), 95.
29. Burlingham (1989), 50.
30. Hawken (1987), 169.
31. Burlingham (1989), 50.
32. Sinetar (1987), 25.
33. O'Toole (1985), 94.
34. Ibid., 85.
35. Ibid., 85.
36. Semler (1989), 82.
37. Rutigliano (1986), 37.
38. Hawken (1987), 214.
39. O'Toole (1985), 100.
40. Levering (1988), 49.
41. Kelley (1989), 54.
42. O'Toole (1985), 86.
43. Ibid., 133.
44. Ibid., 87.
45. Hawken (1987), 212.
46. Ibid., 214.
47. Ibd., 224.
48. O'Toole (1985), 129.
49. Rutigliano (1986), 37.
50. O"Toole (1985).
51. Ibid., 91.
52. Peters (1987), 4.
53. Hartman (1986), 38.
54. Hawken (1987), 198.
55. Peters (1989), 92.
56. Hawken (1989), 72.
57. Birch (1987), 7.
58. Hawken, (1989), 73.
59. Birch (1987), 17.
60. Tichy (1989), 114-5.
61. Hawken (1989), 72.
62. Entrevista com o autor.
63. Entrevista com o autor.
64. Adams (1988), 62.
65. Woodward (1987), xiv.
66. O'Toole (1985), 289.
67. Pascarella (1989), 4.
68. Kilmann (1988), 7.
69. Gauthier (1988-89), 5.
70. Kilmann (1988), 7.
71. Ibid., 190.
72. O'Toole (1985), 274.
73. Entrevista com o autor.
74. Tichy (1989), 120.
75. Clurman (1990), 4.
76. O'Toole (1985), 75.

Bibliografia

O palco onde encenamos o nosso drama é tão vasto, e tão extenso o alcance das questões relevantes de que trata seu enredo, que uma bibliografia completa seria tediosa e de pouca utilidade. Em vez disso, optamos por apresentar uma relação muito seleta de títulos que a nosso ver são de grande proveito. A maioria dos volumes abaixo relacionados contém sua própria bibliografia, permitindo assim ao leitor interessado aprofundar-se nos temas que mais o atraírem.

Adams, John e Sabina Spencer (1988), "People in Transition", *Training and Development Journal*, out., pp. 61-63.

Adams, John, org. (1984), *Transforming Work*. Alexandria, VA: Miles River Press.

Adams, John, org. (1986), *Transforming Leadership*. Alexandria, VA: Miles River Press.

Angrist, Stanley W. (1983), "Classless Capitalists", *Forbes*, 9 de maio, pp. 122-124.

Barnes, John (1988), "A Natural Formula For Success". *U.S. News & World Report*, 12 de dezembro.

Bateson, Gregory (1972), *Steps to an Ecology of Mind*. Nova York: Ballantine.

Berman, Morris (1981), *The Reënchantment of the World*. Ithaca, NY: Cornell University Press.

Berry, Thomas (1988), *The Dream of the Earth*. San Francisco: Sierra Club Books.

Berry, Wendell (1978), *The Unsettling of America: Culture and Agriculture*, Nova York: Avon/Sierra Club Books.

Birch, David (1987), *Job Creation in America*, Nova York: Free Press.

Birke, Lynda (1986), *Women, Feminism, and Biology: The Feminist Challenge*. Londres: Harvester Press.

Bookchin, Murray (1978), "Toward a Liberatory Technology", in *Stepping Stones: Appropriate Technology and Beyond* (Lane de Moll e Gigi Coe, orgs.). Nova York: Schocken Books.

Borsodi, Ralph (1948), *Education and Living*. Suffern, Nova York: The School of Living.

Boulding, Kenneth (1970), "Economics of the Coming Spaceship Earth", in *The Environmental Handbook*, org., Garrett de Bell. Nova York: Ballantine.

Boulding, Kenneth (1978), *Ecodynamics: A New Theory of Societal Evolution*. Londres: Sage.

Brown, Lester R. (1981), *Building a Sustainable Society*. Nova York: W.W. Norton.

Brown, Lester R. (1988), *State of the World, 1988: A Worldwatch Institute Report on Progress Toward a Sustainable Society*. Nova York: Norton. (Publicado todos os anos desde 1984).

Burlingham, Bo (1989), "Being the Boss", *Inc. Magazine*, out., pp. 49-65.

Capra, Fritjof (1982), *The Turning Point: Science, Society, and the Rising Culture.* Nova York: Bantam. [*O Ponto de Mutação: A Ciência, a Sociedade e a Cultura emergente.* Editora Cultrix, São Paulo, 12ª ed. 1991.]
Carson, Rachel (1962), *Silent Spring.* Cambridge, MA: Riverside Press.
Chouinard, Yvon (1988), "Coming of Age – Yvon Chouinard", *Inc. Magazine*, abril.
Clark, Mary (1989), *Ariadne's Thread: The Search for New Modes of Thinking.* Nova York: St. Martin's Press.
Clurman, Carol (1990), "More Than Just a Paycheck", *USA Weekend*, 19-21 de jan. pp. 4-5.
Commoner, Barry (1971), *The Closing Circle: Nature, Man, and Technology.* Nova York: Alfred A. Knopf.
Congdon, R.J., org. (1977), *Introduction to Appropriate Technology: Toward a Simpler Lifestyle.* Emmaus, PA: Rodale Press.
Daly, Herman (1977), *Steady-State Economics: The Economics of Biophysical Equilibrium and Moral Growth.* San Francisco: W.H. Freeman.
Daly, Herman e John B. Cobb (1989), *For the Common Good: Rededicating the Economy Toward Community, the Environment, and a Sustainable Future.* Boston: Beacon Press.
Davies, James C. (1971), *When Men Rebel and Why.* Nova York: Free Press.
Davis, W. Jackson (1979), *The Seventh Year: Industrial Civilization in Transition.* Nova York: W.W. Norton.
De Pree, Max (1989), *Leadership is an Art.* Nova York: Doubleday.
Devall, Bill e George Sessions (1985), *Deep Ecology: Living as if Nature Mattered.* Salt Lake City: Peregrine Smith Books.
Eisler, Riane (1987), *The Chalice and the Blade: Our History, Our Future.* Nova York: Harper & Row.
Elgin, Duane (1981), *Voluntary Simplicity: Toward a Way of Life That is Outwardly Simple, Inwardly Rich.* Nova York: William Morrow & Co.
Ellul, Jacques (1964), *The Technological Society.* (edição original francesa, 1954). Nova York: Vintage/Random House.
Ferguson, Marilyn (1980), *The Aquarian Conspiracy: Personal and Social Transformation in the 1980s.* Los Angeles: Jeremy Tarcher.
Fox, Matthew (1983), *Original Blessing: A Primer in Creation Spirituality.* Santa Fé: Bear & Co.
Gauthier, Thomas D. (1988/89), "The Improvement Practitioner: Agent for Change." *National Productivity Review*, vol. 8 nº 1 pp. 5-10.
Gussow, Alan (1989), "Green Consumerism", *In Business*, nov/dez. pp. 18-9.
Harman, Willis (1988), *Global Mind Change.* Indianapolis: Knowledge Systems.
Harman, Willis, "The Need for a Restructuring of Science." *ReVision*, vol. 11 nº 2, outono de 1988 pp. 13-21.
Harrison, Roger (1983), "Strategies for a New Age", *Human Resource Management*, vol. 22 nº 3 pp. 209-235.
Hartman, Curtis (1986), "Values Added", *Inc. Magazine*, an. pp. 29-39.
Hawken, Paul (1987), *Growing a Business.* Nova York: Fireside.
Hawken, Paul (1989), "Entrepreneurs: The Real Cultural Revolutionaries", *Utne Reader*, nº 31 jan/fev. pp. 72-73.
Heilbroner, Robert (1980), *An Inquiry Into the Human Prospect.* Ed. revista. Nova York: Norton.
Henderson, Hazel (1988), *The Politics of the Solar Age: Alternatives to Economics.* Indianapolis: Knowledge Systems.
Hutchins, Robert M. (1968), *The Learning Society.* Nova York: Praeger.
Kelly, Marjorie (1989), "Revolution in the Marketplace", *Utne Reader*, nº 31 jan/fev., pp. 54-62.
Kilmann, Ralph H. (1988), Teresa Joyce Covin, and Associates, *Corporate Transformation.* San Francisco: Jossey-Bass.

King, Ursula (1989), *Women and Spirituality: Voices of Protest and Promise*. Nova York: Macmillan Education.
Klinkenborg, Verlyn (1988), "Adventures of a Renaissance Fun Hog", *Esquire*, jan. pp. 92-98.
Koestler, Arthur (1984), *The Invisible Writing*. Briarcliff Manor, NY: Stein and Day.
Kohr, Leopold (1978), *The Overdeveloped Nations: The Diseconomies of Scale*. (Edição original em espanhol e alemão, 1962.) Nova York: Schocken Books.
Land, George e Beth Jarman (1989), *Breakpoint and Beyond*, unpub. ms.
Leopold, Aldo (1966), *A Sand County Almanac*. Nova York: Ballantine.
Lerner, Gerda (1985), *The Creation of Patriarchy*. Nova York: Oxford University Press.
Levering, Robert (1988), "Paradise, Corporate-Style", *Business Month*, julho/agosto, pp. 47-50.
Lovelock, J. E. (1979), *Gaia: A New Look at Life on Earth*. Nova York: Oxford University Press.
Lutz, Mark A. e Kenneth Lux (1979), *The Challenge of Humanistic Economics*. Menlo Park, CA: Benjamin/Cummings.
Maccoby, Michael (1988), *Why Work: Leading the New Generation*. Nova York: Simon and Schuster.
Macy, Joanna (1983), *Despair and Personal Power in the Nuclear Age*. Philadelphia: New Society Publishers.
Macy, Joanna, et al. (1989), *Thinking Like a Mountain: Toward a Council of All Beings*. Philadelphia: New Society Publishers.
Meeks, Fleming (1989), "The Man Is The Message", *Forbes*, 17 de abril, pp. 148-152.
Merchant, Carolyn (1980), *The Death of Nature: Women, Ecology, and the Scientific Revolution*. Nova York: Harper & Row.
Mollner, Terry (1990), *Mondragon: The Journey From the Material Age to the Relationship Age Has Begun*. Nova York: Doubleday.
Muller, Robert (1982), *New Genesis: Shaping a Global Spirituality*. Nova York: Doubleday & Co.
Mumford, Lewis (1956), *The Transformations of Man*. Nova York: Harper and Brothers.
Murray, Bertram (1974), "What the Ecologists Can Teach the Economists", in Susan Mehrtens e Charles Jezek, orgs. *Earthkeeping: Readings in Human Ecology*. Pacific Grove, CA: Boxwood Press.
Myers, Norman (1984), *GAIA: An Atlas of Planet Management*. Nova York: Anchor Books.
Naisbitt, John, and Patricia Aburdene (1985), *Re-inventing the Corporation*. Nova York: Warner.
O'Toole, James (1985), *Vanguard Management*. Nova York: Doubleday & Co.
Ornstein, Robert e Paul Ehrlich (1989), *New World, New Mind*. Nova York: Doubleday.
Pascarella, Perry (1984), *The New Achievers*. Nova York: Free Press.
Pascarella, Perry and Mark A. Frohman (1989), *The Purpose Driven Organization*. San Francisco: Jossey-Bass.
Peters, Thomas J. (1987), *Thriving on Chaos*. Nova York: Alfred A. Knopf.
Peters, Thomas J. (1989), "Doubting Thomas", *Inc. Magazine*, abril, pp. 82-92.
Popper, Karl R. e John C. Eccles (1981), *The Self and Its Brain*. Springer International.
Rhodes, Lucien (1982), "The Un-Manager", *Inc. Magazine*, agosto, pp. 34-46.
Robertson, James (1979), "*The Sane Alternative: A Choice of Futures*. St. Paul, MN: River Basin Publishing.
Robertson, James (1990), *Futures Wealth: A New Economics for the 21st Century*. Inglaterra: Cassell Publishers Inc.
Rossner, John (1989), *In Search of the Primordial Tradition*. St. Paul, MN: Llewellyn Publications.
Roszak, Theodore (1978), *Person/Planet: The Creative Disintegration of Industrial Society*. Garden City, NY: Doubleday.
Ruether, Rosemary R. (1975), *New Woman, New Earth: Sexist Ideologies and Human Liberation*. Nova York: Seabury Press.

Rutigliano, Anthony J. (1986), "Some Would Call It Paternalism", *Management Review*, julho, pp. 34-37.
Sale, Kirkpatrick (1980), *Human Scale*. Nova York: Coward, McCann and Geoghegan.
Satin, Mark (1979), *New Age Politics: Healing Self and Society*. Nova York: Delta.
Schaef, Anne Wilson (1987), *When Society Becomes an Addict*. Nova York: Harper & Row.
Schumacher, E.F. (1973), *Small is Beautiful: Economics as if People Mattered*. Nova York: Harper & Row.
Schumacher, E.F. (1979), *Good Work*. Nova York: Harper Colophon.
Semler, Ricardo (1989), "Managing Without Managers". *Harvard Business Review*, vol. 67 nº 5 pp. 76-84.
Senge, Peter M. (1986), "The New Management: Moving From Invention to Innovation", *New Management*, pp. 7-13.
Sinetar, Marsha (1987), "The Actualized Worker", *Futurist*, março/abril, pp. 21-25.
Snow, C.P. (1959), *The Two Cultures and the Scientific Revolution*. Nova York: Cambridge University Press.
Sorokin, Pitirim (1941), *Social and Cultural Dynamics*. New Brunswick, NJ: Transaction Publishing.
Sorokin, Pitirim (1954), *The Ways and Power of Love*. Boston: Beacon Press.
Spencer, Sabina (1989), "Purpose and Spirit", *Organizational Development Practitioner*, junho, pp. 18-20.
Sperry, Roger (1987), "Structure and Significance of the Consciousness Revolution". *Jour. Mind and Behavior*, vol. 8 nº 1 pp. 37-66.
Sperry, Roger (1981), "Changing Priorities". *Annual Review of Neurosciences* (1981) pp. 1-10.
Spretnak, Charlene e Fritjof Capra (1986), *Green Politics*. Santa Fé, NM: Bear and Co.
Spretnak, Charlene, org., (1982), *The Politics of Women's Spirituality*. Nova York: Anchor/Doubleday.
Steinberg, Jon (1988), "The Body Biz". *Ms.*, setembro, pp. 50-53.
Street, Red (1988), "Campaign in a Jar". *American Health*, dezembro, 88.
Tart, Charles, org., (1975), *Transpersonal Psychologies*. Nova York: Harper & Row.
Theobald, Robert (1987), *The Rapids of Change: Social Entrepreneurship in Turbulent Times*. Indianapolis: Knowledge Systems.
Tichy, Noel and Ram Charan (1989), "Speed, Simplicity, Self-Confidence: An Interview with Jack Welch". *Harvard Business Review*, vol. 67 nº 5, pp. 112-120.
Toffler, Alvin (1981), *The Thrid Wave*. Nova York: Bantam.
Vaughan, Frances e Roger Walsh (1980), *Beyond Ego: Transpersonal Dimensions in Psychology*. Los Angeles: J.P. Tarcher. [*Além do Ego: Dimensões Transpessoais em Psicologia*. Editora Cultrix. São Paulo, 1991.]
Veltrop, Bill e Karin Harrington (1988), "Roadmap to New Organizational Territory", *Training and Development Journal*, junho.
Wald, George (1988), "The Cosmology of Life and Mind", in *Synthesis of Science and Religion: Critical Essays and Dialogues*. San Francisco: Bhaktivedanta Institute.
White, Mary e Doroty Van Soest (1984), *Empowerment of People for Peace*. Minneapolis: Women Against Military Madness.
Wilber, Ken (1983), *Eye to Eye*. Nova York: Anchor Books.
Winner, Langdon (1977), *Autonomous Technology*. Cambridge: MIT Press.
Woodward, Harry e Steve Buchholz (1987), *Aftershock: Helping People Through Corporate Change*. Nova York: John Wiley & Sons.
World Commission on Environment and Development (The Brundtland Commission) (1987), *Our Common Future*. Nova York: Oxford University Press.
Zuboff, Shoshanna (1988), *In the Age of the Smart Machine: The Future of Work and Power*. Nova York: Basic Books.

Sobre os Autores

Willis Harman

A vida de Willis Harman cobre duas guerras mundiais e uma guerra fria, e tem três carreiras profissionais. Depois de ter servido como oficial da Marinha na Segunda Guerra Mundial, lecionou Engenharia Elétrica e Engenharia de Sistemas na Universidade da Flórida e na Universidade Stanford, e publicou vários manuais. A seguir, por dezesseis anos, participou da equipe do Instituto de Pesquisas de Stanford (hoje o SRI International), que lidava com a investigação de futuros e de planejamentos estratégicos. Esse trabalho está condensado em *An Incomplete Guide to the Future* [Um guia incompleto para o futuro] (W. W. Norton, 1979) e em *Changing Images of Man* [Imagens do Homem em Mudança] em co-autoria com O. W. Markley; Pergamon, 1980). Em 1978, ele assumiu sua atual posição como presidente do Instituto de Ciências Noéticas, que se dedica ao desafio das ciências, representado pelas muitas facetas e capacidades da consciência humana.

No início dos anos 70, enquanto ainda às voltas com a pesquisa sobre o futuro para inúmeras agências do governo e também para clientes particulares, Willis ficou impressionado com os indícios de que a sociedade industrial ocidental está se aproximando cada vez mais de uma encruzilhada, comparável em sua capacidade de dividir o presente e o passado à que registramos na transição do período medieval para o moderno. Ele começou a interpretar tanto os problemas da sociedade moderna como o surgimento de novos movimentos sociais à luz desse contexto mais amplo. Por fim, convencido de que a mudança mais importante que está acontecendo na sociedade moderna incide sobre o nível mais profundo dos pressupostos implícitos atinentes à nossa própria natureza e ao universo em que vivemos, ele ingressou no Instituto de Ciências Noéticas para ter condições de dedicar mais tempo e energia à compreensão dessa mudança e suas implicações. Este trabalho está resumido em dois livros: *Higher Creativity* [Criatividade Superior] (em co-autoria com Howard Rheingold; Tarcher, 1984) e *Global Mind Change* [Mudança Global de Mentalidade] (Knowledge Systems, 1988).

No final dos anos 80, Willis uniu-se a um grupo de empresários para formar a Academia Mundial de Negócios, uma associação de executivos do setor empresarial com o compromisso comum de estipular um papel positivo para o mundo dos negócios, tendo em vista a criação de um mundo melhor.

John Hormann

A mais absorvente preocupação de John Hormann é "o bem-estar para nós e o nosso planeta através das comunicações e dos negócios mundiais". Para ele, isso será possível assim que forem superados os conflitos entre as forças antagônicas (dualidades) que criamos com o nosso "pensamento causalista".

"Pensamento causal" é um conceito eficaz para o estudo das estruturas da realidade. Na verdade, é o meio habitual de pensar para a ciência ocidental. Contudo, segundo John, a nossa estrita atenção à praticabilidade ou repetibilidade estreitou a nossa percepção da realidade e condicionou-se a uma conduta de buscadores da única meta que nos interessa, a sermos pressionados pela sensação de tempo perdido, e a emitirmos julgamentos contínuos.

O pensamento causal torna-se perigoso, segundo John, quando adotado como método absoluto para o conhecimento da realidade e para a sensação de dominar a vida. Ele nos constrange a pensar sempre a respeito dos mesmos constructos mentais e nos torna cegos a outras e mais elevadas possibilidades, negando aquela dimensão do real que não é "mensurável".

John Hormann estudou na Alemanha e nos Estados Unidos e trabalhou mais de 25 anos para a IBM, em várias posições de sua administração internacional. Atualmente, está envolvido num compromisso profissional de três anos com a Fundação Schweisfurth, de Munique.

O Instituto de Ciências Noéticas

O astronauta Edgar Mitchell fundou essa organização sem fins lucrativos, em 1973, que funciona pela adesão de sócios, com a finalidade de expandir o conhecimento da natureza e do potencial da mente e do espírito, aplicando então esse conhecimento para o progresso da saúde e do bem-estar para a humanidade e o planeta. Ele escolheu o termo *noético* – do grego "nous", que significa mente, inteligência e compreensão. As "ciências noéticas", portanto, são as que *abrangem diversos métodos de conhecer*: os processos intelectivos, as percepções dos sentidos físicos e os meios intuitivos, espirituais, interiores de conhecimento.

O Instituto financia pesquisas científicas; reúne cientistas e estudiosos do mais alto gabarito para um intercâmbio de seus métodos de trabalho, pontos de vista e informações, e edita textos e livros para seus membros, além de discutir os novos avanços efetuados pelas pesquisas que investigam a consciência.

Novos Paradigmas nos Programas de Ciência e Sociedade

O Programa deste Instituto investiga o relacionamento entre a consciência – em particular seus valores e crenças – e questões de ordem mais global; seu pressuposto é que *uma mudança fundamental de mentalidade* parece estar se desenrolando no mundo todo, por exemplo, em áreas como a da paz global e da segurança comum. Em seu mais recente projeto, "Expandindo os fundamentos da ciência", o Instituto tenta identificar e esclarecer os *fundamentos* científicos em transformação, os quais se manifestam em novos e instigantes progressos atestados na física, na biologia, nas neurociências, na teoria dos sistemas e em outros campos do saber. Esses progressos contribuem com constatações surpreendentes a respeito do que constitui os processos básicos da saúde e da cura, da psicologia, da parapsicologia, da sociologia e das relações internacionais. Na realidade, o Instituto acredita que as mudanças nos alicerces da ciência gerarão uma "mudança global de mentalidade" capaz de ser tão avassaladora quanto o foi a dramática mudança na visão de mundo que acompanhou a revolução científica transcorrida no século XVII.

Nesse contexto, o Programa de Novos Paradigmas investiga o papel dos negócios diante de um futuro global positivo. Um número cada vez maior de líderes empresariais está se dando conta de que a "missão" de suas corporações é muito maior que auferir lucros, e que inclui o desenvolvimento das pessoas, a educação, e a participação na solução de uma "problemática global". Para ajudar a promover essa "mudança de mentalidade" nos negócios, o Instituto trabalha com uma rede internacional de executivos e empresários visionários, voltados à investigação do papel da liderança intuitiva nos negócios, ao aprimoramento da aprendizagem e da criatividade em adultos, e à utilização dos recursos empresariais para criar um futuro global positivo. *Creative Work: The Constructive Role of Business in a Trans-*

forming Society [Trabalho criativo: o papel construtivo dos negócios numa sociedade em transformação] é um trabalho que brota diretamente das pesquisas e da experiência profissional de Willis Harman e de John Hormann nesse novo, desafiador e promissor campo do saber.

Os Mecanismos Internos do Programa da Resposta Curativa

Uma das metas fundamentais do Instituto tem sido criar o entendimento científico da relação entre mente e corpo. O Programa de Mecanismos Internos do Instituto dedica-se ao estudo de *como* funciona a resposta de cura. A pergunta que esse programa faz é a seguinte: quais são os processos inatos ao ser humano que estimulam a recuperação e a auto-regeneração naturais? Existiria um sistema desconhecido de cura que promove a remissão de quadros em enfermidades que costumam ser fatais? O Instituto patrocina projetos de pesquisa selecionados e realiza conferências interdisciplinares sobre o tema dos mecanismos de cura em áreas como a da psiconeuroimunologia, medicina energética, remissões espontâneas e curas espirituais.

Programa de Habilidades Excepcionais

O Instituto procura incentivar uma visão contemporânea e vigorosa dos potenciais humanos construtivos, que incorpore tudo o que se sabe a respeito das mais distantes e elevadas dimensões da natureza humana. Ao estudar pessoas com incontestáveis capacidades extraordinárias, como os seres de excepcional criatividade, desempenho físico superior ou habilidade mental incomum, o Instituto espera informar-se sobre como as pessoas podem efetuar e expandir mais e mais suas capacidades singulares, e, com elas, criar um mundo capaz de favorecer a plena realização dos potenciais humanos.

Programa de Espírito Altruísta

Com este programa, o Instituto estuda a capacidade humana para o amor desapegado e para o comportamento criativamente altruísta, na expectativa de descobrir as condições que promovem ou suprimem o altruísmo criativo, encorajando sua presença na vida cotidiana.

As pesquisas e programas educativos do Instituto, pioneiros na área, são completamente financiados por donativos dos seus sócios e de outras fontes de apoio do setor privado.

Os sócios do Instituto recebem um jornal trimestral, *Noetic Sciences Review*, que apresenta debates empenhados de conceitos novos na pesquisa da consciência, da relação mente-corpo, do processo de cura e da mudança em nossa realidade global. Os sócios recebem também Relatórios Especiais esporádicos, que analisam com maior profundidade itens específicos dentro das áreas de pesquisa; o *Noetic Sciences Bulletin*, outra publicação trimestral, relata os projetos que o Instituto mantém em andamento, além das atuais atividades de pesquisa dos seus membros, noticiando também próximas conferências e palestras. *An Intelligent Guide*, um catálogo abrangente de muitos livros, *audiotapes* e *videotapes* nas áreas de interesse do Instituto, pode ser obtido com desconto para os membros inscritos.

The Institute of Noetic Sciences
473 Gate Five Road, Suite 300
Sausalito, California 94965 – 0909
(415) 331.5650

PONTO de RUPTURA e TRANSFORMAÇÃO

Como entender e moldar as forças da mutação

George Land
Beth Jarman

"Ao longo deste século, vêm ocorrendo mudanças sociais, políticas e tecnológicas sem precedentes. Mudanças mais profundas estão à nossa frente. Para tomar as decisões que nos serão exigidas, devemos compreender a natureza da própria mudança – suas causas e seus efeitos –, os riscos e possibilidades que ela traz. É urgente e vital saber como criar um futuro mais desejável e mais humano."

Instituto Smithsoniano

A espantosa avalanche de mudanças que atinge cotidianamente nossa vida pessoal, nossas organizações, a nossa nação e o planeta promete prosseguir. Incontáveis especialistas relatam, em um número imenso de livros e artigos, que a mudança em curso é mais rápida e tempestuosa do que as de todas as épocas da história humana. Embora precisos, esses relatos obscurecem o real sentido do que está acontecendo.

A mudança em curso não é somente mais rápida, mais complexa, mais turbulenta, mais imprevisível. *A mudança em curso é diferente de todas as outras.*

Estamos num Ponto de Ruptura. O fato novo que devemos encarar é: *a própria mudança mudou!*

Ponto de Ruptura e Transformação é um livro que trata de todas as interrogações acerca da mudança. Quantas mudanças mais teremos? Com que rapidez vão acontecer? Para onde leva tudo isso? E, o que é mais importante: como podemos lidar com ela de maneira bem sucedida?

Neste livro, George Land e Beth Jarman respondem e aprofundam essas indagações, ampliando a compreensão da maneira como podemos entender o ponto de ruptura social que hoje envolve o mundo e fornecendo os instrumentos e habilidades pessoais necessários para lidarmos com as amplas transformações da nossa época.

EDITORA CULTRIX

O PONTO DE MUTAÇÃO

Fritjof Capra

Em *O Tao da Física*, Fritjof Capra desafiou a sabedoria convencional ao demonstrar os surpreendentes paralelos existentes entre as mais antigas tradições místicas e as descobertas da Física do século XX. Agora, em *O Ponto de Mutação,* ele mostra como a revolução da Física moderna prenuncia uma revolução iminente em todas as ciências e uma transformação da nossa visão do mundo e dos nossos valores.

Com uma aguda crítica ao pensamento cartesiano na Biologia, na Medicina, na Psicologia e na Economia, Capra explica como a nossa abordagem, limitada aos problemas orgânicos, nos levou a um impasse perigoso, ao mesmo tempo em que antevê boas perspectivas para o futuro e traz uma nova visão da realidade, que envolve mudanças radicais em nossos pensamentos, percepções e valores.

Essa nova visão inclui novos conceitos de espaço, de tempo e de matéria, desenvolvidos pela Física subatômica; a visão de sistemas emergentes de vida, de mente, de consciência e de evolução; a correspondente abordagem holística da Saúde e da Medicina; a integração entre as abordagens ocidental e oriental da Psicologia e da Psicoterapia; uma nova estrutura conceitual para a Economia e a Tecnologia; e uma perspectiva ecológica e feminista.

Citando o *I Ching* — "*Depois de uma época de decadência chega o ponto de mutação*" — Capra argumenta que os movimentos sociais dos anos 60 e 70 representam uma nova cultura em ascensão, destinada a substituir nossas rígidas instituições e suas tecnologias obsoletas. Ao delinear pormenorizadamente, pela primeira vez, uma nova visão da realidade, ele espera dotar os vários movimentos com uma estrutura conceitual comum, de modo a permitir que eles fluam conjuntamente para formar uma força poderosa de mudança social.

EDITORA CULTRIX

O TAO DA FÍSICA

Um Paralelo Entre a Física Moderna e o Misticismo Oriental

Fritjof Capra

Este livro analisa as semelhanças — notadas recentemente, mas ainda não discutidas em toda a sua profundidade — entre os conceitos subjacentes à física moderna e as idéias básicas do misticismo oriental. Com base em gráficos e em fotografias, o autor explica de maneira concisa as teorias da física atômica e subatômica, a teoria da relatividade e a astrofísica, de modo a incluir as mais recentes pesquisas, e relata a visão de um mundo que emerge dessas teorias para as tradições místicas do Hinduísmo, do Budismo, do Taoísmo, do Zen e do I Ching.

O autor, que é pesquisador e conferencista experiente, tem o dom notável de explicar os conceitos da física em linguagem acessível aos leigos. Ele transporta o leitor, numa viagem fascinante, ao mundo dos átomos e de seus componentes, obrigando-o quase a se interessar pelo que está lendo. De seu texto, surge o quadro do mundo material não como uma máquina composta de uma infinidade de objetos, mas como um todo harmonioso e "orgânico", cujas partes são determinadas pelas suas correlações. O universo físico moderno, bem como a mística oriental, estão envolvidos numa contínua dança cósmica, formando um sistema de componentes inseparáveis, correlacionados e em constante movimento, do qual o observador é parte integrante. Tal sistema reflete a realidade do mundo da percepção sensorial, que envolve espaços de dimensões mais elevadas e transcende a linguagem corrente e o raciocínio lógico.

Desde que obteve seu doutorado em física, na Universidade de Viena, em 1966, Fritjof Capra vem realizando pesquisas teóricas sobre física de alta energia em várias Universidades, como as de Paris, Califórnia, Santa Cruz, Stanford, e no Imperial College, de Londres. Além de seus escritos sobre pesquisa técnica, escreveu vários artigos sobre as relações da física moderna com o misticismo oriental e realizou inúmeras palestras sobre o assunto, na Inglaterra e nos Estados Unidos. Atualmente, leciona na Universidade da Califórnia, em Berkeley.

A presente edição vem acrescida de um novo capítulo do autor sobre a física subatômica, em reforço às idéias por ele defendidas neste livro.

EDITORA CULTRIX

ALÉM DO EGO

Dimensões Transpessoais em Psicologia

Roger N. Walsh, M.D., Ph.D., e *Frances Vaughan, Ph.D.* (orgs.)

Além do Ego mostra os avanços da teoria psicológica do futuro, hoje em pleno desenvolvimento, apresentando textos clássicos e modernos dos mais renomados autores, como:

Roger N. Walsh, M.D. e Ph.D.
Frances Vaughan, Ph.D.
Daniel Coleman, Ph.D.
Duane Elgin, M.A.
Fritjof Capra, Ph.D.
Ken Wilber, M.A.
Stanislav Grof, M.D.
Charles Tart, Ph.D.
Abraham Maslow, Ph.D.
Ram Dass
Jack Kornfield, Ph.D.
James Fadiman, Ph.D.
James Bugental, Ph.D.
Gordon Globus, M.D.
Thomas B. Roberts, Ph.D.
Willis Harman, Ph.D.

A psicologia Transpessoal tem como objetivo expandir o campo da pesquisa psicológica, incluindo áreas da experiência e do comportamento humano associadas com a saúde e o bem-estar como um todo. Por essa razão, ela se apóia tanto na ciência ocidental como na sabedoria oriental, com o intuito de integrar o conhecimento vinculado com a realização do potencial humano proveniente de ambas essas tradições.

Apesar de sua rápida expansão, a psicologia transpessoal vinha precisando de um texto introdutório mais abrangente. Este volume tem em vista essa necessidade, reunindo os textos mais pertinentes e os autores de maior destaque nesse campo. Ao fazê-lo, os organizadores tinham em mente vários objetivos, o primeiro dos quais era oferecer ao leitor não familiarizado com esses temas um texto acessível. Nesse sentido, elaboraram introduções para as diversas seções, selecionaram textos que evitassem o uso excessivo de termos técnicos, organizaram um glossário com a terminologia específica de cada área e indicaram, no final de cada seção, a bibliografia correspondente.

Cultrix/Pensamento

DIÁLOGOS COM CIENTISTAS E SÁBIOS

Renée Weber

À medida que se desenvolveu intelectualmente e progrediu nas conquistas materiais, o homem também se desintegrou e isolou, agindo como se tudo o mais dentro do universo existisse em função dele. Aos poucos, ele foi percebendo que é fundamental para a sua realização o reencontro com a natureza, a *busca da unidade,* da harmonia e da integração de si mesmo com o universo.

Em *Diálogos com Cientistas e Sábios,* Renée Weber, cuja preocupação com o todo "está nos ossos e no sangue", procura exatamente a unidade das coisas — homem e natureza, consciência e matéria, interior e exterior, sujeito e objeto — na certeza de que eles se conciliam. Foi ao encontro de sábios e cientistas que estão no âmago do interesse pela realidade última: na Universidade de Cambridge, ouviu o astrofísico Stephen Hawking, de inteligência desconcertante e avesso ao misticismo; na agitada Nova York, esteve com Ilya Prigogine, Prêmio Nobel de química; encontrou-se com frei Beda Griffiths, beneditino que vive há mais de trinta anos na Índia, onde alcançou rara integração entre corpo, mente e espírito e onde prega o ecumenismo. Conversou ainda com Krishnamurti, com o Dalai Lama, com o Lama Govinda e com Rupert Sheldrake, de idéias revolucionárias no campo da biologia; e, principalmente, com David Bohm, físico famosíssimo, em especial no campo da mecânica quântica.

Diálogos com Cientistas e Sábios aproxima a ciência, a mística e a filosofia, acreditando que o indivíduo é "um microcosmo do universo e, portanto, chave para a compreensão do próprio universo". Valendo-se de métodos qualitativos (mística) e quantitativos (ciência), sábios e cientistas procuram a reunificação do homem e da natureza e nos oferecem sua visão do espaço, do tempo, da matéria, da energia, da vida, da consciência, da criação e do lugar que ocupamos na economia das coisas. Como se fosse uma moldura ao pensamento dos entrevistados, fornece-nos ainda a autora referências elucidativas de suas personalidades incomuns.

EDITORA CULTRIX

O PARADIGMA HOLOGRÁFICO

e outros paradoxos

Ken Wilber (org.)

Cientistas e pensadores proeminentes apresentam neste livro, em linguagem acessível, as últimas descobertas no campo da ciência e as teorias que buscam demonstrar uma extraordinária semelhança entre as grandes tradições místicas do Oriente e do Ocidente e o pensamento científico moderno. As várias correntes de investigação aqui representadas levam o leitor a uma ampla compreensão do "novo Paradigma Holográfico". De modo caloroso e vital, são aqui apresentadas e debatidas as muitas interpretações das novas pesquisas através de seus mais significativos representantes.

* * *

Organizado e prefaciado por Ken Wilber, os capítulos deste livro são assinados por alguns dos mais conhecidos cientistas e pensadores da atualidade, tais como Marilyn Ferguson, Karl H. Pribram, Renée Weber, Ken Dychtwald, Fritjof Capra, Sam Keen, Kenneth R. Pelletier, Bob Samples, Stanley Krippner, John Shimotsu, John Welwood, Itzhak Bentov, Irwin Thompson, Willis Harman, William A. Tiler, John R. Batista e Leonard J. Duhl.

"A superteoria holográfica afirma que nossos cérebros constroem a realidade concreta interpretando freqüências vindas de uma dimensão que transcende o tempo e o espaço. O cérebro é um holograma que interpreta um universo holográfico."

MARILYN FERGUSON

"A verdadeira condição do mundo material é a totalidade. Se nos fragmentamos, a culpa é toda nossa."

DAVID BOHM

"A relatividade e, o que é ainda mais importante, a mecânica quântica sugeriram com bastante vigor (embora não o tenham provado) que o mundo não pode ser analisado em partes que existem de modo separado e independente. Além disso, cada parte, de certa forma, envolve todas as outras, contendo-as ou dobrando-as dentro de si. Esse fato sugere que a esfera comum da vida material e a esfera da experiência mística partilham de uma certa ordem e que isso permitirá um relacionamento proveitoso entre elas."

DAVID BOHM

"Os físicos exploram os níveis da matéria; os místicos exploram o nível da mente. O que eles têm em comum em suas explorações é que esses níveis, em ambos os casos, situam-se além da percepção sensorial ordinária."

FRITJOF CAPRA

"O paradoxo é simplesmente a maneira como o não-dualismo encara o nível mental. O Espírito, em si mesmo, não é paradoxal; ele não pode ser caracterizado de modo algum."

KEN WILBER

EDITORA CULTRIX

Outras obras de interesse:

O PONTO DE MUTAÇÃO – A Ciência, a Sociedade e a Cultura Emergente
Fritjof Capra

SABEDORIA INCOMUM
Fritjof Capra

O TAO DA FÍSICA
Fritjof Capra

PONTO DE RUPTURA E TRANSFORMAÇÃO
George Land e *Beth Jarman*

A CONSCIÊNCIA SEM FRONTEIRAS
Ken Wilber

O ESPECTRO DA CONSCIÊNCIA
Ken Wilber

O PARADIGMA HOLOGRÁFICO e outros Paradoxos
Ken Wilber (org.)

UM DEUS SOCIAL
Ken Wilber

O DESPERTAR DA TERRA – O Cérebro Global
Peter Russell

À ESPREITA DO PÊNDULO CÓSMICO
Itzhak Bentov

UM LIVRO CÓSMICO – Sobre a Mecânica da Criação
Itzhak Bentov e *Mirtala*

O FATOR MAIA – Um Caminho Além da Tecnologia
José Argüelles

OS SURFISTAS DO ZUVUYA – Histórias de uma Viagem Interdimensional
José Argüelles

O UNIVERSO É UM DRAGÃO VERDE
Brian Swimme

ESPAÇO, TEMPO E ALÉM
Bob Toben e *Fred A. Wolf*

DIÁLOGOS COM CIENTISTAS E SÁBIOS
Renée Weber

O FUTURO DA HUMANIDADE
J. Krishnamurti e *David Bohm*

Peça catálogo gratuito à
EDITORA CULTRIX
Rua Dr. Mário Vicente, 374 – Fone: 272-1399
04270 – São Paulo, SP